JN134492

よくわかる！
保育士エクササイズ
5

乳児保育
演習ブック

［第2版］

松本峰雄 監修

池田りな／才郷眞弓／土屋 由／堀 科 著

ミネルヴァ書房

はじめに

　保育を取り巻く社会情勢が変化するなか、近年、子どもの福祉に関する法令等が改訂されています。すべての児童が健全に育成され、児童虐待について発生予防から自立支援までの一連の対策のさらなる強化を図り、児童福祉の理念を明確化するため、2016（平成28）年6月3日に「児童福祉法」が改正されました。

　児童が権利の主体であること、児童の最善の利益が優先されることなどとともに、児童は適切な養育を受け、健やかな成長・発達や自立が図られることを保障される権利を有することを第1条に位置付け、そのうえで、国民、保護者、国・地方公共団体がそれぞれにこれを支える形で、児童福祉が保障される旨が明確化されました。

　「児童福祉法」の改正にともない、「保育所保育指針」「幼稚園教育要領」「幼保連携型認定こども園教育・保育要領」も改定（訂）され、それぞれの関係省庁から2017（平成29）年3月31日に告示されました。

　さらに、「保育所保育指針」の改定等を踏まえ、保育士養成課程の改正告示が行われ、2019（平成31）年4月1日より適用されることになり、「乳児保育」も従来の演習2単位が、「乳児保育Ⅰ」講義2単位および「乳児保育Ⅱ」演習1単位に改められました。本書はこの改正告示を受けて、「乳児保育Ⅰ」「乳児保育Ⅱ」に対応するテキストとして改訂したものです。

　「乳児保育Ⅰ」の教授内容は、①乳児保育の意義、目的と役割、乳児保育の現状と課題②乳児保育の内容や体制の理解③職員間の協働や関係機関等との連携であり、「乳児保育Ⅱ」の教授内容は、①3歳未満児の発育、発達に即した生活や遊び②乳児保育の方法や環境の構成③乳児保育における配慮の実際となっています。

　本書は、はじめて乳児保育を学ぶ学生により理解できるような文章表現にしました。すなわち、学生の目線で書かれているということです。文章表現はできるだけ易しく、難しい専門用語には解説を加え、また、理解がすすむように図表や事例をあげ、さらに、それぞれのコマの最後には学生自身が自分で考えて取り組めるような演習課題を設けています。保育者になったあともこのテキストは活用できるようになっています。

　人間の生涯発達の観点からみると、乳幼児期は人間として成長する基礎づくりとして非常に重要な時期です。乳児院や保育所の3歳未満児は、そのような重要な時期を各施設で過ごすわけですが、その子どもたちの保育を担う職種が保育士です。

　乳児期が、人間として成長していく時期で非常に大切であるということを理解し、素晴らしい保育者を目指してください。

松本峰雄

CONTENTS

はじめに 1

第1章 講義編 7

1コマ目 乳児保育とは何か 8
1 乳児とは何か 8
2 乳児保育はどこで行われているのか 9
3 乳児保育はなぜ必要か 10
演習課題 14

2コマ目 「保育所保育指針」における乳児保育の理念と概念 16
1 乳児保育の理念と目標 16
2 3つの視点と、愛情豊かに、応答的に行われる保育 18
3 児童福祉施設の設備及び運営に関する基準 21
演習課題 23

3コマ目 乳児保育の歴史 24
1 乳児保育の始まり 24
2 諸外国における特徴的な保育・幼児教育の現状 26
演習課題 30

4コマ目 乳児保育の基礎知識1 32
1 乳幼児の心の発達理論 32
2 0〜3歳児（低年齢児）の発達の特徴 35
3 0〜3歳児（低年齢児）の発達過程 35
4 自我の芽生えと自己統制力 40
演習課題 41

5コマ目 乳児保育の基礎知識2 42
1 幼児教育を行う施設としての保育の目標 42
2 乳児保育に関わるねらい及び内容 43
3 1歳以上3歳未満児の保育に関わるねらい及び内容 45
演習課題 47

6コマ目 乳児保育の基礎知識3 48
1 保育の実施に関わる「配慮事項」 48
2 特別な配慮が必要な子どもへの支援 54
演習課題 57

7コマ目 保育所・認定こども園における乳児保育1 58
1 保育所とは 58
2 認定こども園とは 58
3 乳児保育の物的環境 60
4 乳児保育の人的環境 61
演習課題 65

8コマ目　保育所・認定こども園における乳児保育2 ……… 66
1　保育所の生活活動 …… 66
2　幼保連携型認定こども園における生活活動 …… 67
演習課題 …… 72

9コマ目　乳児院における乳児保育　74
1　乳児院とは …… 74
2　近年の乳児院の状況 …… 74
3　乳児院の養育の基本 …… 76
4　乳児院の養育内容 …… 76
5　乳児院における養育の原則～人的環境 …… 77
6　入所背景と養育環境の問題 …… 79
7　早期の家庭復帰を支援する …… 80
演習課題 …… 81

10コマ目　家庭的保育等における乳児保育　82
1　家庭的保育事業とは …… 82
2　家庭的保育事業の法規定 …… 83
3　家庭的保育室における保育の特徴 …… 84
4　家庭的保育室の実際 …… 85
5　家庭的保育者の資質向上 …… 86
演習課題 …… 87

11コマ目　乳児保育が行われるそのほかの保育 ……… 88
1　「子ども・子育て支援新制度」における保育施設の位置付け …… 88
2　地域型保育事業の概要 …… 89
3　小規模保育事業 …… 90
4　居宅訪問型保育事業 …… 91
5　事業所内保育事業 …… 92
演習課題 …… 93

12コマ目　子育て支援における乳児保育　94
1　保育所及び認定こども園における子育て支援に関する基本 …… 94
2　保育所や認定こども園等を利用している保護者に対する子育て支援 …… 95
3　地域の保護者等に対する子育て支援 …… 98
4　子育て支援と虐待予防 …… 98
演習課題 …… 101

13コマ目　保護者とのパートナーシップ1 ……… 102
1　保護者が置かれている環境 …… 102
2　乳児保育における保護者支援 …… 105
演習課題 …… 108

14コマ目　保護者とのパートナーシップ2 ……… 110
1　連絡帳、個人面談・保育相談、保育参加・参観、園便り・クラス便り …… 110
2　発達の遅れと向き合う保護者との連携 …… 113
演習課題 …… 117

15コマ目　職員間・地域の関係機関との連携 ……………………………………… 118
　　1　異職種との連携 …………………………………………………………… 118
　　2　職員間の連携 ……………………………………………………………… 121
　　3　地域の関係機関との連携 ………………………………………………… 122
　　演習課題 ……………………………………………………………………… 124

16コマ目　乳児保育の現状と課題 …………………………………………………… 126
　　1　乳児保育実践の視点から ………………………………………………… 126
　　2　保護者の就労と保育の場の視点から …………………………………… 128
　　3　人間形成の視点から ……………………………………………………… 130
　　演習課題 ……………………………………………………………………… 132

第2章
発達・保育内容編 …………………………………………………………………… 133

17コマ目　6か月未満の子どもの育ちと保育内容1 ………………………………… 134
　　1　0～3か月の育ちと保育 …………………………………………………… 134
　　2　4～6か月未満の育ちと保育 ……………………………………………… 138
　　演習課題 ……………………………………………………………………… 140

18コマ目　6か月未満の子どもの育ちと保育内容2 ………………………………… 142
　　1　睡眠 ………………………………………………………………………… 142
　　2　栄養摂取～乳汁栄養（母乳・ミルク） ………………………………… 142
　　3　排泄 ………………………………………………………………………… 145
　　4　衣服や着替え ……………………………………………………………… 146
　　5　安全 ………………………………………………………………………… 147
　　6　遊び ………………………………………………………………………… 148
　　演習課題 ……………………………………………………………………… 149

19コマ目　6か月以上1歳未満の子どもの育ちと保育内容1 ……………………… 150
　　1　6～9か月の育ちと保育 …………………………………………………… 150
　　2　10か月～1歳未満の育ちと保育 ………………………………………… 152
　　演習課題 ……………………………………………………………………… 155

20コマ目　6か月以上1歳未満の子どもの育ちと保育内容2 ……………………… 156
　　1　睡眠と排泄 ………………………………………………………………… 156
　　2　離乳の開始 ………………………………………………………………… 157
　　3　衣服と着替え ……………………………………………………………… 160
　　4　安全 ………………………………………………………………………… 161
　　5　遊び ………………………………………………………………………… 161
　　演習課題 ……………………………………………………………………… 163

21コマ目　1歳以上2歳未満の子どもの育ちと保育内容1 ………………………… 164
　　1　1歳～1歳6か月未満の子どもの育ちと保育 …………………………… 164
　　2　1歳6か月～2歳未満の子どもの育ちと保育 …………………………… 166
　　演習課題 ……………………………………………………………………… 169

22コマ目 1歳以上2歳未満の子どもの育ちと保育内容2 ……………… 170
    1　睡眠 …………………………………………………………………… 170
    2　食事 …………………………………………………………………… 170
    3　排泄 …………………………………………………………………… 171
    4　トイレトレーニング ………………………………………………… 172
    5　着替え ………………………………………………………………… 173
    6　安全 …………………………………………………………………… 173
    7　遊び …………………………………………………………………… 174
    演習課題 ………………………………………………………………… 175

23コマ目 2歳～3歳の子どもの育ちと保育内容1 ……………………… 176
    1　2歳～2歳6か月未満の子どもの育ちと保育 ……………………… 176
    2　2歳6か月～3歳未満の子どもの育ちと保育 ……………………… 178
    3　3歳の子どもの育ちと保育 ………………………………………… 180
    演習課題 ………………………………………………………………… 183

24コマ目 2歳～3歳の子どもの育ちと保育内容2 ……………………… 184
    1　睡眠 …………………………………………………………………… 184
    2　食事 …………………………………………………………………… 184
    3　排泄 …………………………………………………………………… 185
    4　着替え ………………………………………………………………… 186
    5　安全 …………………………………………………………………… 186
    6　遊び …………………………………………………………………… 187
    演習課題 ………………………………………………………………… 189

第3章 演習編 ……………………………………………………………… 191

25コマ目 乳児保育における指導計画 …………………………………… 192
    1　保育の計画とは何か ………………………………………………… 192
    2　乳児保育における指導計画の特徴 ………………………………… 192
    3　デイリープログラムと短期指導計画の関係性 …………………… 193
    4　0、1、2歳児の短期指導計画 ……………………………………… 195
    5　0、1、2歳児の長期指導計画 ……………………………………… 197
    演習課題 ………………………………………………………………… 200

26コマ目 観察・記録及び自己評価 ……………………………………… 202
    1　観察のポイント ……………………………………………………… 202
    2　記録のポイント ……………………………………………………… 203
    3　自己評価 ……………………………………………………………… 204
    演習課題 ………………………………………………………………… 206

27コマ目 子どもの生活と遊びが豊かになる保育環境1 ……………… 208
    1　子どもにとって魅力ある環境とは ………………………………… 208
    2　保育所で具体的に使われているものを見てみよう ……………… 209
    3　環境としての人 ……………………………………………………… 210
    4　自ら関わりたくなるような事柄、雰囲気 ………………………… 212
    演習課題 ………………………………………………………………… 213

28コマ目 子どもの生活と遊びが豊かになる保育環境2 ········· 214
    1 遊びのアイデア ············ 214
    2 遊びの導入、持続 ············ 218
    演習課題 ············ 219

29コマ目 集団での生活における配慮 ············ 220
    1 集団生活における配慮 ············ 220
    2 集団のなかの「一人ひとり」を大事にする ············ 222
    3 個に振り回されない「集団」を大事にする ············ 223
    演習課題 ············ 225

30コマ目 環境の変化や移行に対する配慮 ············ 226
    1 新しい部屋に慣れる配慮 ············ 226
    2 新しい保育者・友だちに慣れる配慮 ············ 227
    3 進級のプレッシャーを与えない配慮 ············ 227
    4 保育者間の引き継ぎ・共有 ············ 228
    5 慣らし保育に対する保護者の理解 ············ 229
    演習課題 ············ 230

    資料集 ············ 231
    演習課題の解答例 ············ 237
    索引 ············ 241
    参考文献 ············ 243

本テキストは、「指定保育士養成施設の指定及び運営の基準について」(平成15年12月9日付け雇児発第1209001号、最新改正子発0427号第3号)に準拠し、「乳児保育Ⅰ」「乳児保育Ⅱ」に対応する形で目次を構成している。
- 第1章 講義編……「乳児保育Ⅰ」に対応
- 第2章 発達・保育内容編……「乳児保育Ⅰ」「乳児保育Ⅱ」に対応
- 第3章 演習編……「乳児保育Ⅱ」に対応

本書の使い方

❶ まず、「今日のポイント」でこのコマで学ぶことの要点を確認しましょう。

❷ 本文横には書き込みやすいよう罫線が引いてあります。授業中気になったことなどを書きましょう。

❸ 語句説明、重要語句やプラスワンは必ずチェックしましょう。

❹ 授業のポイントになることや、表、グラフをみて理解してほしいことなどについて、先生のキャラクターがセリフでサポートしています。チェックしましょう。

❺ おさらいテストで、このコマで学んだことを復習しましょう。おさらいテストの解答は、最初のページの「今日のポイント」で確認できます。

❻ 演習課題は、先生にしたがってすすめていきましょう。一部の課題については巻末に答えがついていますが、あくまで解答の一例です。自分で考える際の参考にしましょう。

第 1 章

講義編

この章では、乳児保育の意義や目的、役割について学んでいきます。
乳児保育が行われている場や、乳児保育の現状と課題について理解していきましょう。
また、保育者の連携・協働や地域の関係機関との連携についても見ていきましょう。
※この章は、「乳児保育Ⅰ」に対応しています。

1コマ目

乳児保育とは何か

今日のポイント

1. 乳児保育は、3歳未満児を対象として行われる。
2. 乳児保育は保育所、乳児院、認定こども園、地域型保育などで行われている。
3. 乳児保育が求められる背景には、子どもを産んだあとも仕事を続ける女性が増えてきたことなどがある。

1 乳児とは何か

1 本書の乳児、乳児保育のとらえ方

　乳児とは、「児童福祉法」で満1歳に満たない者とされていますが、保育所においては0歳児、1歳児、2歳児、すなわち3歳未満児を対象として呼ぶ場合が多くあります。これは、3歳未満児を対象とする保育を「一般の」保育と区別して乳児保育と呼んでいた慣習によるものです。現在では3歳未満児の保育は特別なものではなくなり、保育の内容や方法も確立していますが、かつては保育といえば3歳以上児を対象とするものでした。

　本書においてもその慣習に従い、乳児、乳児保育を広い意味で「3歳未満児」、「3歳未満児保育」としてとらえ、本来の乳児期を指すときには「0歳児」と称することにします。

　また、乳児保育という言葉は、これまで主に保育所保育のなかで行われている保育を一般的に指し、本書でも保育所における保育を中心的に扱います。

2 一生のうちで最も成長の著しい時期

　乳児期は生後1年未満を指します。新生児（出生直後からおよそ4週間まで）が母体内から外界へと大きく変化した生活環境に適応していく過程にあたり、人間の一生において最も成長・発達が著しい時期です。生後1年間で、体重は出生時の約3kgから3倍になり、身長は約50cmから1.5倍になります。図表1-1は、生後1年間の1日の体重の平均増加量ですが、日々めざましい成長を遂げることがわかります。

プラスワン

「保育所保育指針」における3歳未満児の分類

2017年改定の「保育所保育指針」第2章「保育の内容」では、0歳児は「乳児保育に関わるねらい及び内容」、1・2歳児は「1歳以上3歳未満児の保育に関わるねらい及び内容」として示している。

出生児の平均体重

2017年度の出生児の平均体重は、男児3.05kg、女児2.96kgである（厚生労働省「平成29年人口動態統計」）。

重要語句

小規模保育
→認可保育所（利用定員20人以上）に満たない小さい保育所において、利用対象0〜2歳児、利用定員6〜19人で行う保育のこと。
→11コマ目

家庭的保育
→保育者の居宅、その他の場所で行われる小規模の異年齢保育である。
→10コマ目

● 図表 1-1　1日の平均体重増加量

月齢	1日の増加量
1～3か月	25～30g
3～6か月	20～25g
6～9か月	15～20g
9～12か月	10～15g

中野綾美編『小児の発達と看護 第5版』メディカ出版、2016年

　身体の機能も、首のすわりから歩行といった運動面の発達、母乳しか消化・吸収できなかった状態から離乳食・幼児食が食べられるようになるなど、内臓機能の発達がみられます。ほかにも喃語から意味のある言葉を話すようになり、人とのやりとりをするようになるなど、この時期は大きく成長・発達します。

　乳幼児期は、人間形成の基礎を培う重要な時期です。子どもたち一人ひとりの健やかな育ちを保障するためには、心身ともに安定した状態でいることのできる環境と、愛情豊かで応答的な保育が求められます。

2　乳児保育はどこで行われているのか

　乳児保育は、従来、保育所を中心に行われてきましたが、2006（平成18）年に「認定こども園法」が施行されたことにより、認定こども園においても乳児保育が行われるようになりました。そして2015（平成27）年4月に子ども・子育て支援新制度が施行され、新たに地域型保育として、小規模保育*、家庭的保育*、いわゆるベビーシッター*が該当する居宅訪問型保育、事業所内保育*が市町村による認可事業としてスタートしました（図表1-2）。これらにおいても、乳児保育が行われます。

　また、子育て支援事業として行われる保育所や認定こども園などでの一時預かり、病児保育、ファミリー・サポート・センター*、さらには仕事・子育て両立支援事業として行われる企業主導型保育事業も乳児保育に関わるものといえます。

　一般的に家庭的保育者（保育ママ）と呼ばれる家庭的保育や居宅訪問型保育、ファミリー・サポート・センターは、保育所などの集団保育施設型の保育に対して、保育者の居宅や保護者の家庭で少人数の子どもを預かる在宅保育の形態です。このほかに、乳児院*も乳児保育が行われる場として大きな役割を果たしています。

重要語句

ベビーシッター
→子どもの家庭や指定された場において、一定時間子どもを預かり、世話をする人のこと。多様で個別的なニーズに柔軟に対応した保育サービスを行う。
➡11コマ目

事業所内保育
→企業が主に、自社の従業員への仕事と子育ての両立支援策として、従業員の子どもを保育するほか、事業所の関係者に限らず、地域において、保育を必要とする子どもにも保育を提供するもの。事業所、病院内保育施設に設置される。
➡11コマ目

ファミリー・サポート・センター
→会員組織により、保育所の開始前や終了後の育児や送り迎え等、育児に関する互助援助活動を行うもの。子どもを預かる側の援助会員と、子どもを預ける利用会員がともに登録し、コーディネーターが両者を組み合わせ、相互援助するしくみ。

乳児院
→「児童福祉法」第37条に規定されている保護を要する乳児を入院させて養育することを目的とした児童福祉施設の一つ。
➡9コマ目

● 図表 1-2　子ども・子育て支援新制度の概要

市町村主体

認定こども園・幼稚園・保育所・小規模保育など共通の財政支援

施設型給付

認定こども園 0～5歳

幼保連携型
＊幼保連携型については、認可・指導監督の一本化、学校及び児童福祉施設としての法的位置づけを与える等、制度改善を実施

幼稚園型　保育所型　地方裁量型

幼稚園 3～5歳　　保育所 0～5歳

＊私立保育所については、児童福祉法第24条により市町村が保育の実施義務を担うことに基づく措置として、委託費を支弁

地域型保育給付

小規模保育、家庭的保育、居宅訪問型保育、事業所内保育

地域の実情に応じた子育て支援

地域子ども・子育て支援事業

- 利用者支援事業
- 地域子育て支援拠点事業
- 一時預かり事業
- 乳児家庭全戸訪問事業
- 養育支援訪問事業等
- 子育て短期支援事業
- 子育て援助活動支援事業（ファミリー・サポート・センター事業）

- 延長保育事業
- 病児保育事業
- 放課後児童クラブ

- 妊婦健診
- 実費徴収に係る補足給付を行う事業
- 多様な事業者の参入促進・能力活用事業

国主体

仕事と子育ての両立支援

仕事・子育て両立支援事業

- 企業主導型保育事業
⇒事業所内保育を主軸とした企業主導型の多様な就労形態に対応した保育サービスの拡大を支援（整備費、運営費の助成）

- 企業主導型ベビーシッター利用者支援事業
⇒繁忙期の残業や夜勤等の多様な働き方をしている労働者が、低廉な価格でベビーシッター派遣サービスを利用できるよう支援

内閣府「子ども・子育て支援新制度について（平成30年5月）」2018年をもとに作成

3　乳児保育はなぜ必要か

1　社会から求められる乳児保育

　図表1-3は、就学前の子どもの保育状況を示したものです。2016（平成28）年度の就学前の子どもの状況をみると、保育所に入所する子どもの割合は35.4％、認定こども園等に入所する子どもの割合は7.3％、認可外保育施設に入所する子どもの割合は2.8％、幼稚園に在園する子どもの割合が22.2％、これ以外の家庭等で保育を受けている子どもが32.2％です。2006（平成18）年度は、保育所が29.8％、認可外は2.6％、幼稚園は25.7％、家庭等は41.9％だったことから、保育所に入所する子どもの割合が上昇していることがわかります。

　図表1-4は、保育所に入所する子どもの年齢別の人数の推移を示したものです。保育所では0～2歳、3歳児の受け入れが増加しています。

● 図表 1-3　就学前児童の保育状況

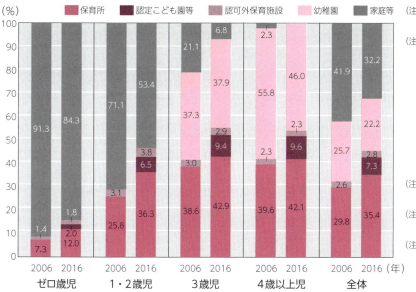

全国保育団体連絡会・保育研究所編『保育白書〈2018〉』ちいさいなかま社、2018年をもとに作成

(注1) 保育所入所児童数は「福祉行政報告例（厚生労働省〈2016年4月1日現在〉）」（概数）による。
(注2) 認定こども園等の在園児数は全年齢において、幼保連携型認定こども園のほかに、地方裁量型の在園児数を含む。3歳未満児については、さらに、幼稚園型認定こども園、地域型保育事業の入所児童数も含む。
認定こども園および地域型保育事業の在園児数は内閣府「認定こども園に関する状況について〈2016年4月1日現在〉」と厚生労働省「保育所等関連状況取りまとめ〈2016年4月1日現在〉」の数値から算出。
(注3) 認可外保育施設利用者数は「認可外保育施設の現況（2016年3月31日現在）」による。
(注4) 幼稚園在園児童数は「学校基本調査（文部科学省〈2016年5月1日現在〉）」による。
(注5) 就学前児童数（0～5歳児人口）は人口推計（総務省統計局〈各年10月1日現在〉）をもとに、以下のような修正を加え4月1日現在の人口を推計した。A歳児人口＝10月1日現在のA歳児人口×12分の6＋10月1日現在の（A＋1）歳児人口×12分の6
(注6) 合計は100.0％にならない場合がある。

● 図表 1-4　年齢別保育所入所児童数の推移

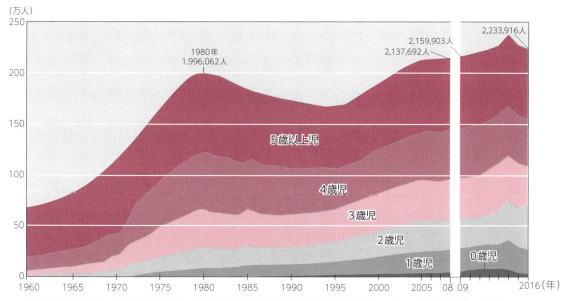

資料：厚生労働省「社会福祉施設等調査報告」各年10月1日現在（1971年以前は12月31日現在）。なお、2009年版以降の同調査は、政府の市場化テスト方針のもと作業が民間委託され、回収率が下がり全数調査といえなくなった。そのため経年比較ができなくなったが各年齢ごとの数値は同調査しかないので、2009年以降は同調査から各年齢ごとの割合を算出し、「福祉行政報告例」（10月1日現在）の入所児童数の総計をもとに年齢別の概数をだした。

全国保育団体連絡会・保育研究所編『保育白書〈2018〉』ちいさいなかま社、2018年をもとに作成

● 図表 1-5　出生数及び合計特殊出生率の年次推移

資料：厚生労働省「2017年人口動態統計（確定数）の概況」
（年齢階級別の合計特殊出生率は、1955年以降のデータ）より作成

　厚生労働省「人口動態統計」によると、子どもの出生数は、1970（昭和45）年の約190万人から2017（平成29）年には94万6,065人とほぼ半減し、過去最少となりました（図表1-5）。しかし、保育所に通う子どもの数は増え続け、都市部では、保育の需要に対して保育所の数が足りず、待機児童が問題になっています。待機児童ゼロが国の政策目標に掲げられて久しくなりますが、待機児童数は2017年10月時点で5万5,433人です。年齢別では、0歳児52%（2万8,805人）、1・2歳児42.4%（2万3,480人）と、0〜2歳児で94.4%を占めています。まだまだ乳児保育が求められているといえます。

2　増える共働き世帯と増大する保育需要：保護者の就労を支える乳児保育

　図表1-6は、共働きなどの世帯数の推移を示したグラフです。1960（昭和35）年以降、共働き世帯は年々増加し、1997（平成8）年を境に片働き世帯数を上回り、近年その差は増しています。

　第1子出産前後の働く女性の就業継続率を調べる調査（国立社会保障人口問題研究所「第15回出生基本調査［夫婦調査］」）でも、2009（平成21）年までは4割前後で推移していた就業の継続の割合が、2010（平成22）年〜2014（平成26）年では約5割超を示し、その上昇が際立っています。男女の意識の変化や子育て環境の変化とあわせて、現在打ち出されている労働・雇用政策や社会保障政策などから考えても、子どものいる女性の就業率・共働き世帯数は、今後も上昇傾向を示すと予想されます。乳幼児をもつ女性の就業率が上がれば、当然、保育を必要とする子どもの数も増え、保育の需要も増していきます。

● 図表1-6　共働き世帯数の推移

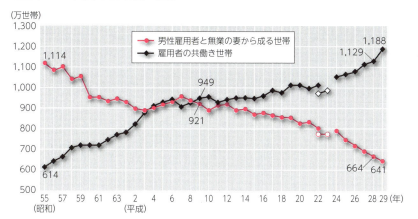

（備考）1．昭和55年から平成13年までは総務庁「労働力調査特別調査」（各年2月。ただし、昭和55年から57年は各年3月）、平成14年以降は総務省「労働力調査（詳細集計）」より作成。「労働力調査特別調査」と「労働力調査（詳細集計）」とでは、調査方法、調査月等が相違することから、時系列比較には注意を要する。
　　　　2．「男性雇用者と無業の妻から成る世帯」とは、夫が非農林業雇用者で、妻が非就業者（非労働力人口及び完全失業者）の世帯。
　　　　3．「雇用者の共働き世帯」とは、夫婦共に非農林業雇用者（非正規の職員・従業員を含む）の世帯。
　　　　4．平成22年及び23年の値（白抜き表示）は、岩手県、宮城県及び福島県を除く全国の結果。

内閣府「男女共同参画白書（平成30年版）」2018年をもとに作成

　女性が家庭と仕事を両立させ、仕事をとおして自己実現することが可能になるためには、乳児保育の充実が欠かせないものといえます。

おさらいテスト

❶ 乳児保育は、［　　］未満児を対象として行われる。
❷ 乳児保育は保育所、［　　　］、認定こども園、［　　　　］などで行われている。
❸ 乳児保育が求められる背景には、［　　　］も仕事を続ける女性が増えてきたことなどがある。

演習課題

各保育施設について調べてみよう

以下の各保育施設について、それぞれどのような特徴があるのか調べてみましょう。

・小規模保育

・家庭的保育

・居宅訪問型保育

・事業所内保育

・一時預かり

・病児保育

・ファミリー・サポート・センター

演習課題

働き方・育て方を考える

出産と育児に際し、いつ職場に復帰し、いつから子どもを保育所に預けるのかについてのAさん、Bさん、Cさん、Dさんの発言に対する自分の意見をまとめ、まわりの人と意見交換をしましょう。

Aさん
早く仕事に戻らないと職場のみんなに迷惑をかけてしまうから、産休のみで職場に復帰し、産休明けから預かってもらうわ

Bさん
育休は子どもが1歳になるぎりぎりまで取得して、1歳近くになってから保育所に預けるわ

Cさん
仕事と子育てと両立するのは大変そうだから、出産ギリギリまでは働くけど、仕事はやめるわ

Dさん
夫にも育児休業を取得してもらって、少し早く職場復帰したいわ。子どもを預けるのは、夫の育休が終わるときにと思っているの

2コマ目 「保育所保育指針」における乳児保育の理念と概念

今日のポイント

1. 保育所では入所する子どもの最善の利益を考慮する。
2. 0歳児は3つの視点ごとにねらい及び内容が示される。
3. 「児童福祉施設の設備及び運営に関する基準」は児童福祉施設の設備・運営の最低の基準を定めたものである。

1 乳児保育の理念と目標

　乳児保育の理念は、保育所保育の理念に準ずることになります。すなわち、「保育所保育指針＊」第1章1「保育所保育に関する基本原則」に明記されているとおりです。以下の文章の「子ども」の箇所は、「乳児」に置き換えられます。

> ア　保育所は、児童福祉法第39条の規定に基づき、保育を必要とする子どもの保育を行い、その健全な心身の発達を図ることを目的とする児童福祉施設であり、入所する子どもの最善の利益を考慮し、その福祉を積極的に増進する①ことに最もふさわしい生活の場②でなければならない。
> イ　保育所は、その目的を達成するために、保育に関する専門性を有する職員が、家庭との緊密な連携の下③に、子どもの状況や発達過程を踏まえ、保育所における環境を通して、養護及び教育を一体的に行う④ことを特性としている。
> 　　　　　　　　　　　　　　　　　　　　　　　　（下線筆者）

以下、乳児保育の理念における要素についてそれぞれ見ていきます。

1 子どもの最善の利益（下線部①）

　「保育所保育指針」の根幹を成す理念です。乳児の最善の利益を守り、乳児を心身ともに健やかに育てる責任が保育所にあることを明らかにしています。
　「子どもの最善の利益」については、1989（平成元）年に国際連合が採択し、1994（平成6）年に日本政府が批准した「児童の権利に関する条約」

重要語句

保育所保育指針
→保育所の運営、保育の内容を定めた指針であり、1965年に策定された。2008年の改定から、厚生省（当時）の局長通知から厚生労働大臣の告示となり、最低基準の性格をもつこととなった。直近では、2017年に改定がなされた。

プラスワン

保育を必要とする事由
①就労、②妊娠・出産、③保護者の疾病や障害、④同居又は長期入院している親族の介護・看護、⑤災害復旧、⑥求職活動、⑦就学、⑧虐待やDVのおそれがあること、⑨育児休業取得時に、既に保育を利用している子どもがいて、継続利用が必要であること、⑩その他、の10項目があげられている。

（通称「子どもの権利条約」）の第3号第1項や「児童福祉法」第2条に定められています。子どもの権利を象徴する言葉として国際社会に広く浸透しており、保護者を含む大人の利益が優先されることを抑制し、子どもの人権を尊重することの重要性を表しています。

2 最もふさわしい生活の場（下線部②）

2008（平成20）年に改定する以前の「保育所保育指針」では、保育所が入所する子どもにとって「最もふさわしいもの」と表現され、「家庭養育の補完を行う」という言葉が用いられていました。2008年改定と現行の「保育所保育指針」では、保育所が入所する子どもにとって「最もふさわしい生活の場でなければならない」とされました。

その意図は、家庭養育の補完という役割をなくしたわけではなく、それを含めてもっと積極的に、保育所そのものが乳児の生活の場だということです。また、これは、「全て児童は、児童の権利に関する条約の精神にのっとり、適切に養育されること、その生活を保障されること、愛され、保護されること、その心身の健やかな成長及び発達並びにその自立が図られることその他の福祉を等しく保障される権利を有する」（「児童福祉法」第1条）とする児童福祉の理念にもつながるものです。

これまでも保育所は、長時間にわたる保育のなかで、乳児に対する養護的側面を大事にし、一人ひとりの子どもにきめ細やかに対応してきました。子育て環境の変化により、乳幼児期にふさわしい生活を送ることが難しくなってきていることなどを踏まえ、保育所の生活を、乳児の福祉を積極的に増進する観点からとらえ直すことが必要となっています。

3 家庭との連携（下線部③）

保育は、保護者とともに乳児を育てる営みです。乳児の24時間の生活を視野に入れ、保護者の気持ちに寄り添いながら家庭との連携を密にして行います。乳児保育は、保護者の温かな養育のもと、保護者とその乳児との心の絆が形成されることではじめて成立するものです。

4 養護と教育の一体性（下線部④）

乳児保育の目標は、「保育所保育指針」第1章1（2）「保育の目標」アに「子どもが現在を最も良く生き、望ましい未来をつくり出す力の基礎を培う」と明記されています。なかでも特に養護の視点、すなわち「十分に養護の行き届いた環境の下に、くつろいだ雰囲気の中で子どもの様々な欲求を満たし、生命の保持及び情緒の安定を図ること」が考えられなければなりません。

子どもの最善の利益を保障していくために一番大切なことは「生命の保持」です。子どもの生命が守られ、その次に「情緒の安定」があり、さまざまな環境が準備されることにより「教育」が始まります。ここでいう「教育」とは、「子どもが健やかに成長し、その活動がより豊かに展開されるための発達の援助」のことです。

2コマ目 「保育所保育指針」における乳児保育の理念と概念

> **プラスワン**
>
> **「養護」の項目**
>
> 2017年改定の「保育所保育指針」では、第1章2に「養護」の項目が入った。2008年の指針では第3章にあったものであるが、「養護」の重要性が強調されたということを示している。

たとえば、哺乳瓶からミルクを与える場合に、保育者は、単に乳児の空腹を満たすという生命維持のための養護的な働きかけとして行うだけでは十分とはいえません。目線を合わせる、ほほえむ、あやすなど、何らかの教育的な働きかけを行い、乳児との相互作用によって心身ともに快適な状態をつくり、情緒の安定を図ります。保育の場では、養護的な働きかけと教育的な働きかけが一体化しており、区別されずに行われていることが多いのです。

2　3つの視点と、愛情豊かに、応答的に行われる保育

2017（平成29）年改定の「保育所保育指針」では、第2章1「乳児保育に関わるねらい及び内容」が0歳児、2「1歳以上3歳未満児の保育に関するねらい及び内容」が1、2歳児と、2段階に分けるかたちでねらい及び内容が示されています。

1　3つの視点

「保育所保育指針」第2章「保育の内容」では、3歳以上児は「5領域*」ごとに「ねらい」と「内容」を示していますが、1、2歳児はその発達に即した「5領域」、0歳児は「5領域」に替えて、「3つの視点」が示されています。

0歳児の「3つの視点」は次の通りです。この3つの視点から、1歳児の5領域に分化していくイメージになっています（図表2-1）。

> ア　健やかに伸び伸びと育つ
> 　　健康な心と体を育て、自ら健康で安全な生活を作りだす力の基礎を培う。
> イ　身近な人と気持ちが通じ合う
> 　　受容的・応答的な関わりの下で、何かを伝えようとする意欲や身近な大人との信頼関係を育て、人と関わる力の基礎を培う。
> ウ　身近なものと関わり感性が育つ
> 　　身近な環境に興味や好奇心を持って関わり、感じたことや考えたことを表現する力の基礎を培う。

1、2歳児については5領域ですが、その「ねらい」と「内容」は3歳以上児の5領域とは少し違っており、1、2歳児の育ちにふさわしいようにしてあります。「保育所保育指針」で実際に確認してみましょう。

プラスワン

幼保連携型認定こども園教育・保育要領における「ねらい及び内容」

幼保連携型認定こども園教育・保育要領でも、「ねらい及び内容」は乳児期、満1歳以上3歳未満児、満3歳以上児の3つの時期に分けて示している。

重要語句

5領域
→心身の健康に関する領域「健康」、人との関わりに関する領域「人間関係」、身近な環境との関わりに関する領域「環境」、言葉の獲得に関する領域「言葉」、感性と表現に関する領域「表現」の5領域である。

重要語句

幼保連携型認定こども園
→幼稚園の機能と保育所の機能をあわせもつ施設として、2006年10月から設置が始まった。0歳から就学前の子どもが対象である。

● 図表2-1　3つの視点と5領域の関連性

生活や遊びを通じて、子どもたちの身体的・精神的・社会的発達の基礎を培う

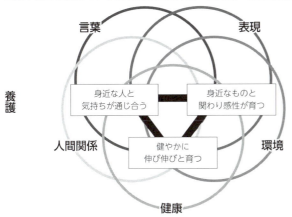

厚生労働省雇用均等・児童家庭局保育課「保育所保育指針の改定について」2017年

2　愛情豊かに、応答的に行われる保育

「保育所保育指針」第2章には、乳児保育について、乳児の愛着形成のためには「特定の大人との応答的な関わり」が必要であることが述べられています。

> 第2章「保育の内容」1　乳児保育に関わるねらい及び内容（1）基本的事項
> ア　乳児期の発達については、視覚、聴覚などの感覚や、座る、はう、歩くなどの運動機能が著しく発達し、特定の大人との応答的な関わりを通じて、情緒的な絆が形成されるといった特徴がある。これらの発達の特徴を踏まえて、乳児保育は、愛情豊かに、応答的に行われることが特に必要である。
> （下線筆者）

さらに、乳児保育は、愛情豊かに、応答的に行われることが必要と述べられています。ここでいう保育者の応答性とは、乳児の表情やしぐさ等の働きかけから欲求を読み取って応答することです。

なかでも3つの視点の「イ　身近な人と気持ちが通じ合う」の部分では、何度も「応答的」「受容的」という言葉を重ねています（→次ページの抜粋を参照）。保育者の応答的なふれあいや言葉がけによって欲求が満たされ安定感をもてること、身近な大人との信頼関係を育み、自分を肯定する気持ちの芽生えにつながることが述べられています。集団での保育ではありますが、乳児保育においては特に、1対1の関係を温かく、ていねいにつくることが発達の基本であることが示されています。

1．乳児保育に関わるねらい及び内容（「愛情豊かに、応答的に」と記載がある箇所の抜粋）
(2) ねらい及び内容
ア　身体的発達に関する視点「健やかに伸び伸びと育つ」
　（イ）内容
　①保育士等の愛情豊かな受容の下で、生理的・心理的欲求を満たし、心地よく生活をする。
イ　身近な人と気持ちが通じ合う
　受容的・応答的な関わりの下で、何かを伝えようとする意欲や身近な大人との信頼関係を育て、人と関わる力の基盤を培う
　（ア）ねらい
　①安心できる関係の下で、身近な人と共に過ごす喜びを感じる。
　②体の動きや表情、発声等により、保育士等と気持ちを通わせようとする。
　③身近な人と親しみ、関わりを深め、愛情や信頼感が芽生える。
　（イ）内容
　①子どもからの働きかけを踏まえた、応答的な触れ合いや言葉がけによって、欲求が満たされ、安定感をもって過ごす。
　②体の動きや表情、発声、喃語(なん)等を優しく受け止めてもらい、保育士等とのやり取りを楽しむ。
　③生活や遊びの中で、自分の身近な人の存在に気付き、親しみの気持ちを表す。
　④保育士等による語りかけや歌いかけ、発声や喃語等への応答を通じて、言葉の理解や発語の意欲が育つ。
　⑤温かく、受容的な関わりを通じて、自分を肯定する気持ちが芽生える。
　（ウ）内容の取扱い
　上記の取扱いに当たっては、次の事項に留意する必要がある。
　①保育士等との信頼関係に支えられて生活を確立していくことが人と関わる基盤となることを考慮して、子どもの多様な感情を受け止め、温かく受容的・応答的に関わり、一人一人に応じた適切な援助を行うようにすること。
　②身近な人に親しみをもって接し、自分の感情などを表し、それに相手が応答する言葉を聞くことを通して、次第に言葉が獲得されていくことを考慮して、楽しい雰囲気の中での保育士等との関わり合いを大切にし、ゆっくりと優しく話しかけるなど、積極的に言葉のやり取りを楽しむことができるようにすること。

（下線筆者）

3 「内容の取扱い」と「保育の実施に関わる配慮事項」

「乳児保育に関わるねらい及び内容」（0歳児）、「1歳以上3歳未満児の保育に関するねらい及び内容」には、「（ア）ねらい」「（イ）内容」に「（ウ）内容の取扱い」という項目が入っています。この「内容の取扱い」は、実践するうえで留意したい点が書かれていて、つまりは具体的な実践上のヒントになっています。また、それぞれの年齢区分ごとに、「（3）保育の実施に関わる配慮事項」が入っています。ここにも実践上の大切なポイントが示されています。どちらもていねいに読みましょう。

3 児童福祉施設の設備及び運営に関する基準

「児童福祉施設の設備及び運営に関する基準」は、その目的として「児童福祉施設に入所している者が、明るくて、衛生的な環境において、素養があり、かつ、適切な訓練を受けた職員の指導により、心身ともに健やかにして、社会に適応するように育成されることを保障するものとする」（第2条）と述べています。児童福祉施設の設備や条件・運営の基準を定めたものであり、この基準は最低限必要なものとして示されています。よって、各施設ではその基準を向上させていく必要があります。

保育所は、図表2-2のように、施設、職員、保育時間、保育内容などの基準が定められています。ただし、規制緩和により、この基準を下回るケースも出てきています。

認定こども園のなかでも幼保連携型認定こども園の基準は、「幼保連携型認定こども園の学級の編制、職員、設備及び運営に関する基準」（内閣府・文部科学省・厚生労働省令　2014年）に示されています。そこでは学級の編制と教職員の配置、園舎、園庭などの施設及び設備の基準が定められており、多くが保育所の最低基準や幼稚園設置基準に準じた内容となっています。

> **プラスワン**
>
> **幼保連携型以外のこども園の基準**
>
> 幼保連携型以外のこども園には「認定こども園法第3条第2項及び第4項の規定に基づき内閣総理大臣、文部科学大臣、厚生労働大臣が定める施設の設備及び運営に関する基準」（内閣府・文部科学省・厚生労働省告示）が示されている。いずれも幼稚園と保育所の基準を機械的に結びつけた内容である。

● 図表 2-2　保育所の設備運営基準

	「児童福祉施設の設備及び運営に関する基準」の内容
備えなければならない施設・設備	● 2歳未満児 乳児室又はほふく室、医務室、調理室、便所 ● 2歳以上児 保育室又は遊戯室、屋外遊技場（保育所の付近にある屋外遊技場に代わるべき場所）、調理室、便所 保育に必要な用具を備えること。
面積	● 乳児室 　1人につき 1.65㎡以上 ● ほふく室 　1人につき 3.3㎡以上 ● 保育室・遊戯室 　1人につき 1.98㎡以上 ● 屋外遊技場 　1人につき 3.3㎡以上
職員・職種	保育士、嘱託医、調理員 （調理業務の全部を委託する施設にあっては調理員を置かないことができる）
保育士等の配置基準	（児童）（保育士） 0歳児… 3 ： 1 1・2歳児…6：1 3歳児…20：1 4・5歳児…30：1
保育時間	1日につき8時間原則（地域事情などを考慮し、所長が定める）
非常災害に対する処置	消火用具、非常口等の設置、定期的な避難訓練の実施
保育室等を2階以上に設ける場合の条件	耐火建築物、傾斜路または屋外階段、転落防止設備、調理室とそれ以外の部分の防火戸による区画、非常警報器具、カーテン等の防火処置
児童の処遇	● 保育の内容：養護および教育を一体的に行いその内容は厚生労働大臣が定める指針に従う ● 給食：必要な栄養量を含有、献立の作成、自園調理原則（3歳以上児は一定条件下で外部搬入容認） ● 健康診断の実施
苦情への対応	● 苦情受付窓口の設備等、苦情対応のために必要な措置 ● 都道府県・市町村からの処遇に関する指導・助言に従っての必要な改善・運営適正化委員会への協力

おさらいテスト

❶ 保育所では入所する子どもの[　　　　]を考慮する。
❷ 0歳児は[　　　　]ごとにねらい及び内容が示される。
❸ 「[　　　　　　　]」は児童福祉施設の設備・運営の最低の基準を定めたものである。

演習課題

ディスカッション

演習テーマ 1　ねらいの違いを理解しよう

「保育所保育指針」第2章の1、2歳児の5領域のねらい及び内容と3歳以上児のねらい及び内容を比べ、その違いを理解しましょう。

演習テーマ 2　調理室の機能と役割について話し合おう

3歳未満児の保育において、保育所の環境として調理室がなぜ必要なのかを話し合ってみましょう。

演習テーマ 3　養護と教育の一体化について話し合おう

養護と教育が一体的に行われるとは、保育現場でのどのような保育者の関わりや子どもの姿をイメージすればいいのでしょうか。実習などで観察した場面をもとにまわりの人と話し合ってみましょう。

演習テーマ 4　園庭について話し合おう

保育所付近の公園などを代わりに使用することで、保育所に園庭がなくてもよいとされています。園庭があること、ないことで、子どもの生活にはどのような違いが生じるでしょうか。

3コマ目

乳児保育の歴史

今日のポイント

1. 保育所は1947（昭和22）年の「児童福祉法」制定により、児童福祉施設に位置付けられた。
2. 1998（平成10）年の保育士定数改正により、乳児保育が通常の保育となった。
3. 0歳児の保育は行われていない国がある。

1 乳児保育の始まり

1 「児童福祉法」制定前の保育施設における乳児保育

　明治時代以降の文明開化・近代化は、実の親以外による乳幼児期の保育の成立とその体制整備を図るうえで、さまざまな影響を及ぼしています。

　乳幼児期の保育が成立する背景には、主として3つの点が深く関わっています。1つ目に、親、特に母親が家庭内外で労働に従事する機会が増すことによるケアの提供、2つ目に、乳幼児に特に必要な保健・衛生面、母子保健・小児保健的な観点からのケアの提供、3つ目に、学校教育の一環としての就学前教育の提供です。

　乳児保育には、1つ目はいうまでもありませんが、特に2つ目の背景が大きく関わっています。また、3つ目の背景は、結果的に乳児保育を推進する原動力となり、その典型が以下に述べる子守学校です。

　歴史上、乳児保育施設の先駆けとなったものは、必ずしも明確ではありません。最も古くは、1883（明治16）年に渡辺嘉重が開設した子守学校です。学制が敷かれ、子どもたちの就学が求められるなかで、乳児を背負い、幼児の手を引いて登校する子守として働く子どもが授業を受けやすくするために、学校内に乳児の午睡などのための鎮静室や幼児の遊びのための遊戯室などが設けられました。1890（明治23）年に赤沢鐘美が開いた新潟市内の私塾「新潟静修学校」では、生徒が子守から解放されて勉強できるよう、妻のナカが生徒の幼い弟妹を別室にて世話をしました。これはのちに守弧扶独幼稚児保護会と称する保育事業へと発展しました。

　その後、働く母親が乳幼児をかかえて出勤したあと、乳児などを預かる託児室が設けられるようになりました。1894（明治27）年、東京紡績株式会社の東京・深川工場に設けられた託児所では、生後100日から5歳の乳幼児が保育され、工場保育所の先駆けとされています。1900（明治

33）年に野口幽香、森島峰によって東京麹町に設立された二葉幼稚園は、付近の貧困家庭の幼児を対象とし、1916（大正5）年に二葉保育園と改称し、この時期から3歳未満児の保育を始めています。

1918（大正7）年の米騒動は、わが国の保育事業にも一大転換をもたらします。公設保育所・託児所による就労家庭の乳幼児を対象とする保育が広がり、東京市はその託児保育規定（1921〔大正10〕年）で、幼児および生後6か月以上の乳児を対象としています。民間においても積極的な取り組みがみられ、1909（明治42）年に設立された大阪の愛染橋保育所では100日以上2歳までの乳児が対象とされました。以後、乳児保育は大正期から昭和期にかけて徐々に普及していきました。昭和に入って、1929（昭和4）年に「救護法」、1933（昭和8）年に「児童虐待防止法」、1937（昭和12）年に「母子保護法」が制定され、翌1938（昭和13）年に厚生省（当時）が設立され、同省社会局に児童課が設置されました。しかし、保育所に関する法令は、戦前においては制定されませんでした。

2 児童福祉法の制定と乳児保育

1947（昭和22）年に公布された「児童福祉法」により、保育所は児童福祉施設の一つとして位置付けられました。「児童福祉法」の理念に沿って、これまでの救貧的なものではなく、階層を超えて一般化していくことになります。その翌年には、幼稚園教諭とは別に保育所保母（現在は保育士）養成が制度化されました。

制定された当初から、「児童福祉法」第39条に「保育所は、日日保護者の委託を受けて、乳児及び幼児を保育する施設とする」とされ、その後「（略）保育に欠けるその乳児又は幼児を保育することを目的とする」と改められましたが、いずれにしても乳児を対象とすることが記されていました。しかし、0歳児の入所はすすまず、1965（昭和40）年以前には保育所の全入所児の0.1％程度でした（➡図表1-4参照）。

その原因として、3歳未満児、特に0、1歳児に対しては家庭での保育が良いとする見方が根強かったこと、また、保育現場では、保母定数10対1という受け入れ態勢だったなかで、0歳児保育に消極的な姿勢をとらざるを得なかったことがあげられます。

3 乳児保育特別対策の実施

こうした状況を受けて、生後6か月から1歳3か月未満児の発達過程区分をはじめとする保育内容を詳細に記して1965年に通知されたのが、保育所保育のガイドラインである「保育所保育指針」です。

1968（昭和43）年、中央児童福祉審議会は、両親による家庭保育が最も望ましいとする原則を確認しつつも、それが不可能な場合には親密で温かい養護が与えられるよう処遇を手厚くする必要があるとして、「当面推進すべき乳児保育対策に関する意見具申」を行いました。翌年の1969（昭和44）年に厚生省は「保育所における乳児保育対策の強化について」という児童家庭局長通知を出し、特別保育対策の一環として乳児保育充実の

ための物的・人的条件整備が図られました。

ただ、この特別対策は、低所得家庭の乳児が9人以上入所している保育所に限定されました。この特別対策以降、乳児保育は都市部を中心に普及し、乳児保育への要望は増える一方でした。

4 乳児保育の一般化までの流れ

その後、1977（昭和52）年に所得制限枠が拡大され、1986（昭和61）年の中児審の「乳児保育の見直しについて」の提言を受け、1989（平成元）年になって所得制限枠が撤廃されました。これによって、保育に欠けるすべての子どもが乳児保育の対象となりました。

しかし、0歳児の受け入れ、特に産休明けからの保育実施の条件整備はなかなかすすみませんでした。1990（平成2）年に改定された「保育所保育指針」において、新たな項目として6か月未満児からの保育内容が加えられ、また、1997（平成9）年の「児童福祉法」の改正を受けて1998（平成10）年には、「乳児保育指定保育所制度」が廃止され、乳児の保育士定数も乳児おおむね3人につき1人になり、同年、「児童福祉施設最低基準」（2011［平成23］年に「児童福祉施設の設備及び運営に関する基準」に変更）の保育士定数が改正されました。これにより、特別対策であった乳児保育を通常の保育として、すべての保育所が実施するという転換の時期を迎えます。

2 諸外国における特徴的な保育・幼児教育の現状

ここからは、海外における乳児保育について見ていきましょう。

1 保育・幼児教育への公費負担割合

日本の保育に関わる財政制度は、改善すべき課題が多々あります。保育所運営費をはじめとする国の保育所関係予算の総額が、一般会計予算の0.4％程度と大変低く、OECD（経済協力開発機構）からも公費負担割合は加盟諸国中最低水準であると指摘されています。

国際的には、保育・幼児教育への公費支出を高め、貧困家庭の子どもをはじめ、すべての子どもに豊かな保育を保障する方向で改革がすすめられています。2011年のOECDデータをみると、就学前教育の公財政教育支出の対GDP比は、加盟国平均が0.6％であるのに、日本は0.1％と加盟国中最下位です（図表3-1）。私費負担の割合も非常に高いといえます。

● 図表 3-1　就学前教育段階における公財政、教育支出の対GDP比と公私負担割合の状況（国際比較）

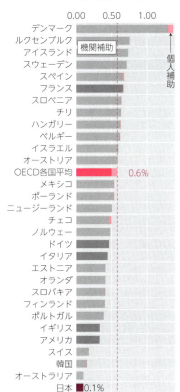
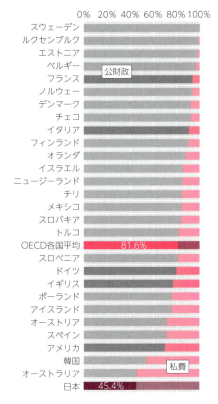

出典：OECD「図表でみる教育」（2014年版）
資料：文部科学省「我が国の教育行財政について」（2014年10月15日）をもとに作成

2　諸外国における保育・幼児教育の現状

諸外国における幼児教育・保育の現状をまとめると、図表 3-2 のとおりです。スウェーデンのように育児休業中でも給与の 80％が支給されるなど経済的な支援体制が確立していることを背景に、1 歳未満の子どもの保育は行われていない国もあります。

おさらいテスト

1. 保育所は1947（昭和22）年の「[　　　　]」制定により、児童福祉施設に位置付けられた。
2. 1998（平成10）年の保育士定数改正により、[　　　]が通常の保育となった。
3. [　　　]の保育は行われていない国がある。

プラスワン

スウェーデンの家庭福祉政策

スウェーデンでは、子どもが生まれると合計480日間（16か月）の育児休業を取得できる。その間の収入は両親保険制度で保障されており、390日間は給与の80％が支給され、残りの90日間は1日180クローナが支給される。

● 図表 3-2 諸外国における幼児教育・保育の現状

諸外国でも、各国の家庭・社会の状況を踏まえた幼児教育・保育の制度・カリキュラムが実施されています。仕組みの面ではフィンランド、スウェーデン、フランスは似ていますが、教育内容においてフランスはイングランド、アメリカと近く、就学準備が制度化されている国だといえます。韓国、ドイツは、幼児教育と保育を施設・教育内容において共通させようと試みていることがわかります。

	フィンランド	スウェーデン	オランダ	ドイツ ※幼保一体型への志向
保育・幼児教育の仕組み	・0～5歳:自治体・民間保育・家庭保育サービス ・6歳:エシコウル（就学前教育） ・7歳～:義務教育	・1～5歳:プリスクール（幼稚園） ・6歳:プリスクール・クラス ・7歳～:義務教育	・0～3歳:保育園 ・2歳半～3歳:プレイグループ・早期教育（VVE） ・4歳～:基礎学校（小学校） ※義務教育は5歳以降、4～5歳が幼児クラス	・0～2歳:保育園 ・3～5歳:幼稚園 ※幼保一体型施設有 ・6歳～:義務教育
就学前教育の実態・特徴	エシコウルは保育教師と保育士の2名体制にて行われる。クラス規模は教師1名につき上限13名。ほとんどの児童がエシコウルに通う。エシコウルでは、子どもの主体性を尊重し、共通の活動のほか、個々人の興味・関心に沿って小グループで活動する時間がある。成長・発展および学習の前提となる能力を向上させることを重視する。	プリスクールの主たる役割が教育か保育かで議論されており、近年改訂されたプリスクール・カリキュラムでは、言語・コミュニケーション・数的思考等の学習的側面も取り入れられている。一方、近年では初等教育以降に用いられた「ラーニング・スタディ」という考え方が導入され、遊びのなかで発達を促しながら、知識の獲得と向上を促す活動が行われている。	基礎学校では、基礎学校3年生以上の教育への準備を行うための教育（就学準備型教育）がなされている。背景には、過去に基礎学校1年生での留年が問題視されたことが挙げられる。「ピラミッド・メソッド」「カレイドスコープ」などの規格化された手法が採用され、就学準備を目的としているが、いずれも子どもの主体的な活動が中心となる。	PISAテストの結果が低かったことから2000年代に教育改革が行われ、就学前教育からの言語能力の獲得、保育・幼児教育と学校教育との接続について検討された。結果、各年齢において獲得すべき能力が設定された。一方、教育とケアにくわえ、「陶冶」（人格形成に向けた知識・能力の習得）が重視され、子ども中心のアプローチも根強い。
制度・カリキュラム	政策分野では、0～5歳は福祉、エシコウルは教育となり、年齢で階層化されている。保育・就学前教育ともに国家カリキュラムがあり、生涯学習の一部としてとらえることが特徴。	保育園と幼稚園は1990年代後半に統合され、政策分野は教育に一元化されている。主たるサービス提供は地方自治体に委ねられている。	政策分野では、保育は福祉、学校は教育と二元化されている。2005年にチャイルドケア法が児童福祉法として初めて成立し、保育の充実が図られた。	連邦制をとっており、保育施設等の規定は法律で定めるが、保育・幼児教育の内容は州政府（国内に16有）に委ねられている。

	イングランド ※就学準備型	アメリカ ※就学準備型	フランス ※就学準備型	韓国 ※幼保一体型への志向
保育・幼児教育の仕組み	・0～4歳：ケアサービス ・3～4歳：親の希望に応じて幼児教育 ・5歳～：義務教育	・0～4歳：低所得者向け早期教育（ヘッドスタート） ・0～4歳：民間保育サービス ・4～5歳：（プレ）キンダーガーテン（就学前教育） ・6歳～：義務教育（州によって異なる場合有）	・0～2歳：保育所 ・3～5歳：エコール・マテルネル ・6歳～：義務教育	・0～5歳：オリニジップ（保育園） ・3～5歳：幼稚園 ・6歳～：義務教育 ※3～12歳に民間の教育機関ハゴン（学院）がある
就学前教育の実態・特徴	すべての施設で、「ナショナル・カリキュラム」の一環として0～5歳児の「学びと発達」「ケア」の指針を定める「乳幼児基礎段階」（EYFS）に沿った活動が行われる。EYFSには、コミュニケーション、運動、社会性、読み書き、数的思考、表現、環境への関心という各領域において、5歳までに獲得すべき目標が示され、それに沿った教育活動が行われる。	階層間格差・貧困対策として、1960年代から貧困層の児童および保護者に対する教育・支援プログラムとしてヘッドスタート事業を行い、低所得層の社会的統合を目指す。一方、広く一般にも「落ちこぼれゼロ」（NCBL）政策の一環として「よいスタート、賢い育ち」（GSGS）プロジェクトがあり、キンダーガーテン入学時で必要とされる能力を想定し、3～5歳児の言語、認知、読みを教育し、週単位で達成度合いを把握することが始められた。	ほぼすべての子どもがエコール・マテルネルに通う。この点でユニバーサルな保育サービスとも言えるが、活動内容は就学準備のための教育機関の性格が強い。教育課程においてはエコール・マテルネルと小学校（6～10歳）が一体的に捉えられ、学習指導要領では、言語、読み書き、運動、環境への関心、創造性のほか、「生徒になる」という項目において学校での規範を学ぶことが明記された。	経済的に豊かな家庭が早期教育になり、幼稚園の競争も激しくなるなか、低所得層の子どもの教育機会が問題視されるようになる。それに対して、ヘッドスタート（アメリカ）に近い「希望スタートプログラム」の開始された他、近年では幼保共通のカリキュラム「ヌリ課程」（3～5歳児対象）が導入され、園ごとの質をそろえる努力がなされている。
制度・カリキュラム	政策分野は教育だが、子ども・家族サービスに関して横断的な事業推進を担う独自の組織（シェアスタート局）がある。一方、評価は別組織（教育水準局）が行う。	主として社会保障政策にあたる。保育は民間。	0～2歳は福祉、3歳以上は教育と年齢で階層化されている。エコール・マテルネルのカリキュラムや評価は教育省に委ねられている。	幼稚園は教育、オリニジップは福祉と二元化されている。統一カリキュラムとなるヌリ課程は教育管轄となっている。

参考資料：泉千勢『未来への学力と日本の教育9 世界の幼児教育・保育改革と学力』（明石書店）、庄井良信『未来への学力と日本の教育3 フィンランドに学ぶ教育と学力』（明石書店）、フランス教育学会『フランス教育の伝統と革新』（大学教育出版）
出典：世田谷区幼児教育・保育推進ビジョン策定委員会資料「国外の先進事例」（2016年6月作成）

演習課題

自分で調べ、話し合ってみよう1

演習テーマ 1　自分で調べよう

かつては乳児保育への否定論があり、それが乳児保育のすみやかな普及を阻んでいました。その否定論の根拠となっていたのが、母性神話や三歳児神話といわれるものです。母性神話や三歳児神話とはどのような考え方だったのかを調べましょう。

> 238ページで解答例を確認してみましょう。

演習テーマ 2　ディスカッション

図表3-3は、保育士の配置基準がどのように改善されたかを示しています。0～2歳児の保育士配置基準はどのようなねらいや必要性があって改善されたのでしょうか。まわりの人と話し合ってみましょう。

● 図表 3-3　保育所保育士配置基準（最低基準）の改善経過

年度	乳児	1歳児	2歳児	3歳児	4歳以上児
1948～51	10:1			30:1	
1952～61	10:1		(10:1)	30:1	
1962	10:1　(9:1)			30:1	
1964	8:1		(9:1)	30:1	
1965	8:1			30:1	
1966	(7:1)			30:1	
1967	6:1			30:1	
1968	6:1			(25:1)	30:1
1969～97	(3:1)	6:1		20:1	30:1
1998～2014	3:1	6:1		20:1	30:1
2015	3:1	6:1		(15:1)	30:1

（注）（　）内は最低基準ではなく運営費（公定価格）上の定数。1969～97年の乳児の(3:1)については、乳児指定保育所の場合にのみ限定して実現できた配置。2015年の3歳児の(15:1)も、公定価格上の加算条件としての基準
資料：厚生労働省資料をもとに作成
出典：全国保育団体連絡会・保育研究所編『保育白書 2018』ちいさいなかま社、2018年

演習課題

自分で調べ、話し合ってみよう２

演習テーマ 1 ディスカッション

海外の保育制度や取り組みから、日本が学ぶべきものはないかを考え、まわりの人と話し合ってみましょう。

演習テーマ 2 自分でまとめよう

海外の保育制度を踏まえて、日本の保育制度の特徴を考えてみましょう。

4コマ目 乳児保育の基礎知識1

今日のポイント

1. ボウルビィは乳幼児期における人的環境の重要性を提唱した。
2. 乳幼児期は、生活や身体の発達、運動機能などがそれぞれ関連性をもちながら総合的に発達する。
3. 自己形成期にあたる低年齢児の保育は、信頼関係を築き、子どもの自己肯定感の育みを支援することが重要である。

1 乳幼児の心の発達理論

1 ボウルビィ理論

　生まれて間もない乳児期の子どもの発達については、着目され始めてから歴史は浅く、乳児の発達に関する研究は19世紀後半になって報告され始めました。

　そのころの欧米では、病院や施設で生活する子どもの死亡率や発育の障害発生率が高いことが社会的な問題となっていました。その背景には、栄養不足や伝染性疾患などを含む衛生環境の不備が指摘され、その後は徐々に改善がみられるようになったといわれています。

　しかし、栄養面や衛生面の問題が改善され、それを要因とする死亡率や身体発育の問題が低下していくのに対して、今度は乳幼児の精神面の問題が「施設病（ホスピタリズム）」の一つとして浮上しました。

　第二次世界大戦後（1940年代後半）、戦争などで養育者を失った多くの子どもたちが施設で生活するようになりましたが、施設で生活する子どもには、家庭で親に育てられている子どもにみられないような特有の行動や様子がみられたのです。

　世界保健機関（WHO）からの委嘱を受けてこの問題を調査し研究したボウルビィ*は、当時の施設で生活する子どもたちにみられる傾向（情緒の不安定さ、言葉の発達が遅い、表情が乏しい、自傷行為がみられる、人との関わりや遊び活動に対する積極性が低いなど）の因果関係として、内的作業モデルやマターナル・デプリベーション（母性的養育の剥奪または喪失）という概念を示しました。

　ボウルビィは、「乳幼児は、養育者（主には母親、あるいは生涯母親の役割を果たす人物）との人間関係が、温かく、親密な関係性にあって、それが継続しており、両者が満足と幸福感に満たされているような状態が精

ボウルビィ
1907〜1990
イギリスの精神医学者。WHOの委嘱を受けて、子どもの養育環境について研究。「愛着の発達段階」についての理論を述べた。

ボウルビィは1958年に、母子の結びつきについての考察結果を『母子関係の理論』にまとめました。

32

神衛生の根本である」としました。このような人間関係がもたらす幸福感を欠いている子どもの状態を、マターナル・デプリベーションと定義付けたのです。

この概念は当時世界的に広まり、日本においてもボウルビィ理論は児童福祉施設を中心に大きな影響をもたらしたといわれています。現在、乳児院において、一人の子どもの養育を特定の職員が中心となって行う担当養育制（➡9コマ目参照）やケースマザー制（個別担当制）を導入している施設が多くみられることは、ボウルビィ理論と無関係ではありません。

2 愛着の発達段階にみる子どもの心

ボウルビィは、一人の子どもの乳児期からの発達を時間的経過でみる場合、特定の大人（多くの場合は母親、または主たる養育者）と子どもとの関係性は、その発達に沿って4つの段階を経ていくとし、次のように説明しています。

第1段階—前愛着（生後3か月ごろまで）

生後間もない新生児は、生理的な欲求が生じた際に、泣いて表現する力をもっています。それらの欲求がない場合は、多くは眠っていますし、起きていたとしても、快感情をもった笑いをみせることはありません。しかし、養育者にあやされる、抱っこされるというような大人からの関わりを日々、十分に受けていくことによって、やがて人と関わる際にほほえみが出現し、泣きではない声を発する（クーイング）ようになります。この時期の乳児は、養育をしている母親にはもちろん、その他の誰が関わっても、その人の顔をじっと見つめてほほえんだり、クーンとお話をしてくれます。このように、漠然とではあるけれども、乳児のなかで人と関わることが楽しい、うれしいことと感じられるようになり、乳児の気持ちが人に向かっていく時期であり、この傾向がやがて基本的信頼感の獲得につながっていきます。

第2段階—愛着の形成（生後6か月ごろまで）

やがて乳児は、それまで誰があやしてくれても抱っこしてくれてもうれしそうにほほえんだりお話ししたりしていたのに、徐々に特定の大人（多くの場合は母親、または主たる養育者）だけを求めるようになります。特定の大人に抱っこされていれば安心したようにニコニコしますが、反対に見知らぬ大人やたまにしか会わないような大人に対しては嫌そうに顔をそむける、泣いて特定の大人を求めるなど、明確に人を弁別する行動を示すようになります。

このような乳児の行動は人見知りあるいは8か月不安と呼ばれています。ボウルビィは乳児が特定の大人を求める行動を愛着行動*といい、これは、乳児が特定の大人との関係性において「愛着を形成した」ことが証明される状態であるとしました。

第3段階—明確な愛着（生後6か月から3歳ごろまで）

乳児期後半になると、乳児ははいはい（接近行動）やつたい歩きなどの粗大運動が発達し、自分で移動することができるようになります。それに

> 💬 **プラスワン**
>
> **基本的信頼感の獲得**
>
> 発達心理学者のエリクソンは、乳児の大人に対する肯定的な感情や好意的な関わりにみられる内的状態を、「基本的信頼感の獲得」という言葉で表現している。

> ✏️ **重要語句**
>
> **愛着行動**
>
> →生後6か月ごろから2歳ごろに、愛着関係にある養育者などに対して現れる行動。泣く、笑うなどして養育者の注意をひこうとする発信行動、養育者に自ら近づく接近行動、養育者がどこにいるか確認する定位行動の3つが主にある。

ともなって、特定の大人（アタッチメント対象者）への後追いやしがみつきなどの愛着行動がますます顕著になり、見知らぬ人への警戒は高まる様子がみられます。そして、特定の大人の存在やその居場所を確認したり、自ら特定の大人への接触を維持したりしながら、今度は自分の関心のある周囲のものへの探索活動（遊び）＊をし始め、特定の大人を自分の安心感・安全感の基地＊としながら盛んに周囲の環境を探索するようになります。

しかし、ひとたび探索活動中に特定の大人が乳幼児のそばから離れようとするとすぐに接近（後追い・しがみつき）し、維持しようとする行動が頻繁にみられるようになります。

第4段階―目標修正的協調関係（3歳以降）

幼児期に入ると、認知的な能力が飛躍的に発達し、周囲の状況を把握する力や近い将来の見通しをもつことも可能になっていきます。愛着の対象となる人物、つまり特定の大人についても、接近する、しがみつくなどの行動以外に、周囲の状況を理解し、特定の大人の行動や近い将来の計画を理解することができるようになります。

つまり、2～3歳を過ぎるころになると、特定の大人（アタッチメント対象者）と一緒にいたい、離れることは嫌だという思いがあっても、「すぐに戻ってくる」という相手の計画や近い将来の状況を予測することができるため、「少しの間なら大丈夫、待っていられる」と納得する、愛着行動を抑えるということができるようになるのです。

3　愛着理論と乳児保育の特性

ボウルビィは乳幼児の育ちの環境として、特定の大人の存在がきわめて重要であることを理論的に推進した人物ですが、乳児保育ではその考えがどのように生かされているのでしょう。先に乳児院における担当養育制、ケースマザー制についてふれましたが、これは乳幼児を対象とする保育方法の一つとして乳児院のみならず保育所においても導入されています。

「保育所保育指針」には、次のような記載があります。

> 一人一人の子どもの生育歴の違いに留意しつつ、欲求を適切に満たし、特定の保育士が応答的に関わるように努めること。
>
> （「保育所保育指針」第2章「保育の内容」1乳児保育に関わるねらい及び内容（3）保育の実施に関わる配慮事項より一部抜粋　下線は筆者）

乳児が保育所での生活において、特定された大人との固定的な関係性のなかで安心して過ごしてほしい、それが保育所の使命であり「子どもの最善の利益を考慮し、その福祉を積極的に増進することに最もふさわしい生活の場」（「保育所保育指針」第1章総則）であってほしい、という願いが反映されているものととらえることができます。

乳児の心の発達にとって特定の大人との関係性がたいへん重要であるこ

重要語句

探索活動
→新しい人間関係や環境に積極的に関わり、学習経験を積み重ねていく行動。

安全基地（secure base）
→乳児は、発達とともに見知らぬ事柄と接するなかで、不安や恐怖、孤独などの負の感情を抱くが、母親などの養育者が、それらの感情を和らげ、心理的な活力を補給する。

と、また、乳児保育を担う保育士と乳児との信頼関係に基づく日々の関わりが、乳幼児のその後の人格形成に大きく影響するということが、保育所の保育においても認識されていることが理解できるでしょう。

2　0〜3歳児（低年齢児）の発達の特徴

ところで、保育所や認定こども園における「乳児保育」とは0歳から3歳未満までの乳幼児を対象とした用語です。0歳からおよそ3歳ごろまでの発達には次のような特徴があるといえます。

> ❶　乳幼児期は、生涯のうちで最も発達の速度が速い時期にあること。
> ❷　乳幼児期の発達は、個性や生活環境の違いなどから、その段階や過程はさまざまなプロセスをたどるものであること。
> ❸　乳幼児期の発達は、身体の発育や運動機能、心の発達などがそれぞれ独立しているものではなく、それぞれの諸側面が関連性をもっていること。
> ❹　乳幼児期の発達は、特定の大人との信頼関係によって情緒が安定している状態を基本としながら、徐々に多様な人・物との関係に広がっていくこと。
> ❺　乳幼児の発達は、子ども自身が周囲の人的・物的環境に自発的に関わること（遊びを中心として）をとおしてなされていくこと。
> ❻　乳幼児期は、はじめて自我*が芽生え、「自分」が育つ時期であること。

特に、就学以降の児童を比べても発達の速度とその個性の違いは著しく、またそれら発達の多くは、信頼関係があり情緒的に結ばれた大人との関係性のなかでなされていきます。何よりも、出生直後には存在しなかった自己を確立していく重要な時期であることを理解しておきましょう。

3　0〜3歳児（低年齢児）の発達過程

乳幼児期は、生活や身体の発育、運動機能などがそれぞれ関連性をもちながら統合的に発達します。たとえば、養育する大人は生まれてまもない乳児を抱き上げるときに横抱き*にします。この体勢で乳児は養育する大人の顔をよく見ることができ、大人も乳児をのぞき込むように乳児と顔を合わせ、あやしかけます。このころの乳児には、抱かれて大人の顔をじっと見つめる、あやす声に耳を傾けるということ

重要語句

自我
→自分自身を主体として意識化することのできる主体のこと（岡本夏木・清水御代明・村井潤一監修『発達心理学辞典』ミネルヴァ書房、1995年）。

プラスワン

自己
1歳半から2歳ごろにかけて、客観的に自分というものを認識するようになり、自己の概念ができあがる。

重要語句

横抱き
→首に負担がかからないように、横にして抱く抱き方。

重要語句

たて抱き
→乳児の脇の下に手を入れ、首の後ろをしっかりと支え、もう一方の手でお尻を支え、養護者の体にしっかりと密着させる抱き方。

が、次の発達段階につながるちょうどよい刺激になると考えられています。

そして、3か月が過ぎるころには乳児の首がすわるために、今度は大人が乳児をたて抱き*にします。乳児はたて抱きにされることによって、大人の顔はもちろんのこと、部屋に置いてある物品、窓の外の明るい光彩など、世の中のさまざまなものや様子が視界に入ってくることになります。ちょうど視力も増し、自由に首を動かしてものを目で追うこともできるようになる乳児にとって、視界に入る光景はどれほど魅力的なことでしょう。目から飛び込むさまざまな情報は、乳児の好奇心を揺さぶり、「触ってみたい」という気持ちが精神機能や運動機能の発達を大きく押し上げていくことになり、やがて探索活動（遊び）につながっていくのです。

発達の順序について、図表 4-1、4-2 を見ていきましょう。

図表 4-1 は粗大運動の発達順序を示したものです。発達の速度には個人差がありますが、その順序と方向性は一定しています。

図表 4-2 は、運動機能や人との関係を中心にみた発達過程です。

このように、生活、人との関わり、運動機能の発達、精神機能（心）の発達は、それぞれが密接に絡み合いながら、乳児の発達を前に推し進めているのです。

●図表 4-1　運動の発達の順序

0か月	1か月	2か月	3か月	4か月	5か月
胎児の姿勢	頭を上げる	胸を上げる	ものをつかもうとする	支えれば座る	ひざの上でものをつかむ

6か月	7か月	8か月	9か月	10か月
いすの上で動くものをつかむ	一人で座る	支えられて立つ	つかまり立つ	はいはい

11か月	12か月	13か月	14か月	15か月

支えられて歩く	家具を引っ張って立つ	階段をのぼる	一人立ち	一人歩き

シャーレイ、1993年をもとに作成

● 図表 4-2　0〜3歳の発達の過程　　運動機能と人との関係を中心に

	運動機能・ものとの関わり	人との関わり・自己の育ち
おおむね 6か月未満	●首がすわる ●周囲を見回す（視界の拡大） ●手足の動きが活発になる ●自分の手足を口に持っていく ●寝返りをする ●周囲のものへの興味を示し始める ●腹ばいにすると顔を上げる ●全身の動きが活発になる ●周囲のものに手を伸ばす、ふれる、つかむ、口に入れる 　➡目と手の協応動作が発達していく **離乳準備期** 	●生理的欲求などを「泣く」ことで表現して目覚める ●生理的欲求がないときはほぼ眠っている ●睡眠中に自発微笑（生理的微笑）がみられる ●あやされると、あやしている大人の顔をじっと見る ●生理的欲求がなくても機嫌よく目覚めていることが多くなる ●社会的微笑の出現（あやされるとほほえむ・笑う） ●あやされると、クーイング、喃語などを発する ●声や音のする方向を見る ●人を求めるように甘え泣き・訴え泣きをする（社会的欲求） ●覚醒と睡眠の間隔が長くなり、生活リズムができてくる ●自分から声を発して、親しい大人に笑いかける ●乳児の欲求に応答的に関わる特定の大人との間に情緒的な絆が形成され始める ●人への基本的信頼感を得る ●情緒の安定、安心感を獲得していく
おおむね 6か月〜 1歳3か月 未満	**離乳食から離乳完了食への移行期** ●座位（支え座り➡一人座り） ●座位の姿勢で両手にものを持つ、持ち替える、たたき合わせるなどの動作をする ●探索活動が始まり、周囲のものに積極的に近づき、関わるようになる ●手指でものを持つ（掌で握る➡5本指で握る➡親指と他4本を離して持つ➡親指と他2本で持つ＜二点持ち＞➡親指と人差し指でつまむ＜ピンセット持ち＞） ●はう（ずりばい➡四つばい➡高ばい） ●立つ（つかまり立ち➡つたい歩き➡一人立ち） ●座位、はう、つかまり立ちなどが自在にでき、自由に動き回る ●一人歩き ●自由に移動できることで満足感を得る ●ものに対する好奇心が旺盛になり、身近な環境に働きかける意欲が高まる ●探索活動が活発になる **離乳食の手づかみ食べ** 	●特定の大人との情緒的な絆が深まる（愛着の形成） ●身近な人の顔がわかり、大人とのやりとりを楽しむ ●人見知りをする（見知らぬ人への警戒） ●特定の大人との信頼関係による情緒の安定を基盤にして、ものへの探索活動と同時に周囲の大人に働きかけていく ●大人の行動をじっと見る➡身振り模倣へ ●自分の意思や欲求を喃語や身振りなどで伝えようとする ●大人の簡単な言葉の意味がわかる（理解言語）（社会的参照行動） ●言葉によるコミュニケーションが芽生える ●大人の指差しの意味がわかる（共同注視）➡三項関係の成立 ●指差しで欲求したり、伝えたいことを表現したりする（関心の共有） ●物の名称を理解していく ●一語発話（一語文）の出現＝大人との対話の基本 ●「伝えたい、聞いてもらいたい」表現意欲が高まる

おおむね1歳3か月～2歳未満	1歳6か月までに離乳完了食から幼児食（固形食）となる ● 歩き始める（歩行の獲得）⇒行動範囲が飛躍的に拡大する ● 周囲のもの（環境）に自発的に働きかける意欲を高める ● 自分の意思で自分の体を動かすことができるようになる ● 脚力やバランス（平衡感覚）力が身についていく ● 手の操作性が高まる（つまむ、拾う、引っ張る、ものを出し入れする、めくる、なぐり描き、道具の操作など） ● ますます探索活動が活発になり、好奇心、遊びへの意欲が培われていく ● 象徴機能が発達していくことにより、イメージしたものを遊具などで見立てて遊ぶ 	● 自分の意思を親しい大人に伝えたいという欲求が高まる ● 盛んに指差し、身振り片言で伝えようとする ● 周囲の人に自発的に働きかけていく ➡「自分でしたい」という欲求をあらゆる場面において発揮していく ● 自立欲求が芽生え、大人の援助を嫌がる ● 自我が芽生える ● ものを媒介とした大人との応答的なやりとりが増える ● 人に呼びかける、拒否を表す身振りをしたり、片言、一語文を言う ● 周囲の人や他児のしていることへの関心や興味が高まり、そのしぐさを模倣する、同じことをして楽しむ ● 遊んでいる他児に近づいていこうとする ● 他児の持っている玩具を欲しがる➡物の取り合いをする ● 相手に対して簡単な言葉で不満を訴える
おおむね2歳	● 歩行が安定する➡行動範囲がますます広がる ● 平衡感覚機能がさらに高まる➡走り回る、跳ぶ、蹴る、投げる、潜るなど、自分の体を思うように動かすことができる ● 遊びをとおしてものとの関わりを広げる ● 指先の機能の発達（ちぎる、破る、貼る、なぐり描き）により、遊びが広がっていく ● 食事、衣服の着脱、排泄など、自分の身の回りのことを自分でしようとする意欲が高まる ● 象徴機能がさらに発達し、「～のつもり、～のふり」を楽しみ、イメージを膨らませる遊びをする（簡単なごっこ遊び） ● 排泄自立のための身体的機能が整ってくる ● 物事の間の共通性を見いだすことができるようになる（物の概念化） 	● 自我が育ち、強く自己主張する（自我の拡大期） ● 身体を使った遊びをとおして、人との関わりを広げる ● 自分の意思や欲求を言葉で表出できるようになっていく ● 遊びのなかで言葉を交わすことの喜びを感じるようになる ● 自分のしたいことに集中するようになる ● 自分のことを自分でしようとする意欲が高まる ● イメージを膨らませる遊びなどをとおして、身近な大人や他児とのやり取りが増える ● 象徴機能がすすみ、大人と一緒に「～ごっこ」を楽しむ ● 発声が明瞭になり、語彙が著しく増加し、自分の意思や欲求を言葉で表そうとすることにより、自我が育っていく ●「自分で」「いや」と強く自己主張することが多くなる ● 自分の思い通りにいかないと、泣いたり、癇癪を起こしたりする ● 盛んに質問する➡「これな～に？」（第一質問期） ● 二語文の獲得

| おおむね3歳 | ●基礎的な運動能力が育つ（歩く、走る、跳ぶ、押す、引っ張る、投げる、転がる、ぶら下がる、またぐ、蹴るなど）
●食事、排泄、衣類の着脱など基本的生活習慣がほぼ定着する

●ものを分け合う、順番に使うようになる | ●理解できる語彙が急激に増加し、日常生活での言葉のやりとりができるようになる➡あいさつなど人と関わる言葉のやりとりができる
●言葉の獲得をとおし、知的興味・関心が高まる➡「なぜ？どうして？」などを盛んにいう（第二質問期）
●「何でも自分でできる」という意識が育ち、大人の手助けを拒むことが多くなる
●自我がさらに明確になる
●象徴機能、観察力を発揮して、遊びの内容に発展性がみられるようになる（ごっこ遊び〔役割を担う〕など）
●平行遊び（場を共有しながらそれぞれが独立して遊ぶ）をしながら他児の遊びを模倣する、他児と関わる
●他児とものの取り合いからけんかもするが、徐々に分け合う、順番に使うなど、生活や遊びのルール、きまりを守ることを覚え始める
●予想、意図、期待をもって行動できるようになる➡自己中心的な自我から自己コントロールする自我へ
●他児と共通したイメージをもって遊びを楽しむ
●自分のことを「私」「僕」という一人称を使って言い表すようになる
●自分と周囲の人（家族、友だち、先生など）との関係がわかり始める
●簡単な物語を理解し、その内容を想像したり、同化したりするなどし、劇遊びを楽しむ
●知的好奇心が高まり、周囲への注意力、観察力が伸びる
●物事を概念化する機能（共通性、相違性の理解）が発達する |

内閣府・文部科学省・厚生労働省「幼保連携型認定こども園教育・保育要領解説」2015年2月及び厚生労働省「保育所保育指針解説書」2008年4月をもとに著者作成

注：現「保育所保育指針」では発達過程についての記載が少ないため、乳児保育の発達を踏まえた保育のねらいや内容の理解促進を図ることを目的として、旧「保育所保育指針解説書」及び旧「幼保連携型認定こども園教育・保育要領解説」の記載を用いている。

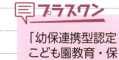

「幼保連携型認定こども園教育・保育要領」

2015年4月から始まった子ども・子育て支援新制度にともなって、内閣府・文部科学省・厚生労働省より告示された指針。

4 自我の芽生えと自己統制力

　乳幼児期は、身体とともに心も大きく成長していきます。出生まもなくのころには、特定の大人を中心とした関係のなかで人への信頼感を獲得していきますが、それらを基盤にして1、2歳児は自我が芽生え、自己が育っていく大切な時期をむかえます。好奇心がもたらす自発的・主体的な行動を十分に繰り返すことによって、漠然とした満足感や自信が乳児にもたらされて、今度は「何でも自分でやりたい！」という意欲が芽生えていきます。これを自立欲求*という言葉で表現することもあります。

　何でも自分でやろうとする行動は、一見すると反抗するような言動にみられがちですが、これが自我の芽生え*や自己主張*といわれる行動です。1、2歳児の自我、つまり自己はこの時期に大きく育ち、人格の核となる部分が形作られていきます。

　やがて、反抗ともみられる行動は徐々に減少し、他児とのものの取り合いや自己主張も落ち着いていく時期が訪れます。個人差はあるものの、おおよそ3歳後半期になると、子どものなかに、周囲の状況を見通して理解する力や自己をコントロールする力（自己統制力）が育っていきます。その力によって、我慢すること、譲ること、他者を思いやる気持ちなどが芽生えていくことになります。これを自我の充実、社会性と表現することもあります。

　0～3歳児が自己を表現する力を十分に受け止めながら、大人を信頼する気持ちや自己肯定感情につながっていく心を育むように、そしてまた、他者の存在に気付くことができるように促しながら保育者として関わることが、乳児保育を担当する保育者には求められているのです。

重要語句

自立欲求
→自我が確立し始めると、何でも一人でやりたがるようになる、その欲求。

自我の芽生え
→自分の意思や欲求を言葉で伝えようとし始める動き。周囲を意識するようになる。

自己主張
→自我の芽生えとともに、自己主張をすることが多くなる。また、反対に自己を抑制する動きも出てくる。両者がバランスよく発達することで、自分をコントロールする自己統制につながる。

おさらいテスト

❶ ボウルビィは乳幼児期における[　　　　]の重要性を提唱した。
❷ 乳幼児期は、生活や身体の発達、[　　　　]などがそれぞれ関連性をもちながら総合的に発達する。
❸ 自己形成期にあたる低年齢児の保育は、信頼関係を築き、子どもの[　　　　]の育みを支援することが重要である。

演習課題

3歳未満児の姿を探してみよう

演習テーマ 1　思い出してみよう

あなたが幼稚園や保育所に入園したばかりのころ、家族と離れて不安を感じたり、泣いたりした記憶はありませんか？　または迷子になったときのことなどの記憶があれば、そのときの状況と自分の気持ちを書き出してみましょう。

[

]

演習テーマ 2　町で観察してみよう

実際に、商店や公園、車内などで、3歳未満児のいざこざや、保護者とのやり取りを観察して簡単にメモをしてみましょう。

[

]

演習テーマ 3　ディスカッション

家族などに対する「信頼感・安心感」と、「自己主張」との関連性について話し合ってみましょう。

[

]

5コマ目 乳児保育の基礎知識2

今日のポイント

1. 乳児保育のねらいでは、身体的・社会的・精神的発達に関する3つの視点が設定されている。
2. 1歳以上3歳未満児保育のねらいは健康・人間関係・環境・言葉・表現の5領域で設定されている。
3. 3歳未満児保育のねらいと内容は3歳以上児の保育につながっているが、3歳未満児の発達段階に即して記載されている。

1 幼児教育を行う施設としての保育の目標

　保育所における保育では、生涯にわたる生きる力の基礎を培うために、保育の目標を設定して保育が行われています。「乳幼児期に育みたい資質・能力」として、「保育所保育指針」には「知識及び技能の基礎」「思考力、判断力、表現力等の基礎」「学びに向かう力、人間性等」があげられています。
　また、「幼児期の終わりまでに育ってほしい姿」として、「健康な心と体」「自立心」「協同性」「道徳性・規範意識の芽生え」「社会生活との関わり」「思考力の芽生え」「自然との関わり・生命尊重」「数量や図形、標識や文字などへの関心・感覚」「言葉による伝え合い」「豊かな感性と表現」の10の姿をあげています。
　これらの乳幼児期に育みたい資質・能力や幼児期の終わりまでに育ってほしい姿（10の姿）は、保育所とともに幼稚園や認定こども園でも目標とされている共通事項です。
　「保育所保育指針」では、保育のなかでそれらの目標を達成するために具体的な「ねらい及び内容」と「内容の取扱い」を記載しています。「ねらい」とは、保育の目標をより具体化したものであり、「内容」は、「ねらい」を達成するために保育士等が子どもの生活や状況を援助する事項と、子ども自らが環境に関わって経験する事項を示したものです。また「内容の取扱い」は「内容」を保育のなかで実践する際に留意する必要がある事項を示しています。
　なお、保育所保育では、養護と教育が一体となって展開されていることが基本だということを忘れないようにしましょう。

2 乳児保育に関わるねらい及び内容

0歳児の保育においては、この時期の発達的特徴を踏まえて、図表5-1のように3つの視点が設定されています。健康な心と体を育て、乳児自ら健康で安全な生活をつくり出す力の基盤を培う「健やかに伸び伸びと育つ」では、乳児の心と体の健康や運動発達、そして生活リズムの形成などに関して示してあります。また、受容的・応答的な関わりの下で、何かを伝えようとする意欲や身近な大人との信頼関係を育て、人と関わる力の基盤を培う「身近な人と気持ちが通じ合う」では、乳児が他者との関わりを取り込む力の基礎について示しています。そして、身近な環境に興味や好奇心をもって関わり、感じたことや考えたことを表現する力の基盤を培う「身近なものと関わり感性が育つ」では、乳児自らが積極的に周囲の環境に働きかけながら、外界を取り込むさまざまな体験をとおして世界を拡大していく力について示してあります。

このように、乳児保育で示された3つの視点で培われる力は、将来的

● 図表5-1　乳児保育に関わるねらい及び内容

健やかに伸び伸びと育つ【身体的発達に関する視点】	身近な人と気持ちが通じ合う【社会的発達に関する視点】	身近なものと関わり感性が育つ【精神的発達に関する視点】
【ねらい】①身体感覚が育ち、快適な環境に心地よさを感じる②伸び伸びと体を動かし、はう、歩くなどの運動をしようとする③食事、睡眠等の生活リズムの感覚が芽生える【内容】①保育士等の愛情豊かな受容の下で、生理的・心理的欲求を満たし、心地よく生活をする②一人一人の発育に応じて、はう、立つ、歩くなど、十分に体を動かす③個人差に応じて授乳を行い、離乳を進めていく中で、様々な食品に少しずつ慣れ、食べることを楽しむ④一人一人の生活リズムに応じて、安全な環境の下で十分に午睡をする⑤おむつ交換や衣服の着脱などを通じて、清潔になることの心地よさを感じる	【ねらい】①安心できる関係の下で、身近な人と共に過ごす喜びを感じる②体の動きや表情、発声等により、保育士と気持ちを通わせようとする③身近な人と親しみ、関わりを深め、愛情や信頼感が芽生える【内容】①子どもからの働きかけを踏まえた、応答的な触れ合いや言葉がけによって、欲求が満たされ、安定感をもって過ごす②体の動きや表情、発声、喃語等を優しく受け止めてもらい、保育士等とのやり取りを楽しむ③生活や遊びの中で、自分の身近な人の存在に気付き、親しみの気持ちを表す④保育士等による語りかけや歌いかけ、発声や喃語等への応答を通じて、言葉の理解や発語の意欲が育つ⑤温かく、受容的な関わりを通じて、自分を肯定する気持ちが芽生える	【ねらい】①身の回りのものに親しみ、様々なものに興味や関心をもつ②見る、触れる、探索するなど、身近な環境に自分から関わろうとする③身体の諸感覚による認識が豊かになり、表情や手足、体の動き等で表現する【内容】①身近な生活用具、玩具や絵本などが用意された中で、身の回りのものに対する興味や好奇心をもつ②生活や遊びの中で様々なものに触れ、音、形、色、手触りなどに気付き、感覚の働きを豊かにする③保育士等と一緒に様々な色彩や形のものや絵本などを見る④玩具や身の回りのものを、つまむ、つかむ、たたく、引っ張るなど、手や指を使って遊ぶ⑤保育士等のあやし遊びに機嫌よく応じたり、歌やリズムに合わせて手足や体を動かして楽しんだりする

5コマ目　乳児保育の基礎知識2

に5領域のねらい及び内容につながっていくことを想定しているのです。つまり、「健やかに伸び伸びと育つ」という視点は主に5領域の「健康」の領域で示している保育内容と、また「身近な人と気持ちが通じ合う」という視点は主に「人間関係」「言葉」と、「身近なものと関わり感性が育つ」という視点は主に「環境」「表現」の領域で示している保育内容との連続性が意識されているのです。0歳児の発達状況が未熟な段階であることを踏まえ、5領域の概念を基本としながらも、0歳児に即したかたちで3つの視点として整理されています（➡図表2-1参照）。

また、内容の取扱いでは、遊びのなかで体を動かす機会を確保し、乳児が自ら体を動かそうとする意欲が育つように促すことや、乳汁から離乳食、離乳食から完了食へと、望ましい食習慣の形成を図ることの重要性などより具体的な保育についての記載がされています。

● 図表 5-2　1歳以上3歳未満児の保育に関わるねらい及び内容

健康	人間関係	環境
【ねらい】 ①明るく伸び伸びと生活し、自分から体を動かすことを楽しむ ②自分の体を十分に動かし、様々な動きをしようとする ③健康、安全な生活に必要な習慣に気付き、自分でしてみようとする気持ちが育つ	【ねらい】 ①保育所での生活を楽しみ、身近な人と関わる心地よさを感じる ②周囲の子ども等への興味や関心が高まり、関わりをもとうとする ③保育所の生活の仕方に慣れ、きまりの大切さに気付く	【ねらい】 ①身近な環境に親しみ、触れ合う中で、様々なものに興味や関心をもつ ②様々なものに関わる中で、発見を楽しんだり、考えたりしようとする ③見る、聞く、触るなどの経験を通して、感覚の働きを豊かにする
【内容】 ①保育士等の愛情豊かな受容の下で、安定感をもって生活をする ②食事や午睡、遊びと休息など、保育所における生活のリズムが形成される ③走る、跳ぶ、登る、押す、引っ張るなど全身を使う遊びを楽しむ ④様々な食品や調理形態に慣れ、ゆったりとした雰囲気の中で食事や間食を楽しむ ⑤身の回りを清潔に保つ心地よさを感じ、その習慣が少しずつ身に付く ⑥保育士等の助けを借りながら、衣類の着脱を自分でしようとする ⑦便器での排泄に慣れ、自分で排泄ができるようになる	【内容】 ①保育士等や周囲の子ども等との安定した関係の中で、共に過ごす心地よさを感じる ②保育士等の受容的・応答的な関わりの中で、欲求を適切に満たし、安定感をもって過ごす ③身の回りに様々な人がいることに気付き、徐々に他の子どもと関わりをもって遊ぶ ④保育士等の仲立ちにより、他の子どもとの関わり方を少しずつ身につける ⑤保育所の生活の仕方に慣れ、きまりがあることや、その大切さに気付く ⑥生活や遊びの中で、年長児や保育士等の真似をしたり、ごっこ遊びを楽しんだりする	【内容】 ①安全で活動しやすい環境での探索活動等を通して、見る、聞く、触れる、嗅ぐ、味わうなどの感覚の働きを豊かにする ②玩具、絵本、遊具などに興味をもち、それらを使った遊びを楽しむ。 ③身の回りの物に触れる中で、形、色、大きさ、量などの物の性質や仕組みに気付く ④自分の物と人の物の区別や、場所的感覚など、環境を捉える感覚が育つ ⑤身近な生き物に気付き、親しみをもつ ⑥近隣の生活や季節の行事などに興味や関心をもつ

3 1歳以上3歳未満児の保育に関わるねらい及び内容

　3歳未満児保育におけるねらい及び内容は、近い将来3歳以上児における保育内容につながっていくことを意識して、図表5-2に示す5領域で記載されています。

　ここで示される5領域は、3歳以上児保育における5領域と同じような記載であってもその意味するところは異なることに留意しなくてはならないでしょう。1、2歳児の保育内容は、乳児保育における3つの視点からの円滑なつながりを意識している点を正しく理解することが重要です。それは3歳未満児の保育の「ねらい」の記載と、3歳以上児の保育の「ねらい」の記載とを比較すると理解できるでしょう。

言葉

【ねらい】
① 言葉遊びや言葉で表現する楽しさを感じる
② 人の言葉や話などを聞き、自分でも思ったことを伝えようとする
③ 絵本や物語等に親しむとともに、言葉のやり取りを通じて身近な人と気持ちを通わせる

【内容】
① 保育士等の応答的な関わりや話しかけにより、自ら言葉を使おうとする
② 生活に必要な簡単な言葉に気付き、聞き分ける
③ 親しみをもって日常の挨拶に応じる
④ 絵本や紙芝居を楽しみ、簡単な言葉を繰り返したり、模倣をしたりして遊ぶ
⑤ 保育士等とごっこ遊びをする中で、言葉のやり取りを楽しむ
⑥ 保育士等を仲立ちとして、生活や遊びの中で友達との言葉のやり取りを楽しむ
⑦ 保育士等や友達の言葉や話に興味や関心をもって、聞いたり、話したりする

表現

【ねらい】
① 身体の諸感覚の経験を豊かにし、様々な感覚を味わう
② 感じたことや考えたことなどを自分なりに表現しようとする
③ 生活や遊びの様々な体験を通して、イメージや感性が豊かになる

【内容】
① 水、砂、土、紙、粘土など様々な素材に触れて楽しむ
② 音楽、リズムやそれに合わせた体の動きを楽しむ
③ 生活の中で様々な音、形、色、手触り、動き、味、香りなどに気付いたり、感じたりして楽しむ
④ 歌を歌ったり、簡単な手遊びや全身を使う遊びを楽しんだりする
⑤ 保育士等からの話や、生活や遊びの中での出来事を通して、イメージを豊かにする
⑥ 生活や遊びの中で、興味のあることや経験したことなどを自分なりに表現する

また、3歳未満児保育における5領域のねらいと内容の記載について、「健康」では運動や調理形態の多様化に加え、基本的生活習慣の自立に向けた内容がみられます。「人間関係」では保育士等との信頼関係を基盤にして他児との関わり方や保育所での生活や遊びの仕方などについても記載されています。また「環境」においては、さまざまな感覚をとおした環境とのふれあいから物の性質や仕組み・生き物への気付きとともに、物の所有意識、生活における季節行事等についての記載もみられます。
　「言葉」では、保育士等との応答的関わりに加えて、簡単な言葉への気付きやあいさつ、絵本や紙芝居を介した言葉のやり取りについて記載されています。「表現」においては、さまざまな素材にふれること、音楽リズムによる楽しみ、歌や手遊びなどを含めた表現について幅広くふれられています。
　このように、1歳以上3歳未満児の保育のねらいと内容には、3歳以上児の保育と同様に5領域による記載事項となってはいても、0歳児保育からの連続性や、やがては幼児期後半の保育につながっていくように乳児期と幼児期とを円滑にすすめる保育のねらいが意識されて記載されているのです（図表5-3）。

●図表5-3　保育の内容と発達過程（イメージ）

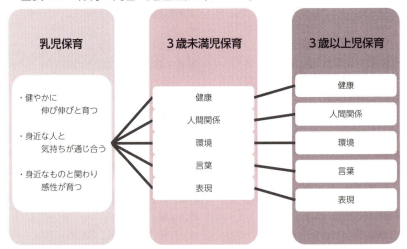

おさらいテスト

❶ 乳児保育のねらいでは、身体的・社会的・[　　　]発達に関する3つの視点が設定されている。

❷ 1歳以上3歳未満児保育のねらいは健康・[　　　]・環境・言葉・表現の5領域で設定されている。

❸ 3歳未満児保育のねらいと内容は3歳以上児の保育につながっているが、3歳未満児の[　　　]に即して記載されている。

演習課題

0歳児の保育のねらいについて考えてみよう

①0歳児の保育のねらいの3つの視点から、0歳児保育で大切にしていることについて考えてみましょう。

[　　　　　　　　　　　　　　　　　　　　　　　　　　　　　　　　　]

②0歳児の保育のねらいと1、2歳児の保育のねらいの記載事項を読み比べ、相違点について考えてみましょう。

[　　　　　　　　　　　　　　　　　　　　　　　　　　　　　　　　　]

③1、2歳児保育のねらいと3歳以上児保育のねらいとを読み比べ、その違いについて発達過程を踏まえて話し合ってみましょう。

[　　　　　　　　　　　　　　　　　　　　　　　　　　　　　　　　　]

6コマ目 乳児保育の基礎知識3

今日のポイント

1. 子どもの発達の時期によって、配慮事項にも違いがある。
2. 0歳児は疾病にかかりやすいので、保健的な対応が重要となる。
3. 1歳以上になると、行動範囲が広がるのでより多くの安全対策が必要となる。

1 保育の実施に関わる「配慮事項」

「保育所保育指針」では、第2章「保育の内容」においてそれぞれの時期（乳児期、1歳以上3歳未満児の時期、3歳以上児の時期）に沿うかたちで「保育の実施に関わる配慮事項」が示されています。保育の実施にあたっては0～6歳という年齢の幅が広い乳幼児を対象とするため、子どもの発達の時期によってそれぞれ特徴があり、総合的な配慮事項にも違いがあることを理解する必要があります。ここでは「保育所保育指針」を引用しながら、それぞれの年齢の配慮事項についてくわしく見ていきましょう。

1 乳児保育（0歳児）の実施に関わる配慮事項

❶ 適切な保健的対応

> 乳児は疾病への抵抗力が弱く、心身の機能の未熟さに伴う疾病の発生が多いことから、一人一人の発育及び発達状態や健康状態についての適切な判断に基づく保健的な対応を行うこと。

0歳児は身体機能が未熟であり抵抗力が弱いため、さまざまな疾病を発症する傾向があります。保育士は医療の専門家ではありませんが、基本的な医療に関する知識と、0歳児の心身の変化に敏感に気付くことが求められます。保育士は、ふだんの元気なときの状態を詳細に把握しているキーマン的な立場にあります。ですから、ふだんの様子と少しでも違うと感じる場合には、その対応を迅速に行わなければいけません。

登園時には、前日夕から当日朝までの家庭での子どもの様子を保護者から詳細に聞き、連絡帳に目を通すとともに、視診*を行います。特に言葉

重要語句

視診
→子どもの身体の全体を目で詳細に確かめ、その健康状態を確認すること。

第1章　講義編

● 図表 6-1　「保育所における感染症対策ガイドライン」における観察ポイント

厚生労働省「保育所における感染症対策ガイドライン（2018年改訂版）」

で自分の体調を表現できない 0 歳児においては、保育士が注意深く子どもの外見から見極めることが求められます。元気なときの子どもの様子との違いに気付く目安として、「保育所における感染症対策ガイドライン」において、次のように子どもの症状をみるポイントが示されています（図表 6-1）。

❷ 特定の保育士との応答的な関わり

> 一人一人の子どもの生育歴の違いに留意しつつ、欲求を適切に満たし、特定の保育士が応答的に関わるように努めること。

0 歳児クラスの多くは新入園児であり、母子分離による不安な情緒を抱えながら、未知の環境としての保育所の環境に身を置くことになります。そのため、保育所の環境が 0 歳児にとって安心できる場として受け止められ、情緒を安定させて生活できる場となるためには、特定の保育士（保育担当制の保育士）と 0 歳児との間に深い信頼関係を築くことが大切です。特定の保育士が応答的に関わり、その欲求を満足させていくような関係性を築けるよう配慮しなければいけません。

6コマ目　乳児保育の基礎知識3

49

❸ 専門職間の連携

> 乳児保育に関わる職員間の連携や嘱託医との連携を図り、（中略）適切に応答すること。栄養士及び看護師等が配置されている場合は、その専門性を生かした対応を図ること。

　乳児期は、病状が急変しやすいことのほかにも、ミルクなどの乳汁から離乳食、完了食、幼児食へと食事形態が移行する時期でもあり、保育士のみならず他職種（医師や看護師、栄養士など）からの専門的な助言を必要とする機会が多くあります。また保育士からも、日常における子どもの様子についての情報を他職種に伝えることで、子どもの状況をより正しく判断することにつながります。このように、0歳児の保育ではそれぞれの専門性を生かしながら他職種と連携を図ることが重要となります。（➡ 15コマ目参照）

　また、近年では食物アレルギーのある子どもが増加していることを鑑み、離乳食の段階からそれらへの対策が求められています。食物アレルギーの治療は、原因食品を摂取しないことが基本になるため、個々の対象児のアレルゲン食品と誘発症状（可能性を含める）、対応法についての指示書を保護者に提出してもらいます。そして、受け入れ時のアレルギー状態、除去を要するアレルゲン食品について、担当保育士や調理関係者のみならず、職員全体が理解しておく必要があります。

　園での除去食対応は、主治医による診断書（指示書）を前提とします。そして、食物アレルギーの自然経過・耐性化により除去食内容も変化するため、多くは6か月～1年ごとに再検討と診断書の再提出が必要です。

❹ 保護者への支援

> 保護者との信頼関係を築きながら保育を進めるとともに、保護者からの相談に応じ、保護者への支援に努めていくこと。

　0歳児クラスの保護者は、第1子を出産し、産休＊があけてはじめて保育所に子どもを預けるという場合が多く、入園間もない保護者の心配はつきません。子ども本人はもとより保護者も多くの不安を抱えつつ、仕事と育児とを両立しようと日々がんばっている状況があるのです。

　家庭での子育てに関する小さな不安から、保育所でのわが子に対する保育士の対応への不満まで、保護者がもつさまざまな感情を保育士はまず受け止め、保護者の不安に寄り添いながら保護者との信頼関係を図ることが大切です。

重要語句

産休
→女性は、出産予定日（産前）の6週間前にいわゆる産休に入り、原則として産後8週間までは、休業をとることができる。いわゆる産休明け保育は生後57日の入所となる。

❺ 保育士同士の連携

> 担当の保育士が替わる場合には、子どものそれまでの生育歴や発達過程に留意し、職員間で協力して対応すること。

　特に乳児保育では特定の保育士等との密接な関わりが重要であることから、年度替わりや年度途中などで担当の保育士が替わる場合には、子どもが安定して過ごすための配慮が大切です。

　生育歴や発達段階などはもちろんのこと、それまでの家庭やクラスにおける生活や遊びのなかでの子どもの様子などについても、担当者間で詳細かつ**ていねいな引き継ぎ**が行われることが必要です。一人ひとりへの働きかけや対応が急激に変わることのないように、職員間で協力しながら、子どもにとって心地よいと感じる環境を保障することが大切です。

　また周囲の職員は、子どもと新しい担当の保育士との信頼関係を築くことができるよう配慮することも必要となります。子どもが担当保育士を心の拠りどころとして多くの人の温かいまなざしのなかで成長していくことを理解し、見守っていくことが大切です。

2　1歳以上3歳未満児の保育の実施に関わる配慮事項
❶ 感染症への対策

> 特に感染症にかかりやすい時期であるので、体の状態、機嫌、食欲などの日常の状態の観察を十分に行うとともに、適切な判断に基づく保健的な対応を心がけること。

　この時期の子どもについては、不機嫌な状態やだるそうな様子、食欲の不振、急な発熱、嘔吐など、わずかな体調の変化にも注意をはらい、感染症の早期発見に努めます。必要があればほかの子どもから離し、嘱託医や看護師の指導の下で保護者と連携をとりながら対応します。

　感染症対策としては、感染症に関する知識の習得、流行状態の把握、室温、湿度、空気の循環などへの留意、手洗いや消毒など、衛生面にも十分な注意を払うことが大切です。また、予防接種は、接種を受けた個人が免疫を獲得すると同時に、接種を広く行うことによって社会全体の伝染病の流行を阻止できる予防方法です。現在、予防接種の種類と接種時期については図表6-2の通りです。それぞれの予防接種は、定められている年齢のなかでも接種可能な年齢に達したら早めに接種することが望ましいといえます。また、特に保育所に入所する乳幼児は、体調のよいときを選んで接種するようにしましょう。

● 図表6-2　予防接種のスケジュール（目安）

種類	ワクチン	乳児期									幼児期							学童期			
		1か月	2か月	3か月	4か月	5か月	6か月	7か月	8か月	9か月	12か月	15か月	18か月	2歳	3歳	4歳	5歳	6歳	7歳	8歳	9歳	10歳〜
定期接種	不 Hib インフルエンザB型		❶	❷	❸						❹											
	不 肺炎球菌（PCV13）		❶	❷	❸						❹											
	不 四種混合（DPT-IPV）			❶	❷		❸				❹											
	生 BCG					❶																
	生 麻しん（はしか）、風しん（MR）										❶						❷					
	生 水痘（水ぼうそう）										❶	❷										
	不 日本脳炎														❶❷	❸						❹ 9〜12歳（2期）
	不 二種混合（DT）																					❶ 11歳（2期）
	不 ヒトパピローマウイルス（HPV）注1																					❶❷❸ 13〜14歳
任意接種	不 B型肝炎（HBV）		❶	❷				❸														
	生 ロタウイルス注2 1価		❶	❷																		
	生 ロタウイルス注2 5価		❶	❷	❸																	
	生 流行性耳下腺炎（ムンプス、おたふくかぜ）										❶						❷					
	不 インフルエンザ						毎年 ❶、❷（10月、11月など）															13歳より ❶

①、②：接種の回数
■：望ましい接種時期
生：生ワクチン　不：不活化ワクチン
注1　2013年6月の厚生科学審議会予防接種・ワクチン分科会副反応検討部会での検討により、定期接種として接種可能だが、現在積極的な勧奨は行われていない。
注2　接種するワクチンによって、接種回数・期間が異なる。

❷ 探索活動をするための環境保障と事故防止

> 探索活動が十分にできるように、事故防止に努めながら活動しやすい環境を整え、全身を使う遊びなど様々な遊びを取り入れること。

歩行が自由にできるようになり、行動範囲が室内から屋外へと移行するこの時期には、保育環境は大きく拡大していきます。園庭での遊びや園外

● 図表6-3　保育所における安全チェックリスト

場所	項目	チェック記入
正門	●常に鍵がかかる	
	●子どもが一人で開けられないようになっている	
	●外部から不審者が入れないように工夫してある	
	●使用の際はきちんと開閉する	
保育室	●常に整理整頓をしている	
	●ロッカー、棚及び上に置いてあるものが固定されている	
	●家具の角がとがっていないように工夫してある	
	●子どもが触れる位置にある電気プラグは防止柵をしている	
	●釘が出ていたり、壁・床など破損しているところがない	
	●園舎内では原則として画鋲は使用しない	
	●出入口は、必要な時に施錠されている	
	●引き戸の開閉時には、子どもが戸袋付近にいないかを注意確認している	
	●死角を作らないよう、コーナーの配置を工夫してある	
	●床面を常に清潔に保ち、躓きやすい物などは置いてなく、歩行の妨げになっていない	
	●カーテンや装飾の布などは防炎加工の物を使用している	
	●ベランダに出るサッシの溝はマットなどで覆い、段差を工夫している	
事務室	●職員不在時には子どもを自由に出入りさせない	
	●事務用品（カッター、ナイフ、千枚通し、ボンド等）は戸棚や引き出しの中に片付ける	
保健室	●出入口は原則として閉めておく	
	●薬品は子どもの手の届かない場所もしくは薬品庫に入れ、鍵を常に閉める	

「教育・保育施設等における事故防止及び事故発生時の対応のためのガイドライン～施設・事業者向け～」（2016年3月）をもとに一部抜粋して作成

　散歩、近隣の公園を利用しての遊びなどが日々の生活に取り入れられ、活動が園内から地域へと広がり、子どもの生活や遊び体験はより豊かになっていきます。

　この時期の子どもたちは、屋外で自然にふれることや、滑り台などの大型遊具など新しい体験に挑戦することで、その世界観を広げていくことが大切です。そのためにも保育士が事前の周到な準備や点検をもって（図表6-3）、子どもがのびのびと探索活動（遊び）をすることを支えたいものです。

❸ 自我の形成期への対応と情緒の安定

> 　自我が形成され、子どもが自分の感情や気持ちに気付くようになる重要な時期であることに鑑み、情緒の安定を図りながら、子どもの自発的な活動を尊重するとともに促していくこと。

　自我が育ち、自己主張をするようになる時期では、子どもが自分の思い通りにいかなかったり、言葉で自分の気持ちを相手に伝えることが難しいために、言葉の代わりに思わず他児をかんでしまったり、たたいたり押し倒したりしていざこざが起きることも多くみられます。

また、大人の援助や促しに対しても「いや！」とそれを拒否するなど、その対応にはしばしば苦慮することもあります。しかし、自己が形成されつつあるこの時期の子どもたちが、信頼関係を築いている保育士や大人の見守りのなかで、のびのびと自己主張できる場所があることは大切です。保育士は子どもの気持ちを十分に受け止め、ふれあいや語りかけを多くし、情緒の安定を図りながら、子どもが適切な方法で自己主張することができるように、その主体性を尊重しつつ対応していきます。

子どもは気持ちを受け止めてもらうことで安定し、新たな気付きなどを保育士に伝えようとします。このように子どもの姿を十分に認め、共感していくことが、子どもの自発的な活動を支えることにつながり、子どもが主体的に生きていくうえでの基盤になっていきます。

このように自我の形成は、子どもの生涯にわたる人格形成にとって極めて重要な乳幼児期において、その基礎を培うための大きな一歩ととらえることが大切です。

❹ 保育士同士の連携

> 担当の保育士が替わる場合には、子どものそれまでの経験や発達過程に留意し、職員間で協力して対応すること。

進級などにより担当保育士が替わる場合には、子どもが不安にならないよう、子どものそれまでの経験や発達の状態などに関する情報を職員間で共有し、関わり方や対応が大きく変わらないように注意することが大切です。発達過程の個人差が大きい時期であるため、特に配慮を必要とする点などについては、その対応について十分に話し合うことが必要となります。また、担当が替わることを保護者にも伝え、保育所と家庭で情報を交換し、共有することによって保護者の不安にも配慮することも大切です。

子どもがそれまでの保育をとおして培ってきた自我や人への信頼感などを基盤にして人と関わる力を発揮しながら、新しい担当保育士との関係性を築くことができるように、全職員で配慮していきます。

2　特別な配慮が必要な子どもへの支援

1　アレルギーのある子どもの増加

近年、多くの子どもがアレルギーと付き合いながら生活しています。アレルギーは「身体を守るために備わった免疫機能が、ある原因に対して、過剰に働いてしまう」ことで起こります。本来、免疫が働くのは「身体に害があるもの」ですが、アレルギー体質の人では「日常の一般的にある毒性がない、もしくは強くないもの」も免疫的な反応の対象となってしまうのです。アレルゲンとは、アレルギーを引き起こす原因となるもので、確

認されているだけでも200種類近くあります。花粉、ダニの死骸、ホルムアルデヒドなどの代表的なものだけでなく、寒さなどもアレルゲンとなります。現代の代表的な三大アレルギーは、花粉症、アトピー性皮膚炎、気管支喘息です。

2 増える食物アレルギー

ある特定の食べ物を食べたとき、アレルギー反応によって身体に有害な症状が引き起こされることを食物アレルギーといいます。乳児では約10人に1人、3歳児では20人に1人、学童では50人に1人程度と推定されます。アレルギーの原因となる食品は、乳幼児が主に日常の食事で利用する卵、牛乳、小麦、大豆、魚、ナッツ類などです。食物アレルギーの子どもをもつ家庭では、誤食に注意して、代替食品を使用しながら栄養のバランスを考慮します。子どもの食物アレルギーの多くは、年齢とともに耐性（食べても症状が出ない状態）を獲得して自然に治っていきます。

3 保育所での給食時の対応

食物アレルギーの治療は、原因食品を食べないことが基本になります。対象となる子どものアレルゲン食品と誘発症状（可能性を含め）、対応法についての指示書を提出してもらい、受け入れ児のアレルギー状態、除去を要するアレルゲン食品を職員全体が理解しておく必要があります。園での除去食対応は、このような主治医による診断書（指示書）を前提とします。食物アレルギーの自然経過・耐性化により除去食の内容も変化するため、多くは6か月～1年ごとに再検討と診断書の再提出が必要です。

気を付けたいのは、食べなくても症状が出る場合があることです。そばやピーナッツの粉を吸い込む、こぼした牛乳がかかる、小麦粉粘土に触った、というようなことでも症状が出ることがあります。誤って口にしたり触ってしまったときは、口から出す、誤嚥に注意して口をすすぐ、洗い流すなどの対応をします。喘息発作や、特にアナフィラキシー*では早急に医療機関に救急搬送することが基本です。しかし、厚生労働省の『保育所におけるアレルギー対応ガイドライン』では、子どもの症状が重篤で時間的猶予がないような場合には、緊急避難として保育所の職員がエピペン®*を処方（注射）することも想定されると記載されています。

4 アトピー性皮膚炎

食物アレルギーは、乳児期のアトピー性皮膚炎を同時に有するケースが多くあります。

アトピー性皮膚炎が疑われる場合には嘱託医や専門医の診断を受け、医師の指示に従って対応することが求められます。保護者との連絡を密にし、保育所と家庭で同様の対応ができるようにします。症状が悪化しないように、沐浴や清拭によって皮膚を清潔に保ち、保湿剤を塗布して乾燥を防ぎます。衣類等の素材や使用する洗剤にも配慮する必要があります。

プラスワン

アレルギーを起こしやすい食品
年齢によって異なるが、0、1、2歳児では鶏卵、乳製品、小麦の順である。

食物アレルギーのタイプ
食物摂取後より2時間以内に症状が出現するものを即時型、3～8時間が遅発型、それ以降から数日までに遅れて症状が出現するものを遅延型という。食物アレルギーの多くは食物摂取後2時間以内に症状が出る即時型である。

エピペン®はすべての職員が取り扱えるようにすることが大切です。

重要語句

エピペン®
→アドレナリン自己注射キット製剤のこと。アナフィラキシーショックを起こす可能性が高い患者が常備する。対象者は体重15キログラム以上とされている。

重要語句

アナフィラキシー
→アレルゲン等の侵入により、複数臓器に全身性のアレルギー症状が引き起こされ、生命に危機を与えうる過敏反応。

おさらいテスト

❶ 子どもの [　　] の時期によって、配慮事項にも違いがある。
❷ 0歳児は疾病にかかりやすいので、[　　] な対応が重要となる。
❸ 1歳以上になると、[　　] が広がるのでより多くの安全対策が必要となる。

演習課題

0、1、2歳児保育の配慮事項についてさらに学んでみよう

①0歳児の保育の実施に関わる配慮事項における保育士の「視診」のポイントについてよく理解し、乳児の模型などを使って実習してみましょう。難しかった点などについて、まわりの人と話し合ってみましょう。

②実習体験などを振り返り、保育所の保育室・園庭・玩具・手洗い場・トイレなどの清掃がどのように行なわれているのか、情報共有をしましょう。

③保育所ではアレルギーのある子どもにはどのような対応がなされているのでしょうか。下記の事例を読み、保育所の安全配慮や、アレルギー症状のある子どもの気持ちなどについて、「保育所保育指針」第3章「健康及び安全」2「食育の推進」に照らして話し合ってみましょう。

アレルギー除去食を食べているSくん

2歳児クラスのSくんは食物アレルギーの症状があり、保育所の給食時には、Sくんだけ友だちとは別の食材で調理されたアレルギー除去食を食べています。Sくんのアレルギー症状は比較的重いため、他児の食事を誤って食べてしまうことがないように、調理師も保育士も十分に配慮しています。

たとえば、Sくん用の食器は色や形、大きさの違いが一目でわかるようなものを使用し、給食時でのSくんの席は、配膳の際に間違いが起きないように一番隅に置かれ、他児の席からはやや離れたところに決められています。

保育所の栄養士や調理師は、Sくんのメニューがほかの子どものメニューと大きく違って見えないように、食材や調理方法で見た目にも工夫をしています。しかし、現実には毎日の給食メニューすべてにその工夫がなされているわけではなく、明らかに友だちとは違うメニューになることもしばしばあるようです。

Sくん自身は、自分の症状や対処方法についてよく理解しているので、友だちから少し離れた席で、友だちとは違う食事を黙々ととっていますが、その姿は心なしかさびしそうに見えるときもあります。

7コマ目 保育所・認定こども園における乳児保育1

今日のポイント

1. 保育所は、「児童福祉法」に基づく児童福祉施設の一つである。
2. 認定こども園は「認定こども園法」を根拠とする保育施設である。
3. どちらも0歳児から小学校就学始期までの乳幼児を対象としている。

1 保育所とは

現在、わが国においては「保育所」が法的な正式名称であり、街で見かける「○○保育園」という看板は通称表示です。

保育所は、「児童福祉法」に基づく児童福祉施設の一つに位置付けられています。「児童福祉法」第39条には、保育所に関する規定があり、そこには「保育所は、保育を必要とする乳児・幼児を日々保護者の下から通わせて保育を行うことを目的とする施設（利用定員が20人以上であるものに限り、幼保連携型認定こども園を除く。）とする」、また「保育所は、前項の規定にかかわらず、特に必要があるときは、保育を必要とするその他の児童を日々保護者の下から通わせて保育することができる」とされています。

対象とする子どもは、0歳児から小学校就学始期までの乳幼児が中心です。幼稚園が満3歳以上児を対象とすることを考えると、保育所は、3歳未満児を対象としている点が明らかな違いといえるでしょう。

2 認定こども園とは

保育所は「児童福祉法」（厚生労働省）、幼稚園が「学校教育法」（文部科学省）をそれぞれの根拠法令としていることに対して、認定こども園は、「就学前の子どもに関する教育、保育等の総合的な提供の推進に関する法律」（2012〔平成24〕年改正；以下、「認定こども園法一部改正法」）を根拠とする保育施設であり、その統括は内閣府に置かれています。

認定こども園は、子ども・子育て支援新制度のなかに「幼保連携型認定

● 図表7-1　認定こども園の類型と特徴

	幼保連携型 認定こども園	幼稚園型 認定こども園	保育所型 認定こども園	地方裁量型 認定こども園
法的性格	学校　かつ 児童福祉施設	学校 （幼稚園＋保育所機能）	児童福祉施設 （保育所＋幼稚園機能）	幼稚園機能 ＋保育所機能
設置主体	国、自治体、学校法人、社会福祉法人	国、自治体、学校法人	制限なし	
職員の要件	保育教諭（幼稚園教諭＋保育士資格）	◎満3歳以上：免許・資格の併有者が望ましいがいずれかでも可 ◎満3歳未満：保育士資格が必要	◎満3歳以上：免許・資格の併有者が望ましいがいずれかでも可 ※ただし、教育相当時間以外の保育に従事する場合は保育士資格が必要 ◎満3歳未満：保育士資格が必要	◎満3歳以上：免許・資格の併有者が望ましいがいずれかでも可 ◎満3歳未満：保育士資格が必要
給食の提供	2、3号の子どもに対する食事の提供義務　自園調理が原則・調理室の設置義務（満3歳以上は外部搬入可）	2、3号の子どもに対する食事の提供義務　自園調理が原則・調理室の設置義務（満3歳以上は外部搬入可） ※ただし、参酌基準のため、各都道府県の条例等により、異なる場合がある。	2、3号の子どもに対する食事の提供義務　自園調理が原則・調理室の設置義務（満3歳以上は外部搬入可）	2、3号の子どもに対する食事の提供義務　自園調理が原則・調理室の設置義務（満3歳以上は外部搬入可） ※ただし、参酌基準のため、各都道府県の条例等により、異なる場合がある。
開園日・開園時間	11時間開園、土曜日の開園が原則（弾力運用可）	地域の実情に応じて設定	11時間開園、土曜日の開園が原則（弾力運用可）	地域の実情に応じて設定

＊1号認定の子ども＝満3歳上就学前であって、2号認定以外の子ども。（教育標準時間＝4時間保育）
＊2号認定の子ども＝満3歳以上就学前であって、保護者の労働又は疾病その他の内閣府令で定める事由より家庭において必要な保育を受けることが困難である子ども。（保育標準時間＝8時間保育、保育短時間）
＊3号認定の子ども＝満3歳未満であって、保護者の労働又は疾病その他の内閣府令で定める事由により、家庭において必要な保育を受けることが困難である子ども。（保育標準時間＝8時間保育、保育短時間）

こども園」「幼稚園型認定こども園」「保育所型認定こども園」「地方裁量型認定こども園」の4類型が位置付けられています。図表7-1をみると、認定こども園の類型によって法的性格が保育所、幼稚園などさまざまな機能をあわせもつ施設として位置付けられており、従来の保育施設や教育施設の枠組みとは異なる概念で成り立っていることがわかります。また、3歳未満児の保育については、4類型すべてがその対象となっています。そして、幼保連携型認定こども園においては、その保育に携わる職員は「保育教諭」という名称を用いています。保育教諭として保育に携わるための条件としては、幼稚園教諭免許状と保育士資格を併有している者に限られます。

　認定こども園が対象とする子どもは、0歳児から小学校就学始期までとなっており、保育所と同様です。

3 乳児保育の物的環境

　子育て世代層を支える保育所と認定こども園ですが、その施設環境については、法律で定められています（➡ 2コマ目参照）。

　児童福祉施設である保育所の環境設備については、「児童福祉施設の設置及び運営に関する基準*」に定められています。特に、保育室の広さについては、0歳児及び1歳児と2歳児以上では違いがあります。たとえば、0、1歳児が生活する保育室には、「乳児室又はほふく室」を設置するように示してありますが、これに適応させるために、保育所では、畳敷きやカーペット類などを敷くコーナーを設置し、はいはいや伝い歩きをしている子どもたちが、安全に活動ができるような環境を保障しています。

　また、2歳以上の活動環境について、屋外遊戯場（付近にある屋外遊戯場に代わるべき場所を含む）を設けることとなっていますが、一人歩きができるようになった子どもたちが、広々とした屋外で、のびのびと全身を使って活動できることに配慮しており、園庭を設置していることの重要性を示しています。

　一方の認定こども園における保育環境は、「就学前の子どもに関する教育、保育などの総合的な提供の推進に関する法律第3条の規定に基づき、内閣総理大臣、文部科学大臣及び厚生労働大臣が定める施設の設備及び運営に関する基準」により定められています。そこでも、2歳児の保育では保育室、遊戯室が、0、1歳児の保育では乳児室、ほふく室があげられ、保育所との大きな違いはありません。事例①では特に0、1歳児の運動発達にとって保育室の広さが重要なことがわかります。

重要語句

「児童福祉施設の設備及び運営に関する基準」
→保育所に関する施設や職員の規定が定められている。
➡くわしくは2コマ目を参照

事例　はいはいをしないでつかまり立ちをするAちゃん

　Aちゃんは9か月児です。最近、保育室で遊ぶ際に畳にうつ伏せになるのを嫌がるようになり、しきりにものにつかまって立ち上がるしぐさがみられるようになりました。保育士が母親に家庭での様子を聞くと、家では部屋が狭く、座位のほかはリビングのテーブルにつかまり立ちをさせることが多いとのことでした。また、母親はAちゃんが歩くようになることを期待している様子で、「はいはいはしなくてもいいから早く歩いてほしい」といいます。

　保育士たちはAちゃんと母親の様子を話し合い、Aちゃんの運動機能の発達を保障するために、Aちゃんが保育所に在園している時間に、はいはいの経験を十分できるように保育室の玩具棚を少し移動し、できるだけ広い空間をつくるようにしました。また母親には、0歳児の全身運動の発達には順序があり、一人歩きに向かうための全身のバランス感覚の発達などの意味から、はいはいは大切な全身運動段階であることを説明して、その重要性を理解してもらえるように努めました。

4 乳児保育の人的環境

「児童福祉施設の設備及び運営に関する基準」では、「保育士、嘱託医、調理員を置かなくてはならない」としています。ただし、調理業務の全部を委託する場合は調理員を置かないことができるとしています。また、0、1、2歳児及び3歳児の保育士の配置数も定められています。

認定こども園でも、0歳児おおむね3人につき保育士1人以上、1、2歳児おおむね6人につき保育士1人以上と、保育所と同様の人的環境を定めています。

このように、保育所も認定こども園も、乳児保育については3歳以上児の保育と比較して、一人の子どもに対してできるだけ特定の保育士が保育にあたるように、多くの保育士を配置するよう配慮されています。それは、「人との関わりにおける信頼感の獲得」が、この時期の子どもの重要な発達基盤と考えられているからにほかなりません。

保育所や認定こども園は通所施設であり、夜は保護者とともに過ごすとはいえ、0～2歳児が1日24時間のうち昼間の8時間以上の時間を養育者と離れ、家庭以外の場所で生活する状況に置かれるのです。さびしさや不安を感じる場面がないとはいいきれないでしょう。0～2歳児が保育所での生活を、情緒を安定させて安心感のなかで心地よく、そして主体的に過ごしながら生きる力の基礎を培うことができるよう、保育士の配置を多くしています。

1 勤務体制

保育を行う際に、保育士や保育教諭はどのような体制で保育にあたっているのでしょうか。

保育所は、そこを利用する子どもの保護者の勤務形態に沿って保育が行われる施設です。そのような理由から保育所の開所時間は長く、特に都市部では1日11～12時間開所という保育所は珍しくありません。早朝保育の受け入れが朝7時から、通常保育が朝9時から夕方5時、延長保育が夜7時までというように、保育所では1日の保育体制を大きく3つに大別して実施しています。

一方で、保育士の1日の勤務時間は「労働基準法」で8時間以内とされています。

図表7-3は、保育所の保育士の1日の勤務体制の一例です。保育士の勤務体制には早番、普通番、遅番などいくつかの種類があり、シフト制を組んでそれぞれの保育士が出勤時間をずらしながら保育にあたり、保育所の長時間開所を実現していることがわかります。

認定こども園においても、1号認定の子どもは幼稚園と同様に、1日4時間の保育が基準なので在園時間は短いのですが、2号・3号認定の子どもについては、保育標準時間は保育所と同様に8時間です。勤務体制は

> **プラスワン**
>
> **職員の配置改善**
>
> 保育の質の向上と保育士の処遇改善との両面から、職員の配置改善が検討されている。現在、1歳児5人に対して保育士1人、3歳児15人に対して保育士1人という項目案が示されているが、これらの実現には国の財源確保が条件となっている。

● 図表 7-3　保育士の勤務体制

子どもの在園状況				1日の保育の流れ	時間	保育士の出勤体制		
A	B	C	D			早番	普通番	遅番
登園↓	登園↓			早朝保育利用児の登園 早朝保育	7:00	出勤↓		
↓	↓				8:00	↓		
↓	↓	登園↓	登園↓	順次登園 引き継ぎ事項申し送り 通常保育（クラス活動）	9:00	↓	出勤↓	
↓	↓	↓	↓		10:00	↓	↓	
↓	↓	↓	↓		11:00	↓	↓	出勤↓
↓	↓	↓	↓		12:00	↓	↓	↓
↓	↓	↓	↓		13:00	↓	↓	↓
↓	↓	↓	↓		14:00	↓	↓	↓
↓	↓	↓	↓		15:00	退勤	↓	↓
降園	↓	降園	↓	順次降園 引き継ぎ事項申し送り 延長保育	16:00		↓	↓
	↓		↓		17:00		退勤	↓
	↓		↓		18:00			↓
	降園		降園	延長保育利用児の降園	19:00			退勤

園によって異なりますが、保育所と違う点としては、主として幼稚園教諭として保育にあたる保育教諭と、主に保育所機能における保育士として保育にあたる保育教諭とに区別され、それぞれが場所によって、または時間帯によって同時進行で保育を行う場合があるということです。

2　ゆるやかな保育担当制

　乳児保育の保育体制の特徴の一つが保育担当制で、多くの保育所で導入されています。これは、特定の保育士が決まった乳幼児の保育を中心的に行うというものです（図表 7-4）。0 歳児では 1 人の保育士がおよそ 3 人の決まった乳児の保育を担当し、1、2 歳児ではおよそ 6 人の決まった幼児の保育を担当します。その目的は、子どもの担当保育士を決め、保育士と乳幼児の関係性をある程度固定化することで双方の関わりが密接となり、乳幼児と担当保育士との間に情緒的な絆（愛着）を形成しやすくすることにあります。そうすることで、乳幼児の保育所での生活が、安心感をもって主体的に過ごすことのできる場となるように配慮しています。保育担当の保育士は担当の子どもの排泄、食事、睡眠導入など、主に生活活動に関する部分を中心に関わりながら子どもの状況を詳細に把握して、保護者との連携を図ることに努めます。なお、多くの場合、シフト勤務などのために、保育担当制は流動的に対応できるようゆるやかな担当制を導入し実施

されています。

●図表7-4　保育担当制

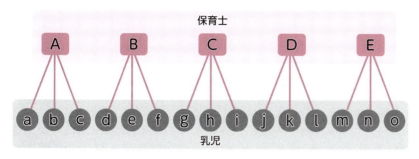

3　役割担当制と保育士の連携

　役割担当制とは、保育所の1、2歳児クラスで多く導入されている保育体制です（図表7-5）。1、2歳児クラスでは、デイリープログラム（生活日課）がクラス全体として行われるようになります。つまり、0歳児クラスとは異なり、時間帯によって同じ日課がすすみ、同じ時間帯に遊び活動をするというように、集団が1つの生活リズムに沿って保育をすすめるという形態に移行していくのです。

　しかし、この時期の子どもたちは、まだ自分の身の回りのことが一人でできる子どもたちばかりではありません。1、2歳児は生活自立が未熟な段階にあるのです。排泄にしても、手を洗う、パンツをはく、衣類を着る、という行動に保育士の援助を必要とします。食事も同様で、1歳児のはじめはまだ手づかみ食べをしている子どもも多く、食器具を使い、こぼさないように一人で食事ができるようになるまでにはしばらく時間がかかるのです。

　そのような1、2歳児が、集団で決まったデイリープログラムに沿って生活していくことは大変難しいことです。毎日決まった時間帯にクラス全員が揃って食事やおやつを始めるためには、0歳児での保育担当制だけでは困難となります。そこでさらに、クラス全体の保育をすすめていく役割と、保育の前後の環境設定や整備をする役割が必要となります。それが役割担当制という保育体制です。役割担当制には大きく3つの役割があり、保育所によって方法に違いがありますが、週ごとなどの当番制として導入しているところが多いようです。

●図表7-5　役割担当制

	役割の仕事内容
役割A	子どもの前に立ち、デイリープログラムに合わせて保育をすすめる
役割B	主にAの補助的役割を行う
役割C（フリー）	保育の前後場面の整備及び準備を行う

8コマ目（図表8-2）に示す1、2歳児のデイリープログラム例を参照しながら、1、2歳児の集団生活が円滑にすすめられるために工夫された役割担当制、A・B・Cの保育士の具体的な動きと仕事内容の連携を理解しましょう。

　たとえば、午前のおやつ（補食）が始まる少し前になると、Cの保育士はテーブルといすのセッティングにとりかかり、調理室におやつをとりに行きます。その間、A、Bの保育士は子どもたちに、もうすぐおやつの時間になることを伝え、玩具を一緒に片付けるよう促したり、排泄と手洗いに誘い、子どもたちがおやつに向けて準備をすることを援助します。

　身辺自立が未熟な1、2歳児であるからこそ、保育士がこのような役割担当制をとりながらデイリープログラムを円滑にすすめていくことの工夫が大切になってくるのです。

おさらいテスト

❶ 保育所は、「[　　　]」に基づく児童福祉施設の一つである。
❷ 認定こども園は「[　　　　]」を根拠とする保育施設である。
❸ どちらも[　]歳児から小学校就学始期までの乳幼児を対象としている。

演習課題

ディスカッション

次の図は、0歳児と1歳児の5月期における保育室の見取り図の例です。2つの保育室を比べてみた場合の、保育環境の相違点について話し合ってみましょう。

【0歳児クラスの保育室の見取り図の例】

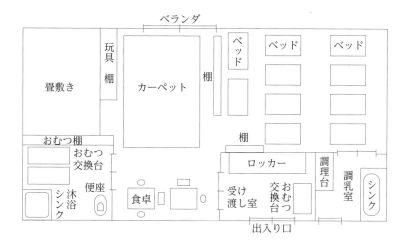

【1歳児クラスの保育室の見取り図の例】

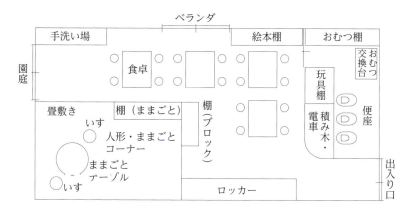

相違点

[　　　　　　　　　　　　　　　　　　　　　　　　　　　　　　　　　]

8コマ目

保育所・認定こども園における乳児保育2

今日のポイント

1. 0歳児の保育では、月齢によって乳児の生活リズムが異なることに配慮し、一人ひとりの生活リズムが尊重されている。
2. 0歳児の保育では、特定の保育士が応答的に関わり、乳児との信頼関係を築き、乳児が安定感・安心感をもって生活ができるように配慮している。
3. 1、2歳児の保育では、子どもが自分の気持ちをのびのびと表現できるように受容しながら、一人ひとりの自己の育ちに配慮している。

1 保育所の生活活動

　保育所における生活の流れは、年齢によって大きく異なります。また保育時間については、保育所の保育時間は8時間を原則としていますが、認定こども園については、教育時間4時間を標準とする幼稚園の機能と、8時間を原則とする保育所の機能をあわせもっています。
　また、ここでは年齢によるクラス編成をした場合のデイリープログラムを示しますが、0、1、2歳児が縦割りクラス編成で保育を行う場合もあるようです。

1　0歳児クラスのデイリープログラム（➡図表8-1）

　0歳児クラスではその成長のスピードが速く、乳児の月齢による発達段階が大きく違います。そのため集団で生活することよりも、一人ひとりの生活リズムが尊重されるかたちで保育がすすめられ、排泄、睡眠、授乳（食事）、遊びといういわゆる日課の時間帯は、乳児一人ひとり異なるかたちで行われます。
　また図表8-1では、0歳児を月齢ごとに「高月齢児（およそ春～夏に生まれた乳児）」、「中月齢児（およそ夏～初冬に生まれた乳児）」、「低月齢児（およそ初冬～年度末に生まれた乳児）」の3グループに分けて、子どもの活動を示しています。運動や生活リズムの発達段階が近く、遊びの興味や関心にも共通性が多い、月齢の近い子ども同士の関わりを促すことによって他児の存在に気付き、一緒にいることの楽しさを味わう体験につながる可能性も考えられます。0歳児クラスでは、年度の初頭からしばらくは個別対応を中心にデイリープログラムがすすめられます。しかし、年度の終盤が近づくにつれて、クラスのほとんどの子どもが満1歳児の誕生日を過ぎ、食事形態が離乳食から完了食、幼児食になり、子どもたちの生

活リズムが揃ってくるため、クラス全体で同じ時間帯に食事や午睡、そして遊びを同時にするようなデイリープログラムへと移行していきます。

2　1、2歳児クラスのデイリープログラム（➡図表8-2）

　1、2歳児の生活の流れは、基本的に集団での活動が中心となりますが、発達年齢による保育の配慮点には違いがあり、また年間をとおしてみると、昼食や午睡の時間帯にもずれがあります。しかし、保育体制には共通性がみられ、保育士は保育担当制と役割担当制（➡7コマ目参照）とを併用しながら保育をすすめていくことが基本となっていることが多いようです。

2　幼保連携型認定こども園における生活活動

　認定こども園では、一人ひとりの子どもの家庭状況による保育のニーズによって保育時間や在園期間が異なるなかで、その生活はどのように展開されているのでしょう。

　幼保連携型認定こども園の実態は多様であり、施設設備や人的条件などによっても保育の展開はさまざまであることを踏まえて、図表8-3で、サクラこども園のデイリープログラムを見ていきましょう。

1　生活の流れ

　サクラこども園では大きい園庭が1つあり、園庭をはさんで園舎が2つあり、1つが保育を必要とする子ども（2、3号認定➡図表7-1参照）の保園舎（以下 保）、もう1つがそれ以外の子ども（1号認定➡図表7-1参照）の幼園舎（以下 幼）となっています。

　2、3号認定の子どもたちのなかには、朝7時からの早朝保育を利用する子どもがいるため、保は朝早くから開所しています。

　9時ごろに通常保育が始まると、保の3歳以上児（2号認定）は元気に園庭に行き、屋外活動が始まります。そのころ、1号認定の子どもたちも幼に登園してきます。朝の会を終えると1号認定の子どもたちも園庭に出てきて屋外活動が始まり、ここで3歳以上の子どもたちは合同での活動を活発に展開します。午前の活動では、2号認定の子どもたちも幼の施設や保育室をたくさん使って遊びます。

　お昼になると、幼のランチルームで3歳以上の子どもたち全員で給食をにぎやかに食べます。

　給食が終わると2、3号認定の子どもたちは保に戻り、着替えをして午睡をします。1号認定の子どもたちは給食後にまた園庭や保育室で遊んだり、クラスでの活動を行い、帰りの会をして午後2時過ぎには降園します。

　そして保では、3時前に2、3号認定の子どもたちが目覚め、おやつを食べ、保育室や園庭で遊び、その後は降園または延長保育に入ります。

　この園では保の1階が3歳未満児クラスで、0、1、2歳児が各1クラ

スずつあり、2階部分が3歳以上児クラスです。早朝保育から各クラスでの通常保育に移ると、その後の3歳未満児クラス（3号認定）の場合は保育所との違いはあまりみられないようです。

2号認定の3歳以上児にとっては、さまざまな友だちとの関わりや活動を体験することができるなど、保育所のみの場合とはその体験に違いがあるのかもしれません。

2 デイリープログラム

幼保連携型認定こども園においては、3歳未満児保育のデイリープログラムに、保育所との大きな違いはありません。

1、2歳児クラスのデイリープログラムでは、個別での対応も大切にしながら生活が展開されています。多くの園では、早朝保育は7時から始まります。そして8時半から9時ごろの通常保育の登園時間帯は、受け入れと健康状態の視診、室内遊びが行われます。おむつ交換や朝の会をして9時半に午前のおやつ、その後は午前の遊びになり、その日の天候や計画によってお散歩などの戸外遊び、製作活動などの室内遊びが行われます。

11時前には排泄・おむつ交換、給食準備をして昼食になります。12時前には午睡の準備をして午睡に入ります。14時半ごろに目覚め、検温、排泄、おむつ交換をして15時におやつとなります。それ以降は室内で自由遊びをし、順次降園、延長保育に入ります。

以上の流れを保育所の1、2歳児クラスのデイリープログラムと比べてみましょう（図表8-2）。こども園でもおおむね同様な生活の流れとなっていることが確認できるでしょう。

おさらいテスト

❶ 0歳児の保育では、月齢によって乳児の［　　　］が異なることに配慮し、一人ひとりの［　　　］が尊重されている。

❷ 0歳児の保育では、特定の保育士が［　　　］に関わり、乳児との信頼関係を築き、乳児が安定感・安心感をもって生活ができるように配慮している。

❸ 1、2歳児の保育では、子どもが自分の気持ちをのびのびと表現できるように受容しながら、一人ひとりの［　　　］に配慮している。

● 図表 8-1　0歳児クラスのデイリープログラムの例

時間	高月齢児	中月齢児	低月齢児	保育士の動きと配慮
7:00 8:30	順次登園 遊び 排泄	順次登園 遊び おむつ交換	順次登園 遊び おむつ交換 睡眠	・保育室の環境を設定する（玩具、ベッドシーツ交換ほか） ・あいさつをしながら、連絡帳や今朝の様子を聞き、個々の健康状態を把握する
9:30	おやつ （離乳食）	睡眠 外気浴	外気浴	・遊びに誘ったり、そばで見守る ・中、低月齢児は一人ひとりの様子を見て、午前寝を促す、または外気浴をする
10:00	遊び 散歩	おむつ交換	おむつ交換 ミルク／離乳初期食*	・高月齢児は様子を見て、散歩に出かける
10:30	（離乳食）*	離乳食／ミルク* 遊び	着替え（沐浴） 遊び	＊授乳や食事の介助をする。ゆったりと落ち着いた雰囲気で、視線を合わせ語りかけや微笑みかけをする
11:00	昼食（離乳食）*	着替え 睡眠	睡眠	・食事（離乳食を含む）の片付けをし、衣服が汚れたり汗をかいたりしている場合は着替えをする
11:30	着替え			・ベッドを整える。室温、換気、採光に配慮する
12:00	睡眠			
			目覚め／検温 おむつ交換 着替え 水分補給	・一人ひとりに沿った睡眠導入を行う ・目覚めた際の顔色、機嫌など健康状態を見る ・検温をして記録する ・必要があれば水分（白湯、麦茶）をあたえる
		目覚め／検温 おむつ交換 水分補給		
14:00	目覚め／検温 排泄／おむつ交換 着替え	遊び	ミルク／離乳初期食*	＊＝同上
14:30	（離乳食）*	離乳食／ミルク*	睡眠	・遊んでいる子どもが多いので、寝ている子どもの睡眠の確保に配慮しつつ、遊んでいる子どもの満足感にも配慮する
15:00	おやつ* 遊び 排泄／おむつ交換	遊び おむつ交換	目覚め おむつ交換 遊び おむつ交換	
16:00	順次降園	順次降園	順次降園	・一人ひとりの降園準備をする。衣類など持ち帰り品の間違いがないか確認し荷物整理をする ・降園前におむつ交換をする ・1日の様子・体調などを保護者に伝え、子どもを引き渡す
17:00	【延長保育】			・保育室の環境整備をする ・延長保育当番の保育士に、子どもの連絡事項を伝え引き継ぐ
18:00				

10時半ごろのクラスをみてみましょう。午前寝をしている乳児、ミルクを飲んだり離乳食を食べたりしている乳児、玩具で保育士と遊んでいる乳児など、同じ時間帯でもそれぞれの生活リズムで過ごしていますね。

● 図表 8-2　1、2歳児クラスのデイリープログラムの例

時間	子どもの活動	保育士の動き Aリーダー / Bサブ / Cフリー	配慮
7:00 8:30	順次登園 遊び ・保育者と一緒に遊んだり好きな遊びをしたりする ・保育者や友だちと一緒に玩具を片付ける	担当保育者：登園してきた子どもを受け入れる。連絡を受け、視診を行う C：子どもの荷物整理をする A、B：一人ひとりの子どもの様子を見て、要求を受け入れながら一緒に遊ぶ ＊B：排尿有無を聞きトイレに誘う（2歳児）	・安心して遊べるように玩具の整理、室内環境を整える ・担当保育者が受け入れるようにし、子どもが安心して入室できるようにする。子どもの健康状態の視診、家庭からの連絡を聞き、一人ひとりの体調を把握する
9:30	おむつ交換／排泄 おやつの準備 おやつ おむつ交換／排泄	A、B：おやつの時間を伝えながら、玩具を一緒に片付ける C：おやつのテーブル設定、おやつのワゴンを調理室から運ぶ。片付けをする ＊＊担当保育者：トイレに誘い、おむつ交換、排泄援助。おむつがぬれていないときには便座に座ってみるように促す（1歳児） ＊＝2歳児同じ	・遊びの様子を見ながら順におむつ交換をしていく（1歳児） ・タイミングよくトイレに誘えるよう声かけをし、排泄や食事の仕方を知らせる（2歳児） ・一人ひとりの排泄間隔をつかみ、声をかけるようにし、無理なく便器に慣れるようにすすめる（1歳児）
10:00 10:30	遊び ・保育士や友だちと一緒に遊ぶ ・グループに分かれて遊ぶ ・保育者や友だちと一緒に玩具を片付ける 手洗い／おむつ交換／排泄	・遊びに誘いかけ、一緒に遊ぶ ・一緒に片付けをする A、B：順番に一人ひとり子どもに声をかけながら保育室に入るように誘い、手を洗う（1歳児） 担当保育者：＊＊＝1歳児同じ B：＊＝2歳児同じ C：昼食の準備をする。ワゴンをとりにいき、配膳する	・活動に必要なものは事前に準備し、活動内容などは保育士同士が話し合い、連携を大切にする ・一人ひとりが好きな玩具や遊びをみつけられるような働きかけをしていく（1歳児） ・子どもが楽しんで片付けができるようにする ・子どものその日の体調、活動目的などによって園庭、散歩、室内等のグループ分けを考える ・担当保育者と遊び信頼関係を深めるとともに、他の保育者とのふれあいを大切にする
11:00 11:20 11:30 12:00	昼食（1歳児） 昼食（2歳児） 着替え／排泄（1歳児） 午睡（1歳児） 着替え／排泄（2歳児）	A：手遊び・紙芝居をして全員が食事の準備を終えるのを待つ 担当保育者：テーブルごとに子どもに付き、援助をする。あいさつをして食べる。楽しく食事ができるようにする。食器具の使い方を知らせながら食事をすすめる（1、2歳児） 担当保育者：できるだけ着替え・排泄の援助をする（1歳児） A、B：食べ終わった子どもから順次トイレに誘い、着替えを援助する（2歳児） B、C：食べ終わっていない子どもの援助をする（2歳児） C：食事の片付けをし、布団を敷く A：子どもの様子を見ながら読み聞かせをする	・楽しい雰囲気のなかで食事ができるように話しかけていき、少しずつ苦手な食品にも慣れることができるように促す ・「自分で」という気持ちを尊重し、食器具を正しく使えるように知らせていく（1歳児） ・自分から着替えようとする気持ちを尊重しながら、必要なところを援助するようにする（1歳児） ・子どもの着脱の援助は、子どもの要求に合わせて行っていくようにする（2歳児） ・早く眠くなった子どものために睡眠の場所を確保する（1歳児）
12:20	午睡（2歳児）	担当保育者：子どもの様子を見ながらそばにつき、安心して睡眠導入できるように見守る	
14:30	順次目覚め 排泄／着替え	担当保育者：目覚めた子どもから着替え・排泄に誘い援助する（1歳児） A、B：目覚めた子どもから排尿有無を聞き、トイレに誘う（2歳児）	・子どもの状態を見て傍らについたり、一人で眠ることを見守る ・生活リズムを整えることに配慮して時間になったら声をかける、部屋を明るくするなど子どもが機嫌よく目覚めることができやすいようにする
15:00	おやつの準備 おやつ ・保育者と一緒に遊ぶ	A、B：衣服の着脱を援助する C：布団を片付ける、おやつの準備をする ・楽しくおやつを食べる C：おやつの片付けをする	
16:00	おむつ交換／排泄 順次降園	A、B：室内で一緒に遊ぶ A、B：排尿の有無を聞きトイレに誘う C：子どもの荷物整理をする、降園の準備をする	・疲れている様子の子どもには、ゆったりと過ごせるような環境に配慮して、一人ひとりの状態を把握する（1歳児） ・荷物の間違いがないように確認点検し、整理する ・1日の様子・体調などを保護者に伝え、子どもを引き渡し、機嫌よく降園し、また明日元気に登園する気持ちを促していく
17:00 18:00	【延長保育】	C：室内の環境整備をする	・保育室の環境整備をする ・延長保育当番の保育士に、子どもの連絡事項を漏れのないように伝え引き継ぐ

● 図表 8-3　幼保連携型認定こども園のデイリープログラムの例（サクラこども園）

2号認定の子どもたち 3歳以上児 3、4、5（6）歳児	1号認定の子どもたち 3歳以上児 3、4、5（6）歳児	時間	3号認定の子どもたち 3歳未満児 1、2歳児	3号認定の子どもたち 3歳未満児 0歳児
早朝保育		7:00	早朝保育	早朝保育
順次登園（室内遊び）		8:30	順次登園	順次登園
室内遊び	登園	9:00	受け入れ	受け入れ
	室内遊び	9:15	視診・検温	視診・検温
➡移動			室内遊び	室内遊び
朝の会	朝の会		おむつ交換	おむつ交換
（クラス単位／異年齢）	（クラス単位／異年齢）		排泄	室内遊び
午前の活動（屋外／室内）	午前の活動（屋外／室内）		手洗い	
		9:30	おやつ	授乳
合➡	⇐合	10:00	午前あそび　屋外／室内	午前寝／外気浴／お散歩
同➡	⇐同			
で➡	⇐で	10:45	片付け	離乳食／授乳
活➡	⇐活		おむつ交換、排泄	おむつ交換／室内遊び
動➡	⇐動		手洗い	
			昼食準備	
		11:15	昼食	離乳食／授乳
			おむつ交換	室内遊び
			排泄	午睡
昼食の準備	昼食の準備		午睡準備	
昼食（ランチルーム）	昼食（ランチルーム）	12:00	午睡	
午睡準備　　　⇐移動	自由遊び	13:00		
午睡	お帰りの会／降園準備			目覚め
目覚め	降園	14:30	目覚め	検温
排泄／着替え	⇐移動		検温	おむつ交換
	【希望者は預かり保育へ】		おむつ交換	離乳食／授乳
			排泄	室内遊び
			手洗い	
			おやつ準備	おむつ交換
おやつ		15:00	おやつ	授乳
自由遊び（室内／屋外）			自由遊び	
			おむつ交換	おむつ交換
			排泄	
			手洗い	
			室内遊び	
順次降園		16:00	順次降園	順次降園
延長保育			延長保育	延長保育
降園		18:00	降園	降園

認定こども園の実際を調べてみよう

①幼保連携型認定こども園のホームページと、社会福祉法人立の保育所のホームページから、1日の流れや子どもの在籍人数（クラス）を調べて、違いや共通点を探してみましょう。

[
]

②本文の「サクラこども園」は一つの事例ですが、実際の認定こども園における保育環境や保育方法は園によってさまざまです。ホームページから複数の幼保連携型認定こども園の施設概要を調べて、園舎に3歳未満児の保育室や屋外の遊び場がどのように設置されているのか、いくつかの例を出して比較してみましょう。

[
]

③サクラこども園の生活の流れを保育所の1、2歳児クラスのデイリープログラムと比べてみましょう。

[
]

演習課題

保育所における異年齢保育についてグループで話し合ってみよう

近年、少子化や兄弟の少なさなどを背景にして、異年齢による保育活動を導入している保育園や認定こども園は少なくありません。3、4、5歳児クラスではいわゆる「たて割りクラス」を実施する園が増えている傾向もみられます。これは幼児期後半に限ったことではなさそうです。0、1、2歳児クラスにおいても、時間帯や曜日によって0、1歳児の異年齢活動を導入したり、1年間のうちの後半（Ⅲ期、Ⅳ期）以降には1、2歳を合同クラスにしたりするなど、さまざまな保育形態がみられます。

演習テーマ 1　低年齢児を含めた異年齢保育の実際を知ろう

低年齢児を含む異年齢保育を見た、体験したという仲間から、実際にどのように1日の活動が展開しているのか、話を聞いてみましょう。

演習テーマ 2　異年齢保育のよさと難しさについて考えてみよう

0、1、2歳児にとって、年齢の異なる子どもとともに生活したり遊んだりすることでどのような影響があるのか、いい面と難しい面について予想しながら考え、意見交換しましょう。

演習テーマ 3　話し合ったことを整理してみよう

テーマ1、2のディスカッションで語られたことを整理して発表し、各グループのディスカッション内容をクラスで共有しましょう。

9コマ目 乳児院における乳児保育

今日のポイント

1. 乳児院は、保護者の養育を受けられない乳児などを養育する入所施設である。
2. 乳児院のデイリープログラムは24時間体制で、子どもの心身の健全な発達に配慮して行われている。
3. 乳児院では、入所する乳児の早期家庭復帰をめざし、養育者への支援を行っている。

1 乳児院とは

　乳児院は、保護者の養育を受けられない乳児や、必要のある場合には幼児を養育する入所施設です。乳幼児の基本的な養育とともに、被虐待児・病児・障害児などに対応できる専門的な養育機能を有する施設でもあります。
　「児童福祉法」第37条には「乳児（保健上、安定した生活環境の確保その他の理由により特に必要のある場合には、幼児を含む。）を入院させて、これを養育し、あわせて退院した者について相談その他の援助を行うことを目的とする施設」と記載されています。
　乳児とは、「児童福祉法」では満1歳に満たない者とされていますが、乳児院には主に0〜2歳児が入所し養育されており、必要がある場合には2歳以上の子どもも生活しています。また、施設の所在する地域住民に対する児童養育に関する相談に応じ、助言を行う子育て支援もその役割とされています。「児童福祉施設の設備及び運営に関する基準」第21条では、乳児院に必要な職員を図表9-1のように定めています。
　そのほか、乳児院では地域住民に対し、児童養育に関する相談に応じる育児相談事業、保護者の出張などに伴う乳幼児の24時間滞在サービスであるショートステイ*などの子育て支援機能ももっています。

2 近年の乳児院の状況

1 入所する背景

　厚生労働省「児童養護施設入所児童等調査」（2015年）によると、乳児院の近年の入所理由は「母の精神疾患等」、「母の放任・怠惰」、「養育拒

重要語句

ショートステイ
→出産や病気などで保護者による家庭での乳幼児の養育が一時的に困難になったときに、原則7日以内の一時的預かりを行う。

● 図表 9-1 「児童福祉施設の設備及び運営に関する基準」における
　　　　　　乳児院の職員の規定（抜粋）

項目	条項	規定内容
職員	第21条	・医師又は嘱託医（小児科の診療に相当の経験を有する者） ・看護師、個別対応職員、家庭支援専門相談員、栄養士及び調理員（調理業務の全部を委託する施設にあっては調理員を置かないことができる） ・心理療法を行う必要があると認められる乳幼児又はその保護者10人以上に心理療法を行う場合には、心理療法担当職員を置かなければならない。 ・看護師の数は、乳児及び満2歳に満たない幼児おおむね1.6人につき1人以上、満2歳以上満3歳に満たない幼児おおむね2人につき1人以上、満3歳以上の幼児おおむね4人につき1人以上とする。 ・看護師は、保育士又は児童指導員（児童の生活指導を行う者をいう。）をもってこれに代えることができる。ただし、乳幼児10人の乳児院には2人以上、乳幼児が10人を超える場合は、おおむね10人増すごとに1人以上看護師を置かなければならない。 ・前項に規定する保育士のほか、乳幼児20人以下を入所させる施設には、保育士を1人以上置かなければならない。

否」などが主なものとなっています。

　一方、同調査によると、入所児の心身の状況は、身体虚弱や知的障害、発達障害など、何らかの障害のある割合が高くなる傾向がみられます。生まれつき障害がある乳幼児を育てる難しさ（子育てに手がかかる、育てにくさを感じる、など）を感じる親もいますが、そのことと、父母の虐待や放任（ネグレクト*）との間に因果関係があるケースが少なくないとみることもできます。このほか、未婚での出産を原因とした入所や棄児など、生命保持のために一刻を争うような状況での入所は、乳児院独特の入所理由といえるでしょう。

2　在所期間と乳児院の役割

　乳児院の在所期間は短期が全体のおよそ半数を占めており、1か月未満が26％、6か月未満を含めると48％となっています（2010年厚生労働省家庭福祉課調べ）。短期利用の理由としては子育て支援サービスがあります。一方、長期の在所を要する場合には、乳幼児の養育のみならず保護者支援、退所後のアフターケアなど、親子の再統合支援が乳児院の重要な役割となります。

3　退所後の引き取り先

　乳児院を退所したあとの子どもの生活の場は、「児童養護施設」「里親制度利用」「その他（実父母・親戚等の家庭引き取りを含む）」という順番となっています。児童養護施設への移行が多いのが現状ですが、乳児院では退所後の子どもができる限り里親を含む「家庭引き取り」となるように対策を講じており、国も養育里親制度*の普及や理解、里親委託を推進しています。

重要語句

ネグレクト
→児童虐待の一つで、ネグレクトとは、「怠慢、放棄」を意味する。具体的には、家に閉じ込める、食事を与えない、ひどく不潔にする、自動車のなかに放置する、重い病気になっても病院に連れて行かない、など（厚生労働省）。

重要語句

養育里親制度
→里親制度とは、要保護児童を一般の家庭に委託し、養育する制度。そのなかで、養育里親とは、「保護者のない児童または保護者に監護させることが不適当であると認められる児童（要保護児童）を養育することを希望し、かつ、省令で定める要件を満たす者であって、都道府県知事が要保護児童を委託する者として適当と認め、養育里親名簿に登録された者」とされている。里親にはほかに専門里親、親族里親、養子縁組里親がある。

3 乳児院の養育の基本

乳児院の養育の基準となるものとして「乳児院養育指針」（全国社会福祉協議会広報・研修委員会編、2015年）があります。そのなかの「乳児院運営指針」第Ⅰ部「総論」の目的事項には、同指針は「乳児院で生活する子どもたちがよりよく生きること（ウェルビーイング；well-being）を保障するものでなければならない」と記されています。

また乳児院の養育は、乳児に関わる多くの職種の専門スタッフが一体となって子どもたちのサポートをしているという認識のもとに包括的養育体制がとられています。

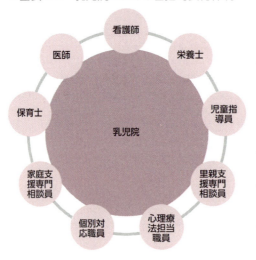

●図表 9-2 乳児院における包括的養育体制

4 乳児院の養育内容

「児童福祉施設の設備及び運営に関する基準」第23条に、乳児院の養育について、次のように示されています。

> 第23条 乳児院における養育は、乳幼児の心身及び社会性の健全な発達を促進し、その人格の形成に資することとなるものでなければならない。
> 2 養育の内容は、乳幼児の年齢及び発達の段階に応じて必要な授乳、食事、排泄、沐浴、入浴、外気浴、睡眠、遊び及び運動のほか、健康状態の把握、第12条第1項に規定する健康診断及び必要に応じ行う感染症等の予防処置を含むものとする。
> 3 乳児院における家庭環境の調整は、乳幼児の家庭の状況に応じ、親子関係の再構築等が図られるように行わなければならない。

乳児院における養育は、健康、安全への保健的配慮を基盤として、乳幼児の心身の発達が十分に促されるように、疾病への対応、事故防止対策、日常的な養育全般、そして入所からアフターケアまでの支援が行われています。

乳児院における1日の生活の流れ（日課）は、一般的にデイリープログラム*と称され、多くの施設では1歳未満児と1歳以上児とで生活の場を区別して、発達段階に合わせてきめ細やかな養育を行っています。

❶ デイリープログラム

次頁の図表9-4では、一例として、生後間もない0歳児前半、離乳食が始まる0歳児後半、1日3回幼児食の1、2歳児の3グループに分けて、1日の流れをデイリープログラムのかたちで示しています。食事の形態と栄養摂取時間は、1日の生活を構成する大切な要素の一つであり、ほかにも入浴や午睡、遊びなどさまざまな生活行動があります。

❷ 年間の行事

乳児院ではたくさんの行事が計画されています（図表9-3）。これは、季節感や文化など豊かな生活体験をするために、また施設での生活が単調になることがないよう配慮されているためです。家族がいる場合には、家族との関係性が再構築される機会として、季節行事や記念行事などさまざまな催しが生活に組み込まれています。

> **重要語句**
>
> **デイリープログラム**
> →1日の保育の流れを時間割のかたちにしたもの。

● 図表9-3　乳児院の年間行事（例）

	季節行事	その他の企画
4月	お花見	お誕生会
5月	端午の節句	保護者交流会／お誕生会
6月		バザー／お誕生会
7月	七夕／夏祭り／すいか割り	お誕生会
8月	納涼会／花火大会	お誕生会
9月	敬老の日	親子遠足／お誕生会
10月	芋ほり	運動会／お誕生会
11月	七五三	お誕生会
12月	クリスマス会	お誕生会
1月	お正月／初詣	お誕生会
2月	節分	お誕生会
3月	ひな祭り	春の遠足／お誕生会

5　乳児院における養育の原則〜人的環境

1　職員配置基準と勤務体制

「児童福祉施設の設備及び運営に関する基準」の第21条（➡図表9-1参照）にあるように、職員の配置基準は、2歳未満児おおむね1.6人につき1人以上、2歳から3歳未満児おおむね2人につき1人以上、満3歳以上児おおむね4人につき1人以上となっています。保育所等と比較すると乳幼児1人あたりの職員の人数が多く、2歳未満児については1対1に近い基準が設定されています。

● 図表 9-4　乳児院におけるデイリープログラムの一例

	0歳児前半グループ		0歳児後半グループ		時間		1、2歳児グループ	
目覚め	おむつ交換、検温、衣服交換、顔拭き	目覚め	おむつ交換、検温、衣服交換、顔拭き		6:00	目覚め	おむつ交換、検温、着替え、洗顔	
					6:30			
	授乳（低月齢児）	授乳	授乳					
	おむつ交換							
	授乳（低月齢児）	朝食	離乳完了食児・幼児食児		7:30			
	おむつ交換							
	授乳	離乳食	離乳後期食児		8:00	朝食	朝食、歯磨き、トイレトレーニング	
	おむつ交換		おむつ交換		9:00			
遊び	外気浴、水分補給				9:30	遊び活動（戸外遊びほか）	おむつ交換、排泄、身支度、戸外活動水分補給	
沐浴	沐浴（低月齢児）							
	おむつ交換							
	授乳（低月齢児）	離乳食	離乳中期食児＋授乳		10:30		おむつ交換、排泄、手洗い	
	果汁	離乳食	離乳初期食児＋授乳					
午睡	午睡		午睡（低月齢児）					
			おむつ交換、衣服交換		11:00	昼食	昼食	
	授乳	離乳食	離乳後期食児				おむつ交換、排泄、着替え	
	おむつ交換	昼食	離乳完了食児・幼児食児					
			おむつ交換、着替え					
		午睡	午睡					
	授乳				12:00	午睡	午睡	
	おむつ交換							
目覚め	おむつ交換、検温	目覚め	おむつ交換、検温、着替え		14:00	目覚め	おむつ交換、排泄、検温、着替え	
	着替え	おやつ	離乳完了食児・幼児食児					
	授乳	授乳	授乳		15:00	おやつ	おやつ	
	おむつ交換	遊び	遊び（室内）		15:30	遊び活動（室内遊びほか）	おむつ交換、排泄、身支度	
入浴	入浴	離乳食	離乳中期食児・後期食児		16:30			
	水分補給	夕食	離乳完了食児・幼児食児					
	授乳	遊び			17:00	夕食		
	おむつ交換	入浴	順次入浴					
		授乳	授乳、おむつ交換、着替え		18:00	入浴	歯磨き、水分補給、着替え	
	授乳	遊び						
	おむつ交換							
就寝	適宜、おむつ交換、授乳	就寝	適宜、おむつ交換、授乳		19:00			
～	定期的に呼吸確認	～	定期的に呼吸確認		20:00	就寝～	定期的に安全確認適宜対応	

これは、家庭で養育者とともに生活する乳幼児と異なり、施設を生活の場として24時間養育するため、乳幼児と職員との関係性がより親密であることや、特定の大人との信頼関係が結ばれることが乳幼児の健全な発達には不可欠であることに配慮されているためです。つまり、乳児院で生活する乳幼児にとって、施設が「家」であり、家族なのです。集団での生活であっても、一人ひとりの欲求が個別的に満たされるような1対1に近い基準が設定され、乳幼児とのよりていねいで、深い関係の構築に配慮できるようにしています。

　乳幼児の生活を支える職員は24時間体制で養育しているため、多くの施設では3交代または4交代制のシフト勤務を実施しています。たとえば、日勤（8時〜16時）、準夜勤（16時〜24時）、深夜勤（24時〜8時）という具合に勤務時間のローテーションを組んで、昼夜を問わず乳幼児の安全を保障し、さまざまな欲求に適切に対応できるよう整備されています。乳幼児が就寝している夜中であっても、夜泣きをする、体調不良により咳込みよく眠れていないなど、さまざまな状況や欲求に合わせて一人ひとりとていねいに関わり、乳幼児を安心させながら保健的な対応を必要とする場合があり、深夜勤務は乳児院の大切な勤務の一つです。

2　担当養育制と少人数単位の生活

　乳児院では、乳幼児が人との関わりを十分に経験し健全な発達を保障するために、担当養育制＊を導入しています。これは、特定の職員が決まった乳幼児の養育を中心的に受け持つことで、乳幼児が特定の大人との間に情緒的絆と信頼関係とを築きやすくすることが目的です。乳幼児は担当養育者との信頼関係によって情緒が安定し、担当養育者を求め、自己欲求を表現していくようになります。人に対する基本的信頼感の獲得は、周囲の環境に意欲的に働きかける「遊び」を助長していきます。

　この、大人への信頼感は、乳幼児の心の発達にとって重要な意味をもたらします。乳幼児が「僕の・私の一番好きな大人」を認識し獲得していくこと（アタッチメントの形成）に十分配慮することが発達を保障するために必要であり、乳幼児が在所する期間中は、担当養育者の変更を避けるよう努めなければなりません。また、サブの担当養育者（2番目に好きな大人）を決めておくことは、担当養育者が休日やシフト勤務の都合で担当乳幼児に十分に関わることができない場合の工夫として大切です。

　大人数（大舎制）での集団生活では、親密で濃い人間関係は築きにくいため、少規模単位（小舎制）による生活形態を工夫する施設もあります。

6　入所背景と養育環境の問題

　虐待による後遺症に苦しむ乳幼児は後を絶ちません。虐待は身体的虐待＊、性的虐待＊、心理的虐待＊、ネグレクトなど、その内容や特徴によっ

9コマ目　乳児院における乳児保育

重要語句

担当養育制
→入所から退所まで一貫して決まった職員が担当すること。

重要語句

身体的虐待
→殴る、蹴る、投げ落とす、激しく揺さぶる、など。

性的虐待
→子どもへの性的行為、性的行為を見せる、性器を触るまたは触らせる、など。

心理的虐待
→言葉による脅し、無視、きょうだい間での差別的扱い、など。

重要語句

被虐待児症候群
→虐待を受けた子どもが、その影響により、身体の発育や知的発達に障害を起こす疾患のこと。

プラスワン

養育機能回復の援助及び支援
乳児院は乳幼児が在所している期間中から、親子がいずれ一緒に暮らすことができるよう、心理療法担当職員やソーシャルワーカーが必要に応じて、養育者へのカウンセリングを行っていく。

て区分されています。特に3歳以下に多くみられる被虐待児症候群*は、骨折ややけどといった外傷や情緒的な障害、発育障害などの症状が複合的に表れるもので、虐待の背景には、養育者の諸問題（経済的、精神的、養育環境など）が大きく影響しているといわれています。

虐待を受けた子どもは、その発育や発達に多くの問題を抱えています。たとえば、食事を十分に与えられずに発育不全の状態で乳児院に入所してくる乳幼児でも、在所期間中に十分な栄養と安心できる環境が与えられることで一時的には発育が改善しますが、乳児院を退所して家庭に復帰すると再び発育が悪くなってしまうという事例もあります。

このような症状は愛情遮断症候群と称されています。愛情遮断症候群は身体の栄養不足だけが原因ではなく、愛情の欠如によって心の奥深くに植えつけられた大人への不信感も強く関与しているとされています。

社会的養護の観点からみても、乳児院においては、乳幼児が安心して生活できる場、自分が受け入れられていると確信でき、かつ、大人を信頼できる環境を保障することが重要なのです。

7 早期の家庭復帰を支援する

乳児院では、在所する乳幼児が早期家庭復帰できることをめざして養育しています。担当養育者が在所中の乳幼児との間にアタッチメントを築いたとしても、いずれその環境を移さなければならない時期が訪れます。

しかし、特に虐待事例などの場合には、家族の再統合や家族関係の再構築には十分な計画と入念な準備が必要であり、家庭復帰を慎重にすすめることは当然でしょう。家庭復帰を優先する一方で、一度家族と分離し乳児院に入所させた子どもを再び家庭に戻し、家族の再統合や家族関係の再構築を図るのは現実的に簡単なことではなく、乳児院の職員は最善の対応をめぐって常に苦慮しています。どうしても家庭復帰が難しい場合には、乳児院院長が児童相談所や関係諸機関と連携し、里親家庭、養子縁組家庭などへの引きとりを含めて検討し準備をすすめる場合もあります。

おさらいテスト

❶ 乳児院は、保護者の養育を受けられない乳児などを養育する[　　　]である。

❷ 乳児院の[　　　　　　]は24時間体制で、子どもの心身の健全な発達に配慮して行われている。

❸ 乳児院では、入所する乳児の[　　　　　]をめざし、養育者への支援を行っている。

演習課題

ディスカッション

①担当養育制とは、ケースマザー制とも称される乳児院の養育方法の一つです。乳児院は在所期間が比較的短期であり、最終的に乳幼児の家庭復帰をめざしているにもかかわらず、なぜ担当養育制を導入しているのでしょうか。あなたの考えを整理してみましょう。

② ①で整理したことをクラスで伝え合い、乳児院の養育理念と社会的役割について話し合ってみましょう。

③0～2歳児の虐待事例についてニュースなどから調べ、養育者の状況や被虐待児の経緯、家族関係などについてクラスで討議してみましょう。

10コマ目

家庭的保育等における乳児保育

今日のポイント

1. 家庭的保育事業とは、保育者の居宅などで行う保育のことである。
2. 家庭的保育は2009年に法定化された。
3. 家庭的保育の場合、通常1～5人の乳幼児に対し、1～2人の保育者がつく。

1 家庭的保育事業とは

家庭的保育事業は地域型保育給付＊の対象となるもので、市町村の認可事業の一つです。家庭的保育を行う保育者の居宅またはその他の場所（保育を受ける乳幼児の居宅を除く）で、定める要件を満たし、市町村長が適当と認める者が保育することを指します。つまり、市町村長が認めた保育を行う人が、保育をする人の自宅またはその他の場所で、要件を満たした環境を整備したうえで3歳未満児保育を中心に行っています。

1970（昭和45）年ごろのわが国では、保育所における0歳児保育がまだ一般化されておらず、0歳児を受け入れる保育所は少ない状況にありました。0歳児を保育してほしいという社会的ニーズに対応するため、各地方自治体が保育所の補助事業として開始したことが家庭的保育事業の始まりとされています。その名称は「家庭福祉員制度」、「保育ママ」など自治体によって異なりますが、古くから行われている自治体では50年ほどの歴史があります。

現在は、保育所での0歳児保育は一般化され、多くの保育所で0歳児保育が実施されています。一方で女性は、結婚や出産を経ても仕事と子育ての両立に努めて生きようとする意識がますます高くなり、低年齢児の保育を望むニーズは増加の一途をたどっています。しかし、現在でも0、1、2歳児の保育の受け皿は不足し、待機児童として社会問題となっています。保育所の待機児童問題を改善できるという面においても、働く女性を支える場としても家庭的保育事業は期待されています。

重要語句

地域型保育給付
→2015年4月より施行されている子ども・子育て支援新制度に基づき新たに創設された、小規模の保育施設に対する財政支援。
➡くわしくは11コマ目を参照

2 家庭的保育事業の法規定

　家庭的保育は2009（平成21）年に法定化され、「家庭的保育事業ガイドライン」が国によって示され、その運営などの基準については、図表10-1のように定められています。

● 図表10-1　家庭的保育事業等の設備及び運営に関する基準（抜粋）

設備の基準	・乳幼児の保育を行う専用の部屋 ・専用の部屋の面積は、9.9㎡以上（3人を超える場合は超える人数1人につき3.3㎡を加えた面積以上） ・乳幼児の保健衛生上必要な採光、照明及び換気の設備 ・衛生的な調理設備及び便所 ・同一の敷地内に乳幼児の屋外における遊戯等に適した広さの庭（付近にこれに代わるべき場所を含む） ・庭の面積は、満2歳以上の幼児1人につき3.3㎡以上 ・火災報知器及び消火器を設置（消火訓練及び避難訓練を定期的に実施）
職員	・家庭的保育者：市町村長が行う研修（市町村長が指定する都道府県知事その他の機関が行う研修を含む）を修了した保育士、又は保育士と同等以上の知識及び経験を有すると市町村が認める者。家庭的保育者1人が保育することができる乳幼児の数は3人以下とする。 ・家庭的保育補助者：研修（市町村長が指定する都道府県知事その他の機関が行う研修を含む）を修了した者で、家庭的保育者を補助する。家庭的保育者とともに保育する場合には5人以下とする。 ・嘱託医 ・調理員：調理業務の全部を委託する場合、搬入施設から食事を搬入する場合には、調理員を置かないことができる。
保育時間	・1日につき8時間を原則とする。
保育の内容	・厚生労働大臣が定める「保育所保育指針」に準じる。家庭的保育事業の特性に留意して、保育する乳幼児の心身の状況等に応じた保育を提供しなければならない。
保護者との連絡	・常に保育する乳幼児の保護者と密接な連絡をとり、保育の内容等につき、その保護者の理解及び協力を得るよう努めなければならない。

　家庭的保育者と認められる基準は、保育士の有資格者、保育士資格がない場合では、教員免許、看護師、保健師、助産師などの資格・免許の所有が望ましいとすることが多いようです。しかし無資格であっても子育て経験があればよいとしている場合もあるなど、自治体によって異なります。そのうえで、各自治体が主催する研修などを修了していることを義務付けています。また、保育室として許可される場所の基準は、子どもの安全面や保健衛生面などから詳細な事項が設けられています。

3 家庭的保育室における保育の特徴

以下のように、家庭的保育事業は、保育所保育とは異なる利点をあげることもできます。

❶ 1～5人の少人数保育・保育者1～2人

5人以下という少人数保育のため、乳幼児一人ひとりに沿ったきめ細やかな保育がより可能とされています。2歳以下の乳幼児は、月齢や個人差によってその生活リズムが大きく違います。一人ひとりに合わせ、その日の活動計画を細かく調整できることは、少人数ならではの利点でしょう。

また、乳幼児3人までは1人の保育者で可能ですが、保育補助者が適宜入ることで最大5人まで保育ができることになっています。この場合は、乳幼児と保育者との比率は5：2となり、保育所の基準よりも改善されることになります。

❷ 児童福祉施設ではない場所での保育

家庭的保育室は、児童福祉施設のように保育のために設計された施設ではなく、一般の民家を規定基準に合わせて修正して行われることが一般的です。乳幼児の自宅と同じような親しみやすい環境であり、自然に保育者との密接な関わりが実現できる生活は、低年齢児にとって無理の少ない保育環境ということができるでしょう。

❸ 異年齢保育

ごく日常的な環境のなかで、3人から5人の小集団で保育が行われている家庭的保育では、年齢別クラス体制がありません。0歳児から2歳児の異年齢の乳幼児が一つの家のなかで生活しているので、きょうだいのような雰囲気が醸し出されているのかもしれません。

0歳児が保育者に抱かれてミルクを飲むかたわらで、1、2歳児は昼食のお弁当を楽しそうに食べている。そのような光景はごく一般的な家庭のようでもありますね。

❹ 保護者との密接な関係

少人数の保護者と保育者は緊密な信頼関係を築きやすく、保護者が気軽に子育てに関する相談をしやすいなど利点があるようです。小さなことでも遠慮なく相談できる関係性である保育者は、子育てをする保護者にとって、"子育ての先輩ママ"として頼もしい存在でもあるようです。

❺ 地域とのふれあい・地域資源の活用

家庭的保育では、保育室内にとどまって保育を行うのではなく、近隣の公園や児童館などの公共施設を日常的に利用しています。また地域の高齢者施設を訪問して交流を深めるなどの活動を積極的に実施することもあるようです。地域性を大切にしながら、地域のなかで乳幼児を育てていくというスタンスをより強く打ち出している点も、家庭的保育事業の特徴の一つといえるでしょう。

4　家庭的保育室の実際

家庭的保育室のデイリープログラムの例を見てみましょう（図表10-2）。

● 図表10-2　家庭的保育室のデイリープログラムの例

時間	保育活動内容
8:00 ごろ	受託
	視診／子どもの状況把握（連絡帳・口頭連絡など）
	おむつ交換／排泄
	室内遊び
9:00 ごろ	水分補給
	戸外遊び／室内遊び
10:00 ごろ	おむつ交換／排泄
	補食
11:00 ごろ	戸外遊び／室内遊び
	食事準備
12:00 ごろ	昼食
	午睡準備／おむつ交換／排泄
	午睡
13:00 ごろ	
14:00 ごろ	
15:00 ごろ	目覚め
	おむつ交換／排泄
	おやつ
	室内遊び／戸外遊び
	帰宅身支度
16:00 ごろ	健康状態最終チェック
	連絡ノート最終チェック
	順次帰宅

資料提供：葛飾区家庭福祉員の会

　家庭的保育事業の保育の内容については、厚労省の「保育所保育指針」に準じるものと定められていますので、基本的な生活の流れは保育所とほぼ同じと理解することができます。しかし、家庭的保育のデイリープログラムには「○○時ごろ」と記載されており、乳幼児の状況によって臨機応変に対応しながら保育がすすめられていることがうかがわれます。

　このように、家庭的保育では、3歳未満児を対象として、きめ細やかに一人ひとりの子どもの発達を保障すること、保護者との親密な信頼関係を築くことで、質の高い保育をめざし、地域の子育て支援を実施しています。

●図表10-3　家庭的保育室の保育場面

資料提供：久山家庭的保育室

5　家庭的保育者の資質向上

　家庭的保育事業は、その保育者が孤立しないことを目的として、近隣の保育所を連携保育所としています。連携した保育所の園庭開放日に乳幼児を連れて遊びに行ったり園の行事に参加したりするなど、さまざまなかたちで保育所との交流を行っています。このような連携により、家庭的保育者が保育方法について刺激を受けたり、また、ふだんは家庭的保育室で細やかな保育を受ける乳幼児が大きな集団で生活する保育所の子どもたちとのふれあいを体験することで、新たな経験を得る機会にもなっているといわれています。

　また、家庭的保育の従事者は専門家や関係者の協力を得て、全国的な組織を立ち上げ、保育者同士の連携を図り、研修会を企画・実施するようになりました。近年、家庭的保育者の保育の質の向上をめざし、このような研修や連絡会の取り組みが盛んに行われるようになっています。

おさらいテスト

❶ 家庭的保育事業とは、保育者の［　　］などで行う保育のことである。
❷ 家庭的保育は2009年に［　　］された。
❸ 家庭的保育の場合、通常1～［　］人の乳幼児に対し、1～［　］人の保育者がつく。

> **プラスワン**
>
> NPO法人　家庭的保育全国連絡協議会
> 1991年発足。家庭的保育の普及・発展を通じて地域の子育て支援に資することを目的とする団体。

演習課題

家庭的保育について調べてみよう

①あなたの街の自治体が認可する家庭的保育室（家庭福祉員・保育ママなど名称はそれぞれ）がどのくらい設置されているか、役所のホームページなどから調べてみましょう。

[　　　　　　　　　　　　　　　　　　　　　　　　　　　　　　　　]

②家庭的保育者と認定されるための必修の研修内容にはどのようなものがあるのか、自分の住む自治体について調べてみましょう。

[　　　　　　　　　　　　　　　　　　　　　　　　　　　　　　　　]

③保育所における保育と、家庭的保育室での保育を比較して、物的環境や人的環境にはどのような違いがあるのか、話し合ってみましょう。

[　　　　　　　　　　　　　　　　　　　　　　　　　　　　　　　　]

11コマ目

乳児保育が行われるそのほかの保育

今日のポイント

1. 子ども・子育て支援新制度では、「施設型給付」と「地域型保育給付」という2つの給付制度が導入された。
2. 小規模保育、家庭的保育、事業所内保育、居宅訪問型保育の4事業を地域型保育事業という。
3. 居宅訪問型保育とは、いわゆるベビーシッターのことである。

1 「子ども・子育て支援新制度」における保育施設の位置付け

2012（平成24）年に制定された子ども・子育て支援法*と、それに関連する法律に基づいて、乳幼児の保育を行う諸施設が新たに整備され、2015（平成27）年から子ども・子育て支援新制度*が施行されています。

新制度では、従来より認可施設として保育が行われていた幼稚園、保育所、認定こども園などへの補助金制度を抜本的に見直すことが特徴の一つとなっています。またこの制度は、補助金ではなく給付金として国や市町村が保育施設を支援する制度となっており、給付を受ける対象は「施設型給付」と「地域型保育給付」に大別されています。

「施設型給付」には、幼稚園、保育所、認定こども園という従来から認可されている保育施設が含まれています。そして「地域型保育給付」としては「小規模保育」「家庭的保育」「事業所内保育」「居宅訪問型保育」が市町村の認可事業と確認されることで、新たに財政支援を受けることになりました（図表11-1）。

このなかで0〜2歳児の保育が行われているのは、幼稚園以外のすべての保育施設です。いかに3歳未満児保育の社会的ニーズが高いかということを推しはかることができます。

さて、保育所・認定こども園については7、8コマ目で、家庭的保育は10コマ目でその概要を述べました。そこでここでは、小規模保育事業、事業所内保育事業、居宅訪問型保育事業について見ていくことにしましょう。

重要語句

「子ども・子育て支援法」
→2012年8月制定、2015年4月施行。子ども・子育て関連3法のうちの一つ。

子ども・子育て支援新制度
→子ども・子育て関連3法の施行とともに2015年からスタートした。新制度では、①質の高い幼児期の学校教育・保育の総合的な提供、②保育の量的拡大・確保、③地域の子ども・子育て支援の充実、の3点を強化することとしている。

● 図表 11-1　地域型保育事業の概要

- 利用者は、次の4つの類型の中から事業を選択することができます。
- 都市部では、認定こども園等を連携施設として、小規模保育等を増やすことによって待機児童の解消を図り、人口減少地域では、隣接自治体の認定こども園等と連携しながら、小規模保育等の拠点によって地域の子育て支援機能を維持・確保することを目指します。

小規模 保育事業	事業主体	市町村、民間事業者等
	保育実施場所等	保育者の居宅、その他の場所、施設
	認可定員	6～19人
家庭的 保育事業	事業主体	市町村、民間事業者等
	保育実施場所等	保育者の居宅、その他の場所、施設
	認可定員	1～5人
事業所内 保育事業	事業主体	事業主等
	保育実施場所等	事業所の従業員の子ども＋ 地域の保育を必要とする子ども（地域枠）
居宅訪問型 保育事業	事業主体	市町村、民間事業者等
	保育実施場所等	保育を必要とする子どもの居宅

厚生労働省「子ども・子育て支援新制度ハンドブック　施設・事業者向け」2015年7月改訂版をもとに作成

2 地域型保育事業の概要

　新制度では、従来から行われていた「家庭的保育」「事業所内保育」のほかに、個別対応を中心とする「居宅訪問型保育」と、前述した「小規模保育」を市町村の認可事業として「児童福祉法」に位置付けたうえで、地域型保育給付の対象施設としています。4事業類型と認可基準は図表11-2のようになっています。

　これら4事業類型の認可基準では、小規模保育事業A型を除いて、保育を行う職員資格においては保育士が望ましいとしながらも、規制緩和処置がとられています。また保育実施場所や園庭設置（屋外遊技場）などの基準がほとんどありません。このような点は、保育所及び認定こども園などのような施設型と、地域型保育事業である4事業類型が大きく異なる点の一つでしょう。

　園庭がないことや、保育を行う職員が必ずしも保育士の有資格者ではないということは、保育の専門性が低く、そこに日々通い生活する子どもに何らかの影響が出るのではないかなど、保育の質の保障を危惧する声も聞かれます。しかし一方では、0～2歳児が小集団で生活することは手厚くきめの細かい保育対応を受けることにつながり、低年齢児だからこそのメリットが大きいとする考えもあります。

3 小規模保育事業

　日本における保育所の待機児童問題がなかなか解消されない背景の一つとして、認可保育所設立のための基準（定員20名以上、園庭及び調理室設置等の詳細な設置基準）を満たすことが絶対条件となっていることがあります。保育所を建てるための広い土地の確保は、都市部においては物理的にも資金的にも非常に困難であるため、その要件が保育所新設を難しくしていると指摘されてきました。

　そこで、急増する0、1、2歳児の保育ニーズにすばやく対応するために考えられたのが、定員6～19名の小規模保育という考え方でした。

　これまでにも日本には小規模で保育する方法として、「家庭的保育者

● 図表11-2　地域型保育事業の認可基準

事業類型		職員数	職員資格	保育室等	給食
小規模保育事業	A型	保育所の配置基準＋1名	保育士[*1]	0・1歳児：1人当たり3.3㎡ 2歳児：1人当たり1.98㎡	● 自園調理 （連携施設等からの搬入可） ● 調理設備 ● 調理員[*3]
	B型	保育所の配置基準＋1名	1/2以上が保育士[*1] ※保育士以外には研修を実施します。		
	C型	0～2歳児 3：1 (補助者を置く場合、5：2)	家庭的保育者[*2]	0～2歳児：1人当たり3.3㎡	
家庭的保育事業		0～2歳児 3：1 (家庭的保育補助者を置く場合、5：2)	家庭的保育者[*2] （＋家庭的保育補助者）	0～2歳児：1人当たり3.3㎡	
事業所内保育事業		定員20名以上……保育所の基準と同様 定員19名以下……小規模保育事業A型、B型の基準と同様			
居宅訪問型保育事業		0～2歳児 1：1	必要な研修を修了し、保育士、保育士と同等以上の知識及び経験を有すると市町村長が認める者	―	―

- 小規模保育事業については、小規模かつ0～2歳児までの事業であることから、保育内容の支援及び卒園後の受け皿の役割を担う連携施設の設定を求めています。
- 連携施設や保育従事者の確保等が困難な離島・へき地に関しては、連携施設等について、特例措置を設けています。
- 給食、連携施設の確保に関しては、移行に当たっての経過措置を設けています。

[*1] 保健師、看護師又は准看護師の特例を設けています（平成27年4月1日からは准看護師も対象）。
[*2] 市町村長が行う研修を修了した保育士、保育士と同等以上の知識及び経験を有すると市町村長が認める者とします。
[*3] 家庭的保育事業の調理員については、3名以下の場合、家庭的保育補助者を置き、調理を担当することも認めます。

厚生労働省「子ども・子育て支援新制度ハンドブック　施設・事業者向け」平成27年7月改定版

（保育ママ）」や「事業所内保育」などがあり、これらはすでに数十年の歴史がありましたが、ここで取り上げる小規模保育事業は、待機児童問題への対策が急務とされる状況にあって、保育所を設立することなく保育を実現させる方法として新たに考え出されたもので、その歴史は2010年からとまだ浅く、歩み始めてまもない保育事業といえます。

図表11-2で示すように、小規模保育事業には保育所分園*に近い類型としてのA型、そして家庭的保育に近い類型としてのC型があり、その中間型としてのB型の3種類に区別されています。また、A型においては保育士の設置が義務付けられています。職員の配置基準は保育所の配置基準よりも合計数が1人多く設定されています。

小規模保育における保育はさまざまですが、多くのところで保育所及び家庭的保育室に近い活動が1日のなかで展開されていると考えられます（図表11-3）。

重要語句

保育所分園

→「児童福祉法」に基づく保育所（認可保育所）に分園を設置することにより、認可保育所の設置が困難な地域における保育の実施を図ることを目的とする施設。分園の設置及び経営主体は本体となる保育所を設置経営する地方公共団体、社会福祉法人等とする。なお、保育所を現在経営していない主体が分園を設置することは認められていない。

● 図表11-3　小規模保育室のデイリープログラム（例）

時間	1日の流れ	時間	1日の流れ
7:00	登園・自由時間	11:45	昼食
9:00	おむつ交換・トイレ誘導	12:30	午睡
9:30	朝の会	15:00	おむつ交換・トイレ誘導
10:00	設定保育	15:15	おやつ
11:15	おむつ交換・トイレ誘導	15:30	帰りの会
11:30	手洗い	16:00	自由遊び

資料提供：植草学園大学　實川慎子

設置及び運営に関する基準が定められ、給付制度により整備され改善される方向性がみられる小規模保育室ですが、その活動内容や保育の質の検討などについては事業者によってさまざまであることも現状のようです。待機児童問題解消の切り札として期待されており、今後のさらなる整備改善が求められているのが小規模保育事業だといえるでしょう。

小規模保育の園環境
（資料提供：植草学園大学　實川慎子）

4　居宅訪問型保育事業

いわゆるベビーシッターがこれに該当する保育事業です。家庭訪問保育ともいわれ、一定の訓練や研修を受けた家庭訪問保育者が子どもの家庭などを訪問して、子育ての援助を行う事業です。

ベビーシッターを利用する際の状況は、仕事、リフレッシュ、冠婚葬祭への出席、家族の介護・看護などが多いようです。またほかの保育事業で

はなくベビーシッターを利用する理由としては、時間や場所を指定できる、土・日・祝日も利用できる、子どもが病気でも利用できる、集団保育より個別保育を望む、出産直後から預かってくれる、保育所などへの送迎をしてもらえる、などがあるようです。

　ベビーシッターと利用者との関係性は継続していく場合も多いようです。子どもとベビーシッターとの信頼関係が重要になってきますし、保護者とベビーシッターとが顔なじみで親しい関係であればあるほど安心して利用されやすいという特徴があります。

　また、ベビーシッターは一定の研修や訓練を受けますが、シッター自身のもつ既得資格状況にはバラつきがあることは否定できません。その専門性もさることながら、1対1対応という特性から、シッター自身の個性も、利用する子どもとの相性に影響することが考えられます。個人の居宅など密室での1対1対応という保育状況には、さまざまな側面から十分な配慮が必要となることは最も基本となるでしょう。

　このように、利用者の求めている内容と、ベビーシッターのもつ専門性や個性が一致することが、この制度を効果的に生かすことができる条件となるのでしょう。

5　事業所内保育事業

　事業所内保育とは、ある事業（会社など）に勤務する従業員の子どもを主な対象とする保育施設で、主に従業員の福利厚生の一環として実施されていますが、地域の子どもをその対象に含む場合もあります。たとえば会社社屋の一室や、会社の近隣の建物などを保育室として保育が行われるほかに、近年では、保育サービスを行う企業と会社が提携して、企業立の小規模保育室を利用することも多くなりました。

　事業所内保育の1日の生活は、保育所のデイリープログラムに準じて行われることが一般的です。

　事業所内保育の設置については、女性社員の勤続年数が長くなること、優秀な人材の確保が可能になることをその効果としてあげている企業もあるようです。

おさらいテスト

❶ 子ども・子育て支援新制度では、「[　　　]給付」と「[　　　]保育給付」という2つの給付制度が導入された。

❷ 小規模保育、[　　　]保育、[　　　]保育、居宅訪問型保育の4事業を地域型保育事業という。

❸ [　　　　　]とは、いわゆるベビーシッターのことである。

演習課題

小規模保育について理解を深めよう

演習テーマ 1　調べてみよう

小規模保育事業と保育所の認可基準を比較してみましょう。人的環境や物的環境にどのような違いがあるのか、調べてみましょう。

演習テーマ 2　話し合ってみよう

小規模保育事業、家庭的保育事業、居宅訪問型保育事業それぞれのメリットとデメリットについて、話し合ってみましょう。

12コマ目

子育て支援における乳児保育

今日のポイント

1. 保育所及び保育士には、子どもの保護者に対する支援を行う職務がある。
2. 保育所等の保育施設には、在園児の保護者に対する支援と、地域の子育て家庭に対する支援とがある。
3. 保育所及び保育士には、不適切な養育などが疑われる場合には、児童福祉法により、関係機関への情報提供及び通告義務がある。

1 保育所及び認定こども園における子育て支援に関する基本

「児童福祉法」第18条の4で、「保育士とは、第18条の18第1項の登録を受け、保育士の名称を用いて、専門的知識及び技術をもって、児童の保育及び児童の保護者に対する保育に関する指導を行うことを業とする者をいう」とされています。保育士は、子どもの発達過程を踏まえた保育にあたるだけでなく、子どもを育てる保護者への支援も重要な職務とされている専門職です。

保育所における子育て支援は、「保育所保育指針」第4章「子育て支援」によれば「保育及び子育てに関する知識や技術など、保育士等の専門性や、子どもが常に存在する環境など、保育所の特性を生かし、保護者が子どもの成長に気付き子育ての喜びを感じられるように努めること」「各地域や家庭の実態等を踏まえるとともに、保護者の気持ちを受け止め、相互の信頼関係を基本に、保護者の自己決定を尊重すること」を基本としています。

またその際の留意点としては、「地域の関係機関等との連携及び協働を図り、保育所全体の体制構築に努めること」「保護者や子どものプライバシーを保護し、知り得た事柄の秘密を保持すること」とされています。

一方、幼保連携型認定こども園においても、「認定こども園法」に「子育て支援事業を実施する際には、当該幼保連携型こども園が持つ地域性や専門性などを十分に考慮して当該地域において必要と認められるものを適切に実施すること」が規定されています。

このように、保育所と幼保連携型認定こども園における子育て支援の基本は同じであることがわかります。

さらに、保育所及び認定こども園における子育て支援では「保育所及び認定こども園を利用している園児の保護者」に向けたものと、「各地域における子育て家庭の保護者」に向けたものがあることも共通しています。

> **プラスワン**
>
> 「認定こども園法」
> 「就学前の子どもに関する教育、保育等の総合的な提供の推進に関する法律」の略称。

2 保育所や認定こども園等を利用している保護者に対する子育て支援

ここでは、保育所や認定こども園で行う子育て支援において、大切なポイントを見ていきましょう。

1 保護者との相互理解

1日24時間を、家庭と保育所等2か所以上の場所で生活する子どもの「最善の利益」を考慮して福祉をすすめるためには、保育所と保護者との緊密な連携は不可欠です。そのための主な方法として、連絡帳、保護者へのおたより、送迎時の対話、保護者の保育参観、保育や園行事への参加、保護者会、個人面談、家庭訪問などがあります。

特に、はじめて子どもを保育所等に預ける保護者が多い0歳児では、保護者の不安も大きいというのが一般的な傾向です。また、保育所等保育施設にとっても、新入園児の個性や発達状況、保護者の家庭における子育ての仕方を正しく把握する必要があります。

保育士等は、日常の送迎時における保護者との対話や連絡帳のやりとりなど、さまざまな機会をとらえて積極的にコミュニケーションを図り、子どもの家庭生活や保護者の個性を理解するとともに、保育中の子どもの様子を保護者に伝え、その成長を共有し喜び合う姿勢が大切です。

2 保護者の子育てへの実践力向上

保護者は、多忙な生活のなかでわが子に関わり、その成長する様子を見守っています。しかしそれは家庭における1場面にすぎません。ふだん、保育所等保育施設での生活においてわが子がどのように活動し、保育者や他児と関わっているのか、その様子を保護者が知ることは大きな刺激になります。

そのような視点から、保護者が保育活動へ参加してみることは、保護者自身の子育ての実践力を向上させていく重要な機会ととらえることができます。わが子のみならず、多くの子どもたちの保育活動にふれることで、子どもの発達の見通しをもつことや、子どもの遊びの世界や言動の意味を理解することができるでしょう。また、保育士等が子どもの心の動きに応じてきめ細かく関わる様子をみることによって、子どもの接し方への気付きを得ることもあるでしょう。

そして、保育士等と協働して保育に参加し活動することで、保護者自身も気付かなかった子育てに関する有能感を感じることが期待されます。

保育所等は、多忙な保護者の生活に配慮しつつ、保護者が保育に参加できる機会をつくっていくことによって、保育士等との相互理解や保護者がより子育ての実践力を高めることにつなげていきたいものです。

3 　保護者それぞれの生活形態及び生活状況への配慮

　保育所等を利用する保護者は、当然ながら就労と子育てを両立するべく日々奮闘している人たちです。その支援の一環として、延長保育や病児保育事業があります。

❶ 延長保育

　通常、保育所等の保育時間は1日8時間が原則ですが、保護者の就労時間も一般的には8時間であることを考えると、8時間保育では保護者の労働時間や通勤時間を賄うことはできないことになります。

　延長保育は、1日の通常保育時間の前後に実施される希望者を対象とした保育であり、早朝と夕刻はもちろん、夜間に至る時間帯まで実施する保育施設もあります。延長保育の実施にあたっては、子どもの発達状況、健康状態、生活習慣、生活のリズムや情緒の安定などに十分に配慮する必要があり、保育士等間の申し送り伝達作業の徹底と連携が不可欠です。特に早朝の補食、夕方の食事または補食の提供などは、子どもの状況や家庭における生活時間を踏まえ、保護者との連絡、保育士等同士の連携が確実にもれなく実施されるよう留意しなくてはなりません。

❷ 病児保育

　特に低年齢児においては、体調が急変することが多いものです。原則として子どもが体調を崩したり発熱したりする場合、感染予防のため通常の集団保育に受け入れることはできません。しかし一方で、保護者も自身の仕事を簡単に変更、欠勤できるとはかぎりません。そのような場合を想定して、保育施設の一角や近隣などに病児保育を行う専用の施設とスタッフを常設することが増えています。このような病児保育室を運営実施する場合には、受け入れ体制や利用ルール等について保護者に十分な説明をし、子どもの体調の急変時の対応確認や、子どもの心身の負担軽減のために保護者と連携をとることが大切になります。

　以上のように、保護者は保育所等との連携、協力を得られる子育て環境によって、安心して仕事と子育てに取り組むことができるのです。

4 　障害等への支援に関する配慮

　保育所等の保育施設には、さまざまな障害のある多くの子どもが健常児とともに保育を受けています。集団での保育では、障害による言動を逸脱行動と一方的に解釈されたり、他児との交流が円滑にいかなかったりするなどの保育上の問題が浮上する場合もあります。

　しかし、「子ども・子育て支援法」では、「子ども・子育て支援の内容及び水準は、全ての子どもが健やかに成長するように支援するものであって、良質かつ適切なものでなければならない」としています。つまり、育てにくさを感じつつ子育てに困惑する保護者を含めてその家庭へ適切な支援を行うことも、保育所等の保育施設における子育て支援の一環なのです。具体的には、当該児の援助に関する記録及び個別計画の作成により、保育における適切な対応に努めるとともに、地域の関連する専門諸機関（市町村保健センター*、児童発達支援センター*ほか）などとの連携や協力を得

プラスワン

土曜保育、休日保育、年末年始保育

さらに希望者が多い地域では、土曜保育、休日保育、年末年始保育を実施している保育施設もある。

重要語句

市町村保健センター

→地域における母子保健及び老人保健の拠点機関で、各都道府県や市町村で運営している。

児童発達支援センター

→施設設備基準の変更に伴い、主として従来の「知的障害児通園施設」や「難聴幼児通園施設」などが移行し統合された児童発達支援及び地域支援を行う通所施設。指導訓練室、遊戯室その他が設備され、多機能にわたる地域サービスが期待されている。

ながら、親子を支援していくことが重要になります。

　また、当該児以外の園児やその保護者に対し、必要に応じて障害に関する正しい認識とそれに対する保育施設としての方針や取り組みについて説明することも必要です。

5　さまざまな背景をもつ家庭への支援に関する配慮

　保育所等の保育施設には、外国籍家庭、ひとり親家庭、貧困家庭など配慮を必要とする家庭の子どもが在籍しています。文化や習慣、言葉の違い等により、保育士等が子どもとともに保護者ともコミュニケーションがとりにくく、意思疎通にも困る状況のなかで保育が行われるなど、問題は多様化しています。いずれにしても、保護者が生活や子育てに関して不安や負担感を感じている場合が多いにもかかわらず、自身の悩みを他者に相談できずにいる場合も少なくありません。

　保育士等は、そのような保護者の様子や子どもの家庭的背景に気付けるように努めなくてはいけません。また、日々の送迎時に保護者との関わりをていねいに行いながら、家庭状況や問題の把握に努め、保育での子どもの様子を伝えるとともに、保護者の意向に沿って、地域の関係機関と連携しながら個別の支援を行っていくことが必要です。

6　育児不安を抱く保護者や不適切な養育が疑われる家庭への支援

　少子化や核家族化、地域力の低下などがすすむなかで、人とのつながりや子どもとの関わりを十分に経験することなく、また子どもという存在に関心がないまま親になるケースは増加傾向にあります。そのような場合には、子どもとの関わり方や育て方がわからないまま孤立し、子育てに不安を抱いたり、あるいは子どもに身体的・精神的苦痛を与えたりしてしまう保護者もいます。このような保護者に対しても保育士等の支援が重要です。

　まず、保護者の心情や子どもの状況に気付くことが大切であるとともに、施設長、主任保育士等との連携を行いながら組織的な支援体制をもって対応します。このような対応が虐待の予防につながる可能性を生むのです。

　また、保護者に不適切な養育態度や虐待が疑われる場合には、保育士等は保護者との十分な関係性を維持し、保護者の養育に対する姿勢が好転するような働きかけに努め、保護者と子どもとの安定した関係性に配慮することが重要です。

　しかし、保育所等の施設のみの対応では保護者支援が不十分、または保護者の姿勢が好転しないと判断される場合には、地域の関係機関への情報提供及び通告を行い、より密接な連携をもつことが求められます。保育所や保育士等には、「虐待防止法」により通告義務が課せられていることを正しく理解し適切に対応することが、子どもの最善の利益を最重要視することにつながるのです。

3　地域の保護者等に対する子育て支援

　「児童福祉法」及び「認定こども園法」により、保育所や認定こども園においては、在園児の保護者のみでなく、保育所が所在する地域における子育て家庭の保護者に対して、その専門性を生かした子育て支援を積極的に行うよう努めることが求められています。

　図表12-1に示すように、保育所や認定こども園における子育て支援事業は、主に「一時預かり事業」「園庭開放事業」「子育て相談事業」とされています。また図表12-2は、ある保育所の秋期における地域子育て支援事業に関する具体例です。

　核家族化がすすみ、ふだん家庭内で乳幼児を育てている保護者は、気軽に子育てについての悩みや疑問を話す場所が少ない傾向にあり、少子化や子育ての孤立化は社会問題にもなっています。特に、第1子を出産して間もない保護者が、言葉を発せずただ泣くだけの乳児の養育をすることには多くの不安がともないます。地域の小児科や市町村保健センターとのつながりも、同じ年齢の子どもを育てる、いわゆる「ママ友」もまだできていない可能性が高い時期にあるのが0～3歳未満児だからという背景があります。

　そのような保護者が、保育所等の子育て支援事業を利用し、保育の専門家である保育士等に気軽に相談することで子育ての負担感が軽減され、子育てに喜びを感じられるようになることがこの事業の主な目的となっています。

　さらに地域の保護者への子育て支援では、地域に居住する「要保護児童*」への対応が求められています。在園児のみならず、地域の子どもをめぐる諸問題についても、保育所等は児童対策地域協議会など関係機関等との連携協力のもとに取り組むように求められているのです。

4　子育て支援と虐待予防

　小学校就学前の乳幼児の子育て、特に家庭で育児される3歳未満児においては、保育所等の保育施設を利用しない限り、市町村保健センターの発達健診や医療機関以外の地域諸機関に接することが極端に少なく、子育ての状況を把握しにくい傾向にあります。たとえば保護者が子育てに悩むことがあっても、地域が保護者を支援できないまま放置され、保護者が子育てに前向きに取り組む気持ちを逸し、ついにはネグレクトなどを生じうることが予測されます。そのようなことを未然に防ぐために、地域関係諸機関は、公共施設や私設の保育施設・子育て支援室などの種別の違いを問わず、必要がある場合には関係機関への紹介や通報を速やかに行うことが重要です。

重要語句

要保護児童

→何らかの事情で保護者のいない児童（孤児、棄児、保護者が拘禁中や家出など）または保護者に監護させることが不適当であると認められる児童に関する総称。

●図表 12-1　地域の子育て家庭に向けた子育て支援事業（例）

一時預かり事業	ふだんは保育施設に通っていない子どもをあらかじめ予約をしたうえで、時間単位で預け保育を受ける事業。自治体により、1か月に利用する回数や条件等の詳細な規定は異なる。一時預かりを利用する理由としては、家庭の事情、保護者の所用（買い物、外出）、保護者の育児休憩など保護者の気分転換を目的とした利用なども認められている。多くの保育施設では、一時預かり保育専用の保育室を設置し、通常保育を受ける子どもたちとは区別している。
・園庭開放事業 （子育て広場／ 地域保育など）	保育施設の保育に支障がない範囲で、定期的に地域一般に園庭利用を開放する。家庭で子育てをしている保護者などが親子で来園し、保育設備を利用する機会を設ける事業。その際には園長、主任、保育士等がその場で交流し、子どもと遊んだり、保護者の子育て相談に応じることもある。参加した地域の保護者は、保育士等が子どもと遊ぶ様子を見ることで子どもとの新たな関わり方を学ぶこともあり、また子育ての相談に対する適切な助言を得ることで不安を軽減させることもできる。 さらに、地域の親子にとっても保育施設が気軽に利用できる場であることを認識できる機会となる。 園によっては、園行事と関連させて、家庭児が在園児と一緒に遊びを体験する場としても企画している。
・子育て相談事業 （子育て講座／ 子育て相談電話）	健康、食事（離乳食）、遊びなど、日常の子育てで悩むことの多いテーマを取り上げ、保育施設の職員等を講師として講座を企画し、地域の子育て家庭の保護者が参加する機会を設ける。その際に子育ての悩みや相談も受け付け対応する。 また、育児に関する悩みを相談したい地域の保護者が、いつでも気軽に相談できるように、保育所等は「子育て相談（電話相談）」の中核施設としての役割を担っている。

● 図表12-2　A保育園　秋の地域子育て支援事業　　ホームページ　例

- 園庭開放・・・9月○日（○）10時～12時
「地域のお子さん、子育て中のお父さんお母さん、保育園に遊びに来ませんか？」
保育園ならではの遊び体験もできます。
子育て相談もお受けしています。ぜひお気軽に遊びに来てください。

- 運動会ごっこ・・・10月○日（○）10時～
玉入れ、かけっこを一緒にやってみませんか？
0歳児から5歳児までみんなで楽しめます。

- 離乳食講座・・・11月○日（○）10時～
「離乳食ってどうすればいいの？」
保育園での離乳食の様子を見に来ませんか？
相談もお受けします！

- 室内遊び・・・11月○日（○）10時～
「保育園のお友達と、ダンスやゲームをして遊びませんか？」

おさらいテスト

❶ 保育所及び保育士には、子どもの[　　　]に対する支援を行う職務がある。

❷ 保育所等の保育施設には、在園児の保護者に対する支援と、[　　　]に対する支援とがある。

❸ 保育所及び保育士には、[　　　　　　]などが疑われる場合には、児童福祉法により、関係機関への情報提供及び[　　　　]がある。

演習課題

子育て支援について自分で考えてみよう

演習テーマ 1　話し合ってみよう

保育士が専門職として、その専門的知識及び技術をもって、保護者に対して保育に関する指導を行うこととはどのような行為なのでしょうか。子育て中の保護者との信頼関係を築きつつ子育て支援をする際に保育士に必要になる「配慮」について、話し合ってみましょう。

演習テーマ 2　調べてみよう

あなたがボランティアや実習でお世話になった保育園や認定こども園では、地域に対する子育て事業として具体的にどのようなことをしているでしょうか。調べてみましょう。

演習テーマ 3　事例を読んで考えてみよう

次の事例を読んで、子育て支援の視点から保護者への対応を考えてみましょう。

> 　A君（1歳）の母親は、最近毎日、10時過ぎにA君を連れて登園し、いつも担当保育士との会話もそこそこに慌ただしく仕事に向かっていきます。ここのところA君は登園時にはまだ眠そうな様子で、しばらくすると決まって機嫌が悪くなり、泣き出して遊びに集中できません。連絡帳には朝食は済ませてあることが記載されており、保育士はA君の機嫌の悪さの原因がつかめずにいました。ある日、保育士はもしやと考え、その日の補食で出たバナナと牛乳をA君に与えたところ、おいしそうに全部食べ、その後は機嫌よく遊ぶことができました。
> 　その日のお迎えのときに、この様子をA君の母親に伝えると、母親は恥ずかしそうに連絡帳の記載の虚偽を認めました。母親の話では、ここのところ仕事が忙しく残業続きで、A君の登園時間ギリギリに起床することが多く、どうしても朝食の時間をとることができていないため、そのまま登園しているとのことでした。しかし、連絡帳にはその事実をそのまま記載するにはうしろめたさがあり、真実を書きそびれてしまっていたとのことでした。

13コマ目 保護者とのパートナーシップ1

今日のポイント

1. わが国では、世帯数が増大し、世帯人数が減少している。
2. わが国の女性の労働力率を年齢階級別に示すと、M字型カーブを示している。
3. 多くの保育所では入所して1週間から10日くらいを「慣らし保育」としている。

> **プラスワン**
>
> **家族形態の変化**
> 家族形態は、祖母・両親・両親のきょうだい・子どもが同居する「大家族」から、両親と子どもという「核家族」が増えた。

> **重要語句**
>
> **母子世帯**
> →母子世帯とは「父親のない児童（満20歳未満の子どもであって、未婚のもの）がその母によって養育されている世帯」（厚生労働省）と定義されており、祖父母と同居している世帯も含む。

> **語句説明**
>
> **平均年間収入**
> →「生活保護法」に基づく給付・児童扶養手当や、元配偶者からの養育費・親からの仕送りなどに、就労して得た収入を加えたもの。

1 保護者が置かれている環境

1 増加するひとり親世帯、厳しい経済状況

世帯数は、1953（昭和28）年には1,718万世帯でしたが、2017（平成29）年では5,042万5,000世帯と約3倍にもなっています。平均世帯人数は、1953年には5人でしたが、2017年には2.47人になっています。世帯数が増大し、半面で世帯人数が減少したと考えられています。特に高齢者世帯、単独世帯、母子世帯*が増加傾向にあります。

母子世帯数の推移を見てみましょう。1986（昭和61）年には約60万世帯、1998（平成10）年には約50万2,000世帯、2017年には約76万7,000世帯と推定されています（厚生労働省「平成29年国民生活基礎調査」）。

母子世帯の多くは厳しい経済状況に直面しています。2016（平成28）年の母子世帯の母親自身の平均年間就労収入は200万円です。また、平均年間収入*は348万円であり、これは児童のいる世帯の平均所得を100として比較すると49.2％です。

一方で、母子家庭の母親の就業率は決して低いわけではなく、81.8％です。ただし、正規の職員・従業員は44.2％、パート・アルバイト、派遣社員などの非正規雇用者は43.8％強となっています（厚生労働省「平成28年度全国ひとり親世帯等調査」）。

また、父子家庭への支援も必要です。2014（平成26）年4月、「母子及び寡婦福祉法」が「母子及び父子並びに寡婦福祉法」に改められ、父子家庭の支援の拡充が図られています。

2 育児休業法と女性の就業継続の難しさ

1986年に「男女雇用機会均等法」、1992（平成4）年にはすべての職

種の男女労働者を対象とした「育児休業に関する法律」(のちに「育児・介護休業法」に改正)が施行されました。2つともその後の改正を経て、子どもを養育する労働者が請求すれば育児休業がとれるようになり、事業主には育児休業の付与、労働時間の短縮などの対応が求められるようになりました。2017年度の女性の育児休業取得率は83.2％、男性は5.14％です(図表13-1)。それらをきっかけに正社員の就業継続率は高まっています。

これまでの研究は、出産前に仕事をしていた女性の実に67.4％が出産を機に仕事を辞めていること(青島祐子『新版 女性のキャリアデザイン─働き方・生き方の選択』学文社、2013年)、1960年代、1970年代生まれの女性ともに第1子出産2年前から出産年にかけて就業率が大きく低下すること、就業形態に注目すると、出産2年前から出産1年後にかけて、正規雇用者の割合が大幅に低下すること(図表13-2)、といった女性の就業継続の難しさを明らかにしてきました。女性の育児休業取得率とは、出産で退職しなかった女性のなかで育児休業をとった人の割合です。女性全体からみれば、出産を経て働き続けている女性は少数派といえます。女性の就業継続のためには、保育制度の拡充はもちろん必要ですが、育児休業法の改善とともに、長時間過密労働など働き方の見直しが課題です。

保育所に入所する子どもが増えている背景として、男女が性別に関わりなく、個性と能力を十分に発揮する社会をめざすといった男女共同参画の考えが広まり、結婚して子どもを産んでも仕事を続けたいと考える女性が増えてきたことがあります。愛情豊かで応答的な大人の関わりに支えられる3歳未満児の育ちの大切さは変わるものではありませんが、母親による保育が最も望ましいという家庭での保育を絶対視する考えは、薄らいできたのではないでしょうか。

3　M字型カーブの示すもの

わが国の女性の労働力率を年齢階級別に示すと、M字型のカーブを示すことがよく知られています。学校を卒業して就業する20代でピークを示したあと、育児期に相当する30〜34歳層で最も低下し、以後再び上昇し、45〜49歳層で第2のピークを示すというカーブに現れる女性の就労パターンは、M字型就労と呼ばれ日本独特のものです(図表13-3)。

近年は、M字型のボトムがしだいに上がってきています。特に変化が大きいのは、子育て期にあたる30〜34歳層です。しかし、M字型のボトムの上昇をそのまま女性の就業継続と結び付けるのは早計に過ぎるようです。M字型カーブの変化は、結婚・出産後も女性が働き続けるようになった結果というよりも、女性の晩婚化・晩産化の影響が強いとみられています。

子育て期の25〜44歳の女性の就業率は「男女雇用機会均等法」が施行された1986年は57.1％でしたが、2017年には74.3％と高まっています。女性が外で働くようになってきたことは間違いありません。ただし、正規雇用で働く女性が増えてきたわけではなく、パートやアルバイトといった非正規雇用の増加によるものです。

プラスワン

育児・介護休業法

正式には「育児休業、介護休業等育児又は家族介護を行う労働者の福祉に関する法律」。子が1歳になるまで育児休業することができる。2009年改正の「パパ・ママ育休プラス」では、父母がともに取得する場合には、子が1歳2か月まで育児休業することができる。

プラスワン

男女共同参画基本法

1999年に「男女共同参画基本法」が施行され、男女が性別に関わりなく、個性と能力を十分に発揮する社会をめざすことが示された。安部由起子は、男女雇用機会均等法が女性労働に与えた影響について分析し、晩婚化によって高学歴の女性の正規比率は高まっているが、結婚や出産による退職傾向には変化がみられず、法律の効果は出ていないと述べている(安部由起子「男女雇用機会均等法の長期的効果」『日本労働研究雑誌』独立行政法人労働政策研究・研修機構、53(10)、2011年)。

● 図表 13-1　育児休業取得率の推移

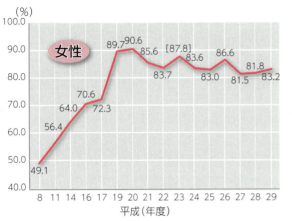
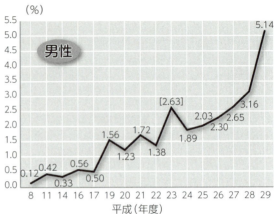

注：平成23年度の[　]内の比率は、岩手県、宮城県及び福島県を除く全国の結果。

厚生労働省「雇用均等基本調査」各年度版をもとに作成

● 図表 13-2　出産前後の就業状況の変化

	1960-69年生（n=852）				1970-79年生（n=581）			
	第1子出産2年前	出産1年前	出産年	出産1年後	第1子出産2年前	出産1年前	出産年	出産1年後
正規雇用	62.7	39.8	19.1	15.9	56.3	40.1	19.1	16.4
非正規雇用	15.6	11.2	4.6	6.0	21.7	17.4	6.9	11.2
自営等	5.2	6.3	6.3	6.3	2.6	2.9	4.0	4.3
非就業	16.6	42.7	70.0	71.8	19.5	39.6	70.1	68.2
計	100	100	100	100	100	100	100	100

西村純子『子育てと仕事の社会学』弘文堂、2014年

● 図表 13-3　女性の年齢階級別労働力率の推移

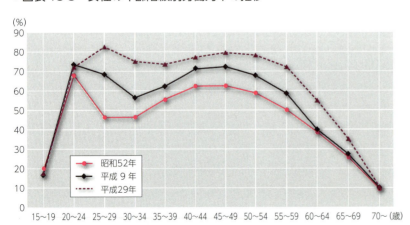

(備考) 1. 総務省「労働力調査（基本集計）」より作成。
　　　2. 労働力率は、「労働力人口（就業者＋完全失業者）」／「15歳以上人口」×100。

内閣府「男女共同参画白書　平成30年版」

4 晩婚化・晩産化と第1子出産年齢の上昇

1980年代以降、合計特殊出生率は低下を続け、少子化がすすんでいます。2005（平成17）年には過去最低となる1.26を記録し、その後やや上昇に転じるものの、2017（平成29）年は1.43と横ばいです。出生数も同様に減少傾向が続いており、2017年の出生数は94万6,060人となり、100万人を割っています。

少子化の要因の一つにあげられるのが、晩婚化・晩産化です。2017年の平均初婚年齢は夫31.1歳、妻29.4歳です。それにともない、第1子出生時の母親の平均年齢も上昇しています。2011（平成23）年には30歳を超え、2016（平成28）年は30.7歳です（国立社会保障・人口問題研究所ホームページ）。

また、平均初婚年齢が上昇するにともなって、完結出生児数（夫婦の最終的な出生子ども数）の低下がみられます。「第15回出生動向基本調査　結婚と出産に関する全国調査　夫婦調査」によると、夫婦の完結出生児数は2015（平成27）年は1.94人です。

2 乳児保育における保護者支援

1 家庭との信頼・協力関係づくり

❶ 乳児の受け入れ時の基本

乳児は、就学までの長い期間を保育所で過ごします。そのため、乳児の受け入れにあたっては、保護者がどのような子どもに育ってほしいと願っているのか、そのために保育所に何を期待しているのかということを保護者と十分に話し合い、保護者の意向を確認しておくことが重要です。また、保育所側も保育理念や保育方針、提供できる保育サービスなどを保護者に説明し、合意のうえで保育所を選んでもらうことも大切です。

❷ 子どもを預ける保護者（母親）の心情を理解する

保育所に子どもを預けて働こうとするとき、特に初めての子どもの場合や産休明け保育の場合には、子どもだけではなく、母親の心身も不安定になりやすいものです。母親には、職場への復帰にまつわるさまざまなことや、家事と育児を両立するという負担が一気に押し寄せてくることになります。子どもを預けることへの不安もあります。保育所での母親への対応としては、働く女性に対する共感的理解を示すことです。保護者の置かれた立場や強いストレスを受容し、積極的に子育てを応援するという温かな姿勢で接します。保護者の不安が解消されることが、子どもの安定した毎日の生活につながります。

❸ 入所前の子どもの心身の状態や家庭での状況を把握する

受け入れにあたっては、保護者との面接を行います。面接では、家族状況や就労状況、出産時やその後の発育の状況、病気の有無、授乳の方法や食事（離乳食）の注意点、そのほか子どもの好きな遊びや家庭での名前の

プラスワン

完結出生児数
夫婦の完結出生児数は、戦後大きく低下し、第6回調査（1972年）で2.20人となったのちは、第12回調査（2002年）の2.23人まで30年間にわたって一定水準で安定していた。しかし、2005年の調査で2.09人へと減少し、2015年の調査ではさらに1.94人へと低下した。

13コマ目　保護者とのパートナーシップ1

呼ばれ方など、保育所が知っておくべきことを聞き取ります。家庭と保育所での保育の仕方をなるべく一致させ、保育所での生活において子どものとまどいを少なくするためです。

また、面接時の母親と子どもの様子から、母親の子どもへの愛情や家庭での親子関係などをある程度推測することができます。そのことも、その後の保護者との関わりを考えていくうえで重要です。

❹「慣らし保育」、入所時の受け入れ体制づくり

多くの保育所では、入所して1週間から10日くらいを「慣らし保育」として、平常保育に移行するまでの特別な体制で保育を行う期間を設けます。子どもにとっては、これまでの家庭生活から、長時間、集団での生活に置かれるという大きな環境の変化です。子どもが不安や緊張、疲労から激しく泣くのも当然の期間です。「慣らし保育」とは、そうした状況を乗り越えて、保育所の生活に慣れ親しんでもらうための方法です。保護者の雇用環境によっては「慣らし保育」を行えないこともあります。この「慣らし保育」の期間は、保護者にとっても子どもと離れることについて、気持ちを整理する期間でもあります。

2 日々の保育と家庭との連携・協力

❶ 家庭と保育所の密な情報交換・連絡

子どもは1日の24時間を、家庭と保育所という2つの場で過ごします。家庭と保育所での生活が連続的に営まれることから、家庭と保育所との間で、子どもの生活に関する情報を交換・連絡し合うことが大切です。日々の保育そのものが保護者との信頼関係をつくるうえで重要になります。

❷ 登園時・降園時のやりとり

登園時・降園時は、保護者への保育に関する助言や相談に応じるといった保護者との連携・協力の重要な場面です。日々、子どもと接している保護者の子どものちょっとした変化への気付きは、保育者の子どもの体調の把握を助けてくれます。

【登園時】
①子どもを温かい気持ちで明るく、気持ちよく受け入れる。
②子どもの全身状況の視診を行う。前日との違いに気付いたら、必ずその場で保護者に確認する。
③前日の家庭での子どもの遊びの状況や健康状態、食事の様子などを尋ねる。
④当日の保育の予定や交代制勤務の場合は、担当者が誰であるかを保護者に伝える。
⑤与薬、その他について、家庭からの要望を聞く（与薬は、医師の指示に基づいた薬に限定する）。

【降園時】
①迎えにきた人が保護者あるいは迎えにくると申請されている人であるかを確認する。
②疲れて職場から戻ってきた保護者が、子どもに会える喜びを感じられ

与薬の際は、保護者に医師名・薬の種類・内服方法等を記載した与薬依頼票を持参してもらいます。

るような出迎えや声かけをする。
③子どもの保育所での1日の様子、特に子どもの発達に少しでも変化のあったことは、喜びの気持ちをこめて保護者に伝える。
④翌日やこれからの日程など、保育所からの伝達事項や要望、持ち物などを保護者に伝える。
⑤おむつや着替えなど、持ち帰ってもらう物、忘れ物がないかどうかを確認する。

❸ 保護者の子育ての自信につなげる

子どもの成長の喜びを保護者と共有することは、保育者と保護者の信頼関係を深めるだけではありません。保護者の心の片隅にある「子どもがかわいそう」という心配の気持ちを払拭し、子どもを保育所に預けて働くことは間違いではなかったとの確信を与えます。保護者のそういった気持ちが子育ての自信となり、子どもへの働きかけもより安定したものになっていきます。さらに、こうした日々の送迎時に、保護者は自分の子ども以外の姿や保育所の環境整備も目にします。自分の子ども以外の子どもの育ちや環境に目を向けることも、保護者の養育力の向上につながります。

おさらいテスト

❶ わが国では、[　　　]が増大し、世帯人数が減少している。
❷ わが国の女性の労働力率を年齢階級別に示すと、[　　　]を示している。
❸ 多くの保育所では入所して1週間から10日くらいを「[　　　]」としている。

演習課題

ある親子の1日から考えてみよう

次の表は、A君（1歳6か月）と母親・父親のある1日を示したものです。母親の職場復帰にともない、A君は1歳4か月より保育所の1歳児クラスに入所しています。母親は、時短勤務で16時に仕事を終えています。

時間	母親	父親
16:00	終業・移動	
17:00	保育所にお迎え	
17:15	帰宅、授乳	
17:30	お米を研いで炊飯器にセット、洗濯機をまわす ＊A君がおもちゃをもってきたら相手をしたり、絵本をもってきたらひざにのせて一度読んであげる。食卓のまわりでまてまてと追いかけっこ。	終業・移動
18:00	A君と一緒に洗濯機をまわす（洗濯物を干す）	帰宅・夕食準備
18:30	夕食（A君は手づかみで食べたり、母親に食べさせてもらったりする）	夕食
19:15	片付け、お風呂準備、A君の歯磨き	
19:30	A君がお風呂から出たらパジャマに着替え	A君とお風呂
20:30	A君を寝かしつけ、授乳	洗濯機をまわす（洗濯物を干す）
21:00	保育所の持ち物準備、洗濯物を干す	洗濯物を干す
23:00	A君、ちょっと目が覚めるので授乳。母親就寝	就寝
2:00	授乳	
4:00	授乳	
5:30	母親起床、出勤準備、朝食準備	
6:00	（A君起床）	起床
6:30	朝食（A君は手づかみで食べたり、母親に食べさせてもらったりする）	朝食
7:10	連絡帳記入	A君の着替え、朝食片付け
7:25	保育所に車で出発	保育所に車で出発
7:30	登園、朝の支度（A君、布おむつに替える）	登園、朝の支度（着替えやエプロンなど所定の場所に置く）
7:40	職場へ移動	母親を職場へ車で送る、職場へ移動
	8:00に職場に到着、8:40業務開始	8:15職場に到着、8:30業務開始

演習課題

母親のコメント
パパの帰宅が早く本当に助かる。パパの帰宅が遅い家庭では、ママが一人で家事も育児も頑張らないといけないけど、一人で子育てのことを全部するのでは、自分には無理と思うので。ママが子どもと一緒に寝てしまったときは、パパが洗濯物を干しておいてくれる。朝までぐっすり眠れることはないけど、3時間ぐらいは続けて眠れるので、それで何とか身体ももっている。家での自分の時間はないから、出勤して業務が始まるまでが唯一の自分の時間。

父親のコメント
ママが妊娠中はパパになるという実感があまりなかったが、出産に立ち会って、生まれた瞬間を見て責任感が生まれた。これまで自分の時間を中心に生きてきたので、子どもの時間に合わせていくことが大変だった。今は、Aくんはまだおっぱいを飲んでいるので、そのためか食事をぜんぶ食べることが少ない。Aくんをパパがみようとしてもママにべったりになってしまっているので、お互いに臨機応変に動かないと家のことがまわらない。断乳を計画していて、おっぱいがなくなればAくんの食も太くなり、Aくんとパパの時間も増えると思うし、ママの睡眠時間やママ自身の時間も増えると思う。

①母親が子どもの世話や家事にかかる時間、自分のために使える時間を数えましょう。

　　　子どもの世話や家事にかかる時間　　　　　　　分

　　　自分のために使える時間　　　　　　　分

②母親と父親はどのようなところで助け合っていますか。

③母親のコメントを参考に、「父親が育児や家事に関わること」でどのような良さがあるのかを考えてみましょう。父親、母親、子どものそれぞれの立場から整理しましょう。

父親	母親	子ども

13コマ目　保護者とのパートナーシップ1

14コマ目 保護者とのパートナーシップ2

今日のポイント

1. 連絡帳には、睡眠時間や起床時間、授乳、排泄などについて記入する。
2. 保護者会は、保護者同士の交流のきっかけの場となる。
3. 保育者は、障害のある子どもの人格全体に働きかけて成長を促すことが大切である。

1 連絡帳、個人面談・保育相談、保育参加・参観、園便り・クラス便り

1 連絡帳をとおして

　連絡帳に今日の子どもの様子がどのように書かれているのか、保護者は楽しみにしています。特に3歳未満児は、子ども自身から1日の様子を聞くことは難しいものです。保護者にとって連絡帳の記載内容は、保育所での子どもの様子を知るための大事なものです。

　0、1、2歳児クラスでは、睡眠時間や起床時刻、授乳（食事）、排泄その他の健康状況などについて、保育所と家庭とがお互いに記入します。その目的は、子どもの24時間の生活を保育所と家庭がそれぞれに知り、協力して保育にあたることにあります。小さなことでも、帰宅後の保護者の子育てに必要だと思われる内容は記入しておきましょう（図表14-1、14-2）。

　子どもの様子を記入する際は誤字、脱字に注意しきちんとした文章表現で、保護者が読みたいという気持ちになるような、その日の子どものほほえましい様子や成長の姿を温かく見守っているようなものにしましょう。心配なことや困ったことは、送迎時や個別の面談の際に、直接伝えるのが一般的な配慮です。

● 図表 14-1　連絡帳　0歳児の例

11月 29日 (金)		氏名	○○○○		
1日の様子〈食事 睡眠 排泄〉		家庭での様子			
18　◎ ⊕50 19 20　Ⓑ 21　↑ 22　｜ 23　｜ 0　｜ 1　✕ 2　｜ 3　｜ 4　✕ 5　｜ 6　↓ 7　◎ ⊕50 8 9 10 11　◎ 12　↑ ⊕40 13 14　｜ 15　○ ⊕27 16 17 18		検温	37.1	健康	良好	排便	(時間　便性　量) 19：00　普　中量 08：00　普　中量
	食事		子どもの様子		
	夜	たきこみご飯 さわら ポトフ ヨーグルト	・テレビでぱわわっぷ体操など楽しそうに見ています。ママが手を動かしてあげたりするとにこにこしています。いっぱい動けるようになっておどりたいのかなと思います。家でもつかまり立ちして足を動かしておどっています。		
	朝	しらすご飯 納豆 にんじんスープ トマト バナナ	・混ぜご飯ののりが気に入って、おなかがパンパンになるほどおかわりしていました。保育園から帰ってしばらくすると食卓の自分のいすにやってきて、ご飯を食べたいとアピールしています。ママはあわてて夕食を用意しています。		
	保育園での様子				
	検温	37.2	健康		排便	(時間　便性　量)
	食事　おやつ		子どもの様子		
	午前食	主食 副食　全 汁　デ M・牛 CC	ご飯大好きですものね！保育園でもほとんどお手伝いなしで一人で食べていますよ。今日はバナナ（1/4本）の皮を少しだけむいて「あとは自分でむいてね」と○○くんの前に置くと、かたまってしまった○○くん・・・。しばらく様子をみたのですが、手も出さなかったので、むいてあげました。それでも食べようとしなかったのでスプーンですくえる大きさにカットすると、やっとスプーンで食べました・・・。なぜ？と思ってしまいました。おへやでつかまり立ちをたくさんしました。 記録（ △○ ）		
	午後食	主食 副食　全 汁　デ M・牛 100 CC			

睡眠 ⇧・食事 ◎・ミルク ⊖・おやつ ○・入浴 Ⓑ・牛乳 ⊕

●図表14-2　連絡帳　2歳児の例

11月　27日（木）		氏名	○○○○
家庭での様子			

検温	37.0	健康	良好　○	排便	（時間　便性　量） 8：00　普　中
夕食	（内容　量） ・じゃがいも ・にんじんスープ ・豚肉・なす ・きのこ炒め（残） ・ご飯 ・とうもろこし	朝食	（内容　量） ・食パン ・クリームチーズ ・みかん ・トマト ・スープ　全	睡眠	21：45～6：45
子どもの様子	家でははじめてとうもろこしを食べられました。少しずつ野菜も食べられるものが増えてきて、うれしくてホッとしています。 洋服の絵の消防車やパトカーとおもちゃを比べて「オナジネ」といっていました。本の写真と比べたりもして、また「オナジネ」。かわいいおしゃべりをたくさん聞かせてもらっています。				

保育園での様子		
健康	○	排便　（時間　便性　量）
昼食	主食：　　　　汁： 　　　　全　　　　　全 副食：　　　果物：	睡眠　12：00～14：30
子どもの様子	毎日うれしい成長がいっぱいですね。 私たちもとてもうれしいです。 今日は、ベランダで水遊びをしました。プールの中よりも、水遊び用のおもちゃがいっぱいあって、次々と試していました。一番気に入ったのは、上から水を入れると、真ん中のものがくるくる回るおもちゃです。回るといっぱい笑っていました。	
	記録（　△○　）	

2　個人面談、保育相談

　個人面談は、あらかじめ日程を決めて行います。保護者から何か相談がある場合には保育相談が行われます。保護者が保育者に聞きたいと思っていたことを質問するなど、保護者と保育者が向かい合って話すことのできる場です。話し合った内容や相談された内容を他者に公言することはプライバシーの保護（秘密保持）のために控えましょう。

3　保育参加・参観、保護者会

　保育参加や保育参観では、保護者に自分の目で子どもの生活や遊びの実際を見てもらいます。子どものことで気がかりなことがあれば確かめてもらうこともできます。

　保育参観にあたっては、保護者にはなるべく目立たないところで見る・子どもに声をかけない・保育の妨げにならないなど、参観の仕方を具体的に伝えましょう。

保護者会は、その年齢のクラスの年間で立てている保育目標、その時期に大切にしたい子どもの育ちを伝える場になります。保護者に伝えたい内容は資料を配布し、写真やビデオを用いて保育中の子どもの様子を伝える工夫をします。

　保護者同士の交流のきっかけの場としても保護者会は有効です。保護者の自己紹介も兼ねて、たとえば、「自宅でのリラックス方法を教えてください」などと一人ずつ話してもらったり、フリートークの時間を設けることなどで保護者同士の交流が広がっていきます。保育者にとっても、保護者のいろいろな一面に気付く機会として大切にしましょう。

4　園便り、クラス便り

❶ 園便り（➡図表 14-3 参照）

　園全体として、保護者全員に伝えておきたいことは園便りを活用します。園の保育方針や行事、共有したい子どもの様子などを伝えます。

❷ クラス便り

　クラス便りは、できるならば月に 1 回は発行したいものです。クラスの子どもたちの遊ぶ様子を中心に、毎月のおおまかな計画や行事、健康管理、子どもの喜ぶ食事やおやつの紹介などが主な内容になります。クラス便りは、継続的に読むことで、クラスの子どもたち全体の成長が感じ取れるような内容にしたいものです。そのために保育者は、一人ひとりの子どもの姿を正しく理解し、小さな成長につながる変化に気付き、記録しておく努力が求められます。クラス全員の子どもの様子をまんべんなく載せ、ほかの子どもと比べるような内容や、子どもや家庭のプライバシーにふれることは載せないように十分注意しましょう。

2　発達の遅れと向き合う保護者との連携

1　保護者の不安を察する

　保護者との連携は、子どもが入所してから始まるのではなく、入所前の問い合わせや面接の時点から始まっています。連携することの難しさやその重要性が問われるのは、入所後になってきます。障害のある子どもに限らず、どんな保護者にも子どもの入所については心配があるものです。自分の子どもが集団に慣れにくい子どもであったり、何か障害のある場合には、心配や不安はさらに強くなります。保護者との連携は、まずこのような保護者の心境を理解することから始めなければなりません。

2　障害を伝える

　子どもに何らかの発達の遅れか障害があると保育者が感じても、保護者は何も感じていないという場合があります。また、保護者がはっきりと障害について認識していても、そのことを保育所に伝えてこない場合もあり

ます。それぞれの保護者は、子どもが生まれたときからずっとその子ども と生活をともにし、現状になじみながら関わってきています。障害の種類 や程度によっては、子どもの障害に気付かぬまま現在に至っている場合も 少なくないのです。

　保育者がその子どもに何らかの障害があるのではと感じた場合、それが 視聴覚の障害など比較的保護者の理解を得やすいものであれば、早期に、 医療機関や療育機関での診断や治療を受けるようすすめる必要があります。

　しかし、その他の多くの障害において保護者が悩んでいたり、反対に問 題を感じていなかったりするような状況であれば、保育者側も、保護者の 思いに寄り添いながら一緒に考えていくことが大切です。

　また保護者が、障害のあることが社会的な不利益を受けることにつなが るという不安を強く感じている場合には、子どもに障害があることを認 識していたとしても、保育者には何も伝えてこないということもあります。 これらのような場合、保護者が何も伝えてこないというだけでその保 護者は理解がないとか、積極的に障害と向き合おうとしていないなどとと らえてしまうと、最初から保護者との連携が困難なものになってしまいま す。連携はお互いの立場を尊重し合い、協力し合うなかでしか築かれませ ん。保育者が、保護者の思いを理解し受け止め、変わることによって、保 護者も変わっていったという事例が数多くあります。

3 障害への理解を深める

　心身に障害があるといっても、その障害の種類や程度は多様です。その 多様さを医学的な観点から、障害の部位や程度によって区分していくこと は治療としては有用ですが、保育においてはそれだけでは不十分です。た とえ種類としては同じ障害であっても、その子どものそれまでの生活経験 によって、実際にはさまざまな状態を示すものであり、一律に保育はでき ないものです。心身に障害のある子どもを保育するときには、障害も含め て、実際のその子どもの全体的な状態像を理解することが必要になります。 保育は医学的な治療のように、障害のある部位に直接的に働きかける行為 ではありません。生活をともにしながら、障害のある子どもの人格全体に 働きかけて成長を促していく行為なのです。あくまでもその子どもの状態 に合わせながら、長い見通しをもって、生活をとおして地道に育てていく しかないのです。

　しかしそれは、保育者自身が障害の種類やメカニズムについての知識を もたなくてもよいということではありません。障害のある子どもの行動に は、障害から派生してくるものもあるし、障害ゆえに直面せざるを得ない 困難にぶつかるときもあります。こうした状況に一緒に直面しながら、そ れに対して保育者として適切な対応をするためには、障害そのものに対す る専門的な知識が必要です。

4 保護者への情報提供

　保護者への治療機関に関する情報提供も大切です。困難さを抱えている子どものなかには、継続的に医学的な治療を必要としている子どももいます。その子どもへの治療機関からの助言が、子どもと関わっていくときの手がかりやきっかけになることもあります。該当する子どもがいるいないにかかわらず、適当と思われる治療機関、専門機関に関する情報を把握しておきましょう。

おさらいテスト

❶ 連絡帳には、[　　　]時間や起床時間、授乳、[　　　]などについて記入する。
❷ 保護者会は、保護者同士の[　　　]のきっかけの場となる。
❸ 保育者は、障害のある子どもの[　　　]に働きかけて成長を促すことが大切である。

● 図表14-3　園便りの例

１０月の園だより

○○保育園　20○○．10．○発行

　今年も運動会の季節となりました。子どもたちは、保護者の皆さんに見て頂くことを楽しみにして、とてもはりきっています。特に4、5歳は、一人ひとりとクラス全体で目標を持って取り組んでいます。「キラキラした瞳」と、よく言いますが、まさにその「瞳」と笑顔が眩しい今日この頃です。

　ところで、毎年、○○保育園は子どもたちが描いた自分の顔（0歳児クラスは保護者の方に描いて頂いています）を万国旗にしています。今年は、5歳児クラスから顔を描き始め、その様子を4歳、3歳が見ることが出来るようにしました。5歳クラスの子が鏡を見ながら真剣な表情で自分の顔を描いている姿や、出来上がった「顔」を見せてもらったことで「かっこいい！」と言ったのは4歳。俄然やる気になりました。自分たちも"かっこいい！"顔を描くんだ！と、はりきって描きました。その後、イメージが出来た3歳クラスの子も、素敵な自分の顔を描いたのは言うまでもありませんでした。1、2歳クラスもかわいい万国旗が出来ました。

　10日の運動会では、子どもたちの笑顔とともに、是非万国旗もご覧ください。よろしくお願い致します。

　8月末から9月にかけて雨が降り続きました。河川の氾濫や浸水等の被害も出てしまい、避難を余儀なくされてしまった地域もありました。ご親戚の方が被害に遭われたご家庭もあるかと思います。被災された方々に心よりお見舞いを申し上げますとともに、1日も早い復興をお祈り申し上げます。

☆保育展示のお知らせ☆

10/14（水）～10/20（火）（土日を除く）まで、○○区役所ロビーにて、保育園の展示を行います。
　　テーマ　「学びの芽生え―保育園での体験教育」
　　子どもたちの写真や作品の展示やクイズコーナーなどがあります。

今月の行事予定

月	火	水	木	金	土
			1	2	3
5	6 ■■公園で運動会の練習をします	7	8 歯科検診	9	10 運動会
12 体育の日（祝日）	13 身体測定（幼児） お話し会	14 離乳食体験	15 防犯訓練 身体測定（乳児）	16 幼児秋の健康診断 0歳健診 1歳保育参加	17
19 1歳保育参加	20 遠足（○○組）	21 避難訓練	22 1歳保育参加	23 遠足（△△組） クッキング（幼児）	24
26	27 1歳保育参加	28	29 遠足（○○組）	30 遠足（■■組）	31

10/19～10/22まで■■大学の実習生が入ります。

保護者との連携についてさらに深く学ぼう

演習テーマ 1　自分でまとめよう

家庭と保育所の連携方法について、それぞれ長所・留意点を整理しましょう。

	長所	留意点
連絡帳		
個人面談		
保育参加・参観		
園便り・クラス便り		

演習テーマ 2　ディスカッション

保護者が客観的に自分の子どもを見る目を養うにはどうすればいいかを考えて、話し合ってみましょう。

15コマ目 職員間・地域の関係機関との連携

今日のポイント

1. 専門職の職員は、保育士の強い味方である。
2. 一人で判断せず、まわりに相談することが有効である。
3. 子どもの生命や健康に関するリスクに対応するには、嘱託医との連携が必要である。

1 異職種との連携

1 栄養士・調理員との連携

　人にとって食べることは生きるために不可欠な営みであり、子どもたちに食べることの大切さを伝えていくことは、生命の保持という視点からみてとても重要なことです。保育士ももちろんこの仕事を担うのですが、さらに専門的な見地から食べることの大切さを伝えてくれるのが**栄養士・調理員**です。

　栄養士・調理員は子どもたちに必要な栄養量などを計算し、健やかな成長につながるよう適切な献立を考え食事を提供してくれます。また、食物アレルギーの子がいる場合には、栄養士の管理のもと、個別対応で**除去食***や**代替食***をつくっている園も多くあります。

> **重要語句**
>
> **除去食**
> →食物アレルギーの原因となる食物を取り除いた食事のこと。
>
> **代替食**
> →食物アレルギーの原因となる食物の代わりに食べられる食物を用いた食事。
> 例：米粉パン（小麦アレルギー）

園によっては、厨房の職員が委託の場合があります。連携が難しいかもしれませんが、子どものことを共有したいですね。

事例①　鶏肉が飲み込めないＪちゃん

　１歳３か月のＪちゃんは、離乳食から幼児食に順調に移行しています。その日のメニューはチーズ蒸し鶏で、Ｊちゃんは自ら鶏肉を口に運びましたが、しばらくするとベェッと口からだしてしまいました。保育者が口からでたものを見て、Ｊちゃんには少し大きかったかなと思い、ひと口大の鶏肉をさらに細かくほぐしてＪちゃんに食べるよう促したところ、きれいに食べ終えることができました。
　数週間後のメニューに鶏ささみサラダがでましたが、今度は、Ｊちゃんは口に入れた鶏肉をためこみ、いつまでも飲み込みませんでした。そこでやはり保育者が鶏肉をほぐしてあげると、無事に食べることができました。

①の事例では、保育者がJちゃんの様子に気付き、配慮していることがあります。それは、「鶏肉を小さくほぐしていること」です。その配慮自体はとてもすばらしいものですが、蒸し鶏の一件で、Jちゃんが鶏肉を食べるのはまだ難しいということがわかっていたことを考えると、もっと別の対応をとることができたともいえます。蒸し鶏の数週間後にささみ肉がでたときもJちゃんは食べるのに苦労しており、このままでは鶏肉がでるたびにJちゃんの鶏肉を保育者がほぐさなければなりません。いつもほぐしてくれる保育者が休んだら、Jちゃんは鶏肉を口にためたまま給食を食べ終えられないかもしれません。

たとえば、蒸し鶏のときのJちゃんの様子を見て、保育者が栄養士や調理員に話をしていたらどうでしょうか。保育者は、気付いたことを栄養士や調理員と共有することが大切です。この事例でいえば、「今のJちゃんにひと口大の鶏肉をかんで飲み込むことは難しいようだが、もうひと回り小さく刻んだものなら食べられるようだ」というようなことです。

母乳やミルクから離乳食、幼児食といろいろな形態、味、舌触りの食材に次々にふれる乳児が食に楽しく関わるために、保育者だけでなく、食事をつくる栄養士、調理員もともに子どもの様子を把握しているということは、子どもにとってとても幸せなことです。

事例② お菓子大好きU君

U君は2歳の体の大きな子です。担任の保育者の悩みは、U君が夕飯をお菓子で済ませていることが多いことです。昨日の連絡帳でも夕飯は「ポテトチップス、ジュース」と書かれていました。何度かU君のお母さんに「栄養のあるものを食べましょう」と声をかけましたが「体は大きいから大丈夫」「お菓子をあげないとぐずって手におえない」などといって、まったく食習慣を変える様子がありませんでした。

そこで、保育者がこの件について栄養士に相談したところ、子どもの成人病や成長期の食習慣についてのアドバイスを専門的な観点から聞くことができました。保育者は、栄養士とともに、U君の保護者に食習慣の見直しをていねいに伝えていくことにしました。

②の事例では、保護者の対応に困った保育者ですが、栄養士と連携することで心強く、根気よく対応していく体制を整えることができました。栄養士ならではの専門的知識が、U君のお母さんの意識を変えるきっかけになるかもしれません。

2 看護師との連携

生まれたばかりの新生児は母親からの免疫を体内にもっていますが、生後6か月ほどで免疫はなくなるといわれています。園は集団生活をするための場所ですから、どうしても感染症から逃れることはできません。また、体が未発達な乳児は転倒によるけががつきものです。そのようなことも含め、専門的な視点から子どもの健康管理をするのが看護師です。

15コマ目 職員間・地域の関係機関との連携

プラスワン

母子免疫
胎児は、母体から胎盤を介して免疫物質をもらっており、その効果は生後6か月程度まで続くといわれている。

事例③　歯をぶつけたCちゃん

　1歳クラスのCちゃんは歩行が上手になり、散歩では自分で歩き回って楽しめるようになりました。いつもの公園に着くと、お気に入りのすべり台に向かって一直線に歩き出しましたが、すべり台の手前でいきなり転倒し、顔を地面にぶつけて泣き出してしまいました。保育者がCちゃんを抱き起こして顔を見ると、上唇から少し出血がありましたがすぐに血は止まり、Cちゃんは再び機嫌よく遊び始めたので保育者はホッとしました。
　保育者は保育所に戻り、何気なく公園の出来事を看護師に話したところ、「歯に異常がないか念のため受診しましょう」とかかりつけの歯科医に診てもらうことになりました。歯に異常はありませんでしたが、上唇小帯*が少し切れていたことがわかりました。

語句説明

上唇小帯
→上唇と歯ぐきをつなぎ、上の前歯の中央にある筋のこと。

　③の事例のように、日々保育に一生懸命な保育者が、子どもにちょっとしたハプニングが起こったときに大したことはなさそうだと思うと、その時点で安心してしまうというのはよくあることです。
　今回の保育者も、Cちゃんが転んだあとも元気に遊ぶ様子に安心しています。このケースでは、偶然看護師と会話をしたことで、Cちゃんのわずかな変化に気付いた看護師が歯科医への受診を促しましたが、もしそのまま相談せずにいたら、あとあと大事になってから発覚するという可能性もないとはいえません。子どもがけがをした、いつもとちょっと様子が違う、というときは、自己判断で様子を見るのではなく、すぐに看護師に相談することが大切です。看護師が配置されていない場合は、園長や先輩の保育者に相談しましょう。異常は一人の目より複数の目で見たほうが気付きやすいのです。

事例④　下痢のK君

　1歳のK君が下痢症状で4日ぶりに登園してきました。保育者は看護師から、「下痢がおさまり、普通便がでているかを確認してから受け入れてください」といわれていたので母親に様子を尋ねたところ、「昨日までは下痢だったが、今朝はでていない」「何とか朝ご飯は食べたし、もうこれ以上仕事は休めないから連れてきた」とのことでした。保育者は母親の事情を察し、K君を受け入れました。
　ところが、朝のおやつの時間に、いつもより元気のない様子だったK君がいきなり嘔吐をしたのですぐに室内の消毒を行い、母親に迎えに来てもらいました。翌日、同じクラスのFちゃんが下痢、I君が嘔吐してお迎えに来てもらいました。保育者自身も、その夜激しい腹痛で目覚め、水様便の下痢が止まらなくなってしまいました。

　④は、感染性胃腸炎が広まった事例です。看護師は、専門的な知識として、感染性胃腸炎の感染力の強さを認識していたので、保護者への対応として、普通便がでていることを確認してから受け入れるよう保育者に申し送っていました。ですが、保育者は母親から聞いた事情に流されてK君を

受け入れ、結果としてクラス内に感染が広がってしまいました。保護者と連携をとることも大事ですが、柔軟に受け入れすぎることで集団に影響がでるようではいけません。

園での保育は一人ではできません。複数の子どもが健康に過ごせるよう、専門的知識をもった職員の声に耳を傾け、連携していきましょう。健康だからこそ、保育が成り立つのです。

2 職員間の連携

保育所は朝早くから夜遅くまで開所していますが、そこで働く職員は、朝から晩まで働きどおしというわけにはいきませんので、シフト制による勤務をしている保育所がほとんどです。そこで、職員間の連携が大切になります。

事例⑤ 早番保育士との連携

早番保育士が0歳のMちゃんを受け入れました。母親が、「昨夜は寝苦しかったのか、夜中に泣いて起きることが何度かありました」と昨夜の様子を伝え、出勤していきました。

8時半になり、担任が出勤してきました。早番保育士は朝の母親の話を担任に伝えました。Mちゃんは9時過ぎになると、珍しく朝のおやつを食べようとせず、ぐずぐずしています。担任は朝の伝言を思い出し、Mちゃんは眠いのだろうと考え、いつもはしていない午前寝を30分ほどさせました。30分後、Mちゃんを起こすとすっきりした顔でお友だちと同じ場所で遊び始めました。このことを担任は遅番保育士に伝言しました。

遅番保育士は迎えに来た母親に、担任から聞いたMちゃんの様子と、遅番の時間も機嫌よく過ごせていたことを伝えました。母親は「朝伝えたことからいろいろと配慮してくださり、またずっと様子をみてくださりありがとうございました」とうれしそうに帰られました。

もし、早番保育士と担任との連携ができていなかったらどうでしょうか。担任はMちゃんの様子をみて、体調が悪いのか、今日のおやつが嫌いなのかなどいろいろ原因を探るために時間を要したことでしょう。Mちゃんの意にそぐわない対応をして、ますますぐずらせていたかもしれません。

もし、担任と遅番保育士との連携がなかったらどうでしょうか。そうだとしてもMちゃんは特に問題なく帰るでしょう。しかし、連携があったことで遅番保育士はいつも以上にMちゃんの様子をみていましたし、母親に日中からお迎えまで様子をみてくれていたという**安心感**や**信頼感**をもってもらうことができました。

職員間の連携は、子どもの健康で安全な生活を保障するばかりでなく、**保護者との関係**も円滑にしていきます。保護者に様子を尋ねられて、「私

15コマ目 職員間・地域の関係機関との連携

は担任ではないから」「わからないけれど、たぶん元気でしたよ」というような子どもに寄り添っていない応答をしない保育者でありたいものです。

3 地域の関係機関との連携

1 嘱託医との連携

子どもの生命・健康に関するリスクに対応するには、嘱託医との密接な連携が必要になります。嘱託医には、日頃から保育所の実情に関する情報を提供し、いざというときの協力を得られるような体制づくりが必要です。小さな事故についても嘱託医の判断・指示に従って対応し、そのやりとりについて記録を残します。延長保育時間帯の発病や事故についても同様です。

【主な嘱託医の職務】
①健康診断
　・入園時健康診断
　・定期健康診断　年2回（春と秋）の健康診断と歯科検診
②保育所生活における健康の管理・指導
　・アレルギー性疾患・慢性疾患への対応
　・発達障害児への対応（園生活を安全に送るために必要な健康上の問題を保護者と園が確認する）
③感染症対策
　・学校伝染病対策
　・食中毒など集団発生時の対策
　・予防接種の推進
④緊急対策
　・発病
　・事故、けが
　・災害
⑤年間保健計画
　・企画に参加

このほかに保育所では、子どものかかりつけ医の把握、地域の医療機関の把握、児童状況票の作成を行います。

2 市町村保健センターとの連携

市町村保健センターは、すべての住民を対象に家庭訪問・健康相談・健康診査・健康教育等の保健事業をとおして疾病予防・健康の維持増進を図る拠点として市町村が設置する施設です。授乳の指導、昼食の献立、栄養・保健指導などには、市町村保健センターの保健師・栄養士などによる定期的な指導・監査が行われています。

〈市町村保健センターで行われる子どもに向けた支援〉
①発達相談……発達の遅れ・言葉の遅れ・障害などの心配があるときには、適切な相談機関や発達支援の場を紹介する。
②乳児健康診査……自治体によって、また月齢・年齢によって、委託医療機関において個別に実施される場合と、保健所や保健センターで集団健診のかたちで実施される場合がある。
乳児健康診査（3～4か月、6～7か月、10～11か月の3回実施）、1歳6か月健康診査、3歳児健康診査

3　その他、関連機関との連携

　子どもの虐待に関する認知は年々すすみ、児童相談所への相談（通告）件数は増加を続けています。保育現場においてもより一層の支援への参画が求められています。近年では、児童相談所や乳児院との連携も大切になってきています。虐待が疑われる子どもの発見とその通告では、保育所の保育者によるものが初期の対応として期待されています。児童相談所による一時保護*後に家庭に戻された場合の対応でも、保護者との信頼関係をもとに、親子関係の回復や調整に保育所の果たす役割は大きいといえます。
　一方で、「虐待」という言葉のもつ問題点もあげられています（滝川一廣『子どものための精神医学』医学書院、2017年）。「虐待」という表現は子どもへの一方的な「加害」「権利侵害」という視点から問題をとらえる概念であり、子育ての難しさを抱え「加害者」となる親への共感を欠くのではないかといった議論です。親への共感だけで解決できる問題ではありませんが、親への何らかの共感的なまなざしが芽生えたとき、その困難への援助がはじめて成り立つことが述べられています。保育現場、行政、地域において支援が広がるにはどうしたらよいかを考える際、大切な視点として受け止めておきましょう。

おさらいテスト

❶ [　　　]の職員は、保育士の強い味方である。
❷ 一人で判断せず、まわりに[　　　]することが有効である。
❸ 子どもの生命や健康に関するリスクに対応するには、[　　　]との連携が必要である。

15コマ目　職員間・地域の関係機関との連携

プラスワン

虐待
虐待が疑われる子どもを発見した場合には、児童相談所や市町村などに通告することが国民すべての義務とされている。「児童虐待の防止等に関する法律」では、学校の教職員や児童福祉施設の職員、医師、保健師などは虐待を早期に発見しやすい立場にあることを自覚し、虐待の早期発見に努めなければならないと規定されている。

重要語句

一時保護
→児童相談所長または都道府県知事が必要と認めた場合に、児童を児童相談所付設の一時保護所において一時保護することができる。原則として、一時保護は、児童、保護者の同意を得て行うが、虐待されている事例など、児童をそのまま放置すれば児童の福祉を害すると認められる場合には、この限りではない。

行事と保護者や地域との連携

園で行われることの多い行事について、保護者や地域との連携といった点から考えてみましょう。実習や子どものころに体験した行事を思い出して、下の表に記入しましょう。

月	園単位の行事	保護者や地域の協力を得て行う行事
4月		
5月		
6月		
7月		
8月		
9月		
10月		
11月		
12月		
1月		
2月		
3月		

状況に応じた連携の仕方を考えよう

以下の状況が生じた場合、どんな連携が必要か話し合ってみましょう。
（誰と：保育士、栄養士、看護師、保護者など）
（どんな：伝言、報告、相談など）

①クラスのY君が熱っぽいことに気付いた。

[　　　　　　　　　　　　　　　　　　　　　　　　]

②1歳クラスのUちゃんがニコニコして0歳児クラスに入ってきた。

[　　　　　　　　　　　　　　　　　　　　　　　　]

③牛乳アレルギーのS君がこぼれていた牛乳にふれ、その手をなめた。

[　　　　　　　　　　　　　　　　　　　　　　　　]

④Fちゃんが苦手なピーマンをがんばって食べ、うれしそうだった。

[　　　　　　　　　　　　　　　　　　　　　　　　]

⑤お迎えの遅いI君が、日中転んでひざをすりむいた。

[　　　　　　　　　　　　　　　　　　　　　　　　]

16コマ目

乳児保育の現状と課題

今日のポイント

1. 長時間保育や延長保育により、子どもの在所時間が長時間化している。
2. ベビーホテルでは、おおむね20時以降の夜間におよぶ保育、宿泊をともなう保育、時間単位での一時預かりを行っている。
3. 貧困など困難な状況にある子どもの発達を保障する場として保育の果たす役割は重要である。

1 乳児保育実践の視点から

1 長時間・延長保育の割合の増加

　保育所の保育時間は「1日につき8時間」を原則とし、保護者の労働時間や家庭の状況を考慮して、保育所の長が定めるとされています（「児童福祉施設の設備及び運営に関する基準」第34条）。その8時間を超える保育を延長保育と呼びます（→12コマ目参照）。特に低年齢児ほど在所時間が長時間化する傾向があります。図表16-1によると、近年は11時間以上開所の割合が増え、2013（平成25）年は76.8％となっていました。

　2015（平成27）年の子ども・子育て支援新制度実施により、保護者の就労状況をもとに必要量の認定がされ、「標準時間（上限11時間）」「短時間（上限8時間）」に区分された影響からか、11時間以上開所の割合が減り、その分「10～11時間」の割合が増え、10時間以上の開所は97.5％となっています（図表16-1）。

　長時間保育や延長保育については、「親とふれあう時間がなくなるのではないか」「食事や就寝時間が遅くなるなど、子どもの生活リズムに影響があるのではないか」といった心配がなされます。1995（平成7）年の東京都私立保育園連盟夜間・長時間保育研究会「子どもの食事と睡眠を中心とする生活実態に関する調査」（鈴木佐喜子『時代と向き合う保育 下』ひとなる書房、2004年）は、登園時間・降園時間による子どもの家庭での生活を比較しました。それによると、降園時間が遅い子どもの就寝時間は遅くなる傾向はありますが、降園時間が早い子どもと比べても相違の幅は予想より小さく、22時半過ぎに寝る子どもは、17時前降園の子どものほうが多いと報告されました。朝早くから夜遅くまで保育所を利用する保護者のなかには、休日に夕食をまとめてつくっておくなどの工夫をした

● 図表 16-1　開所時間別保育所数の割合

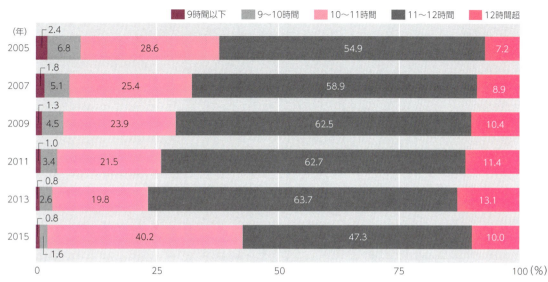

資料：各年版「社会福祉施設等調査報告」（厚生労働省）より作成。なお、2009年版以降、同調査は政府の市場化テスト方針のもとで作業が民間委託され、回収率が下がり全数調査といえなくなっている。

り、家族で協力しながら生活を成り立たせている家庭もあるでしょう。また、17時前降園の子どものなかには、飲食店などの自営業の家庭も含まれます。子どもの家庭生活は、親の仕事や生活の在りよう、親の意識や努力、家族の協力といったさまざまな要因が絡み合ってつくられています。延長保育・長時間保育だけが、子どもの生活を規定するわけではないのです。

　保護者を取り巻く労働状況の厳しさから、現状では低年齢児からの保育や長時間の保育が求められています。保護者が安心して働けることが保護者の仕事や子育てへの前向きな気持ちにつながり、子どもの幸せな生活につながります。保育者も延長保育・長時間保育を肯定的に理解し、前向きに取り組む姿勢が求められます。

2　保育制度と規制緩和

　保育所では、特に低年齢児の受け入れ数の拡大がすすめられており、保育所の定員の弾力化や短時間勤務保育士の導入などの規制緩和が推進されてきました。1998（平成10）年以降の主な緩和策の実施状況は図表16-2の通りです。定員超過による子どもの受け入れは、子どもの生活する集団が大きくなることにつながり、場合によっては子どもに負担を生じさせます。また、短時間勤務保育士の導入は、常勤の保育士の減少を招き、保育士と子どもの安定的な関係形成を阻害する恐れがあります。施設環境として改善が望まれます。

3　地域の子育て支援と一時保育

　子ども・子育て支援新制度により、地域子育て支援拠点事業を行う保育所は、保育所等に入所していない親子に対しても利用者支援事業や地域の

● 図表 16-2　保育所に関わる規制緩和事項

年度	規制緩和事項
1998（平成10）	短時間勤務保育士の導入容認／給食調理の業務委託容認 定員超過入所の規制緩和――年度当初10％、年度途中15％（育休明け20％）※
1999（平成11）	定員超過入所の規制緩和の拡大――年度当初15％、年度途中25％（育休明けに産休明けを加え規制撤廃）※
2000（平成12）	保育所の設置主体の制限撤廃
2001（平成13）	短時間勤務保育士の割合拡大（定員超過分） 定員超過入所の規制緩和の拡大――年度後半の制限撤廃※
2002（平成14）	保育所の分園の条件緩和――定員規制及び分園数規制の緩和 短時間勤務保育士の最低基準上の保育士定数2割未満の規制撤廃
2003（平成15）	児童福祉施設最低基準緩和――保育所の防火・避難基準緩和
2006（平成18）	認定こども園の制度化――地方裁量型等で実質的な規制緩和を実施
2010（平成22）	定員超過入所の規制緩和の拡大――年度当初の規制撤廃※ 給食の外部搬入容認――3歳以上児・公私ともに
2011（平成23）	最低基準の地方条例化に関わる地域主権改革一括法の成立 2013年3月末日までに、都道府県・政令市・中核市で条例化
2014（平成26）	4階以上に保育室設置の場合の避難用外階段必置規制の緩和
2015（平成27）	新制度実施により創設された地域型保育事業で、保育所の基準を緩和した基準の設定（面積・保育士資格）
2016（平成28）	最低基準における保育士配置に関する規制緩和（特例での実施とされているが期限等はない）――最低2人配置原則の適用除外、小学校教諭等による代替容認、認可定員上必要とされる人員を上回って、常時基準を満たすために配置されるべき人員について知事等が認める者でも容認

※は最低基準を達成した範囲での緩和措置

子育て家庭との交流、相談支援・情報提供、一時保育等を行うことが求められています。病児保育と同様に、保護者以外に子どもをみる人がいないという保護者の状況をカバーするものであり、3歳未満児の利用が増えています。

　一時保育は、それまでの子どもの育ちや生活状況を把握していないなかで預かることになります。預かる前に、発達の状況や活動の程度、興味ある遊び、離乳食（食事）や午睡の様子、排泄の状況など、保護者からしっかりと聞き取ることが必要です。課題としては、子どもへの負担が大きいことです。入所している子どもと違い、一時預かりの子どもは突然見知らぬ環境で生活をすることになります。一時保育が適切な保育の場であるよう、方法論の確立が求められます。

一時保育

保護者の疾病・出産のための入院などで緊急に保育が必要となった場合に、保育所に入所していない子どもを受け入れる制度として始まった。現在は保護者の用事の際の預かり先として機能することも多い。

2　保護者の就労と保育の場の視点から

1　認可外施設の現状～ベビーホテル

　認可外保育施設とは、「児童福祉法」に規定されておらず、行政から認

● 図表 16-3　ベビーホテル、認可外保育施設の状況

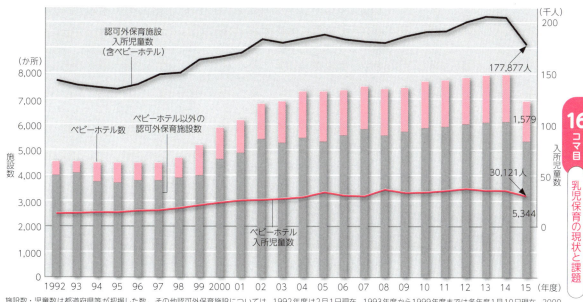

施設数・児童数は都道府県等が把握した数。その他認可外保育施設については、1992年度は2月1日現在、1993年度から1999年度までは各年度1月10日現在、2000年度は12月31日現在、2001年度以降は3月31日現在。ベビーホテルについては、1992年度は3月31日現在、以降はその他認可外保育施設と同じ。厚生労働省「認可外保育施設の現況」各年度より作成。

全国保育団体連絡会保育研究所編『保育白書〈2017〉』ちいさいなかま社、2017年をもとに作成

可を受けずに保育所と同様の保育事業を行う施設のことです。認可保育所の数が不足するなかで、2000（平成12）年度以降、施設数は増え続けてきました。子ども・子育て支援新制度実施にともない、制度内の事業等への移行がすすみ、2015（平成27）年度は施設数・入所児童数ともに減少しました（図表16-3）。

　厚生労働省は**ベビーホテル**の定義を①夜8時以降の保育、②宿泊をともなう保育、③一時預かり、このいずれかを行う常時運営されている施設としています。ベビーホテルを利用する理由としては、「認可保育所に入りたかったが、空きがなかった」「認可保育所の保育時間が希望に合わなかった」ということがあげられています（厚生労働省「平成25年地域児童福祉事業等調査の概況」）。待機児童の問題や夜間におよぶ保育など、認可保育所では十分に対応できていないところを、これらの認可外保育施設が対応していることがわかります。

　ベビーホテルは1980年代はじめに死亡事件が多発し、大きな社会問題となりました。2000年の神奈川県大和市での児童虐待死事件をきっかけに、都道府県は立ち入り検査を行えるようになりました。認可を受けていないというだけで、認可外保育施設の保育環境を即劣悪だと判断すべきではありません。しかし、認可外保育施設指導監督基準に適合しない施設がまだまだあるようです。特に子どもの健康診断を行っていないこと、保育従事者の配置と資格に問題があると指摘されています。

> プラスワン
>
> **事故報告の義務**
>
> 子ども・子育て支援新制度施行にともない、新制度に基づく認可の施設・事業については、事故報告が法令上義務付けられることになった。

2 保育施設における子どもの死亡事故

内閣府により公表された2016（平成28）年の1年間に発生した保育施設における死亡事故は、13件です。

統計が公表されるようになった2004（平成16）年以降、毎年10件以上の死亡事故が起こる状況が続いています。死亡事故13件の内訳は図表16-4の通りです。

認可保育所での死亡事故が5件（0歳1件、1歳2件、6歳2件）、認可外保育施設での死亡事故が7件（0歳5件、1歳2件）、その多くが睡眠中に発生し、家庭的保育事業では1件です。

2016年末、「教育・保育施設等における事故防止及び事故発生時の対応のためのガイドラインについて」「教育・保育等施設等における重大事故の再発防止のための事後的な検証について」が、厚生労働省より自治体に通知されました。具体的な事故防止等の提示とともに、保育事故の点検制度が開始されています。

保育施設等の事故遺族らで組織する「赤ちゃんの急死を考える会（ISA）」は、「『保育死亡事故』防止のための緊急提言」として、①0〜1歳児のうつ伏せ寝の禁止、②睡眠中の保育者不在状態の禁止の2点を徹底することを国に要望しています。

死亡事故の多くが低年齢児の睡眠中に発生しています。

●図表16-4　2016年における死亡事故13件の内訳

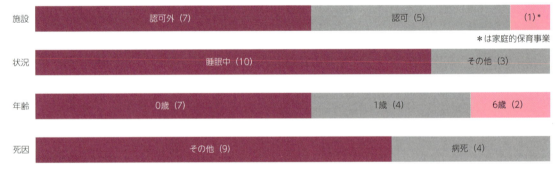

内閣府『平成28年教育・保育施設等における事故報告集計』をもとに「赤ちゃんの急死を考える会（ISA）」が作成
（認可：認可保育所、認可外：認可外保育施設）

3　人間形成の視点から

1 乳児保育の予後調査の必要性

これだけ乳児保育へのニーズがあるにもかかわらず、乳児保育についての研究には、乳児保育実践の細やかなノウハウの有効性を実証する研究が多く、乳児保育そのものの妥当性を検証する研究が相対的に少ない状況です。赤ちゃんという幼い時期から子どもを集団の場に預け、しかも保護者

以外の他人が世話をするということが、生涯発達の視点から子どもの育ちにプラスになるのかという本質的な問題の検討が必要なのです。3歳未満児の保育は、保護者の側の必要性から生じる場合がほとんどです。子どもの側の予後調査の結果を踏まえて、今後の方向付けを行う必要があります。

2 生涯発達の視点からの保育の質を検討する

乳児保育は、従来の保育所だけではなく、認定こども園、家庭的保育、小規模保育へと広がりをみせ、ベビーホテルのような認可外保育施設からベビーシッターといった在宅での保育まで営まれています。

いずれの保育を利用するかは主に保護者の選択になりますが、子どもにとっては、どの保育の場で生活するかは大きな経験の違いとなります。さまざまな保育の場が存在しますが、保護者は自らの利便性を優先させるのではなく、保育の質を十分に検討して、子どもの生活の場として選ぶ必要があります。

子どもの生涯発達という視点からみると、乳幼児期は人間として成長する基礎づくりとして重要なときです。生涯発達の視点から、子どもの育ちとしてふさわしい保育の場であるのか、質を備えているかといった検討をすることを基本の姿勢とし、社会としてそうした保育の場を広げて確保していく必要があります。

おさらいテスト

❶ 長時間保育や延長保育により、子どもの在所時間が[　　　]している。

❷ ベビーホテルでは、おおむね[　　]時以降の夜間におよぶ保育、宿泊をともなう保育、[　　]単位での一時預かりを行っている。

❸ 貧困など[　　　　]にある子どもの発達を保障する場として保育の果たす役割は重要である。

プラスワン

乳児保育に関する研究

アメリカのNICHD（National Institute of Child health and Human development：国立小児保健・人間発達研究所）の経年研究が1991年にスタートし、7年経過した段階での調査結果では、0歳から母親以外の養育者のもとで育った子どもと母親のもとで育った子どもとの間に7歳段階で社会性の育ちに差がなかったこと、0歳児の保育では保育の質の差が子どものその後の育ちに影響することなどが発表された。

16コマ目　乳児保育の現状と課題

演習課題

長時間保育について考えてみよう

次の事例は、長時間保育についての母親へのインタビューです。長時間保育の保護者への影響、子どもへの影響を考えてみましょう。

> 　今、お迎えは19時ごろ。頑張れば18時半に着くのだけど、ちょっと仕事をしていると過ぎてしまう。18時半からおにぎりや焼きそばなど補食が出るので、その後に夕食だと食べすぎかとも思うから、18時半までに着くのがいいのだけど、なかなか実現できない。夕食は、20時とか20時半になってしまう。家に着いて子どもの手を洗ったりして、「DVDを見ててね」と落ち着かせるまでで19時半過ぎになっている。そこから何にしようかなと作る。何か買ってきたものを食べる日はそれもありにして、次の日に調理できそうなものを一緒に買うことにしている。そのあとにお風呂に入って、就寝は10時半近く。朝は7時半くらいには起こして、朝の支度や登園はお父さんに任せている。朝はお父さんとゆっくりで、9時半ごろに登園の日もあるみたい。
>
> 　以前には、20時お迎えだったときもあって、そのときは19時半に夕食も出た。自分の食事はお迎えにいく途中に10分ほどで済ませておいて。子どもはきちんとしたものを食べていて、20時半にはお風呂に入れるし、21時半には眠れていて、自分もゆっくりできた。今は園も夕食はやらないことになって、18時半お迎えを目指しているわけだけど。子どもにとっては一緒に過ごす時間は増えてうれしいのかもしれないけど、私は忙しくなった。たとえばお父さんがその時間に家にいて、子どもをみていてくれて、その間にご飯を作るとかだったらいいと思う。お父さんも一緒にご飯を食べるみたいな。でもお父さんの帰りは遅いし、ビデオとか見させていて、その間に作っているだけだし、食べるといっても私と二人で食べるだけだから。だったら、保育園でみんなで食べるほうがおいしいんじゃないのかなと思えてくるかな。

①長時間におよぶ保育は、保育者の就労を支えるために欠かせないものです。その現状を踏まえたうえで事例を読み、長時間にわたる保育による保護者や子どもの生活への影響を考えましょう。

[　　　　　　　　　　　　　　　　　　　　　　　　　　　　　　　　　]

②早朝や夕方以降に、延長保育を受ける子どもへの必要な配慮を考えましょう。

[　　　　　　　　　　　　　　　　　　　　　　　　　　　　　　　　　]

第2章

発達・保育内容編

この章では、0～3歳児の発育・発達を踏まえた
保育の内容と保育者の援助について学んでいきます。
それぞれの時期の身体、心、言葉の育ちと
保育者の関わりについて理解することが大切です。
また、2歳児から3歳児への移行期についても理解しておく必要があります。
※この章は、「乳児保育Ⅰ」「乳児保育Ⅱ」に対応しています。

17コマ目 6か月未満の子どもの育ちと保育内容 1

今日のポイント

1. 6か月未満の子どもは身体の機能が未熟であるため、細やかな配慮が必要である。
2. 赤ちゃんは生後すぐに感覚器官をとおし、外の世界を感じ取っている。
3. 赤ちゃんの要求にはすみやかに応じ、個別の関わりを心がけることが大切である。

1 0～3か月の育ちと保育

　母親の胎内でおよそ10か月の間、大切に育まれた命の外界での生活がいよいよ始まりました。生まれたばかりの赤ちゃんは小さく儚げで無力にみえます。しかし、近年の研究により、誕生時にはすでに多くの力を備えていることが確認されており、決して受け身ではなく、生まれてすぐに視覚、聴覚、嗅覚、触覚などの感覚器官をとおし、外の世界を感じ取っていることがわかってきました。さらに生後6か月までは母体の免疫に守られており、感染症に罹患することの少ない時期です。このように、赤ちゃんは思いのほか力強く、生命力にあふれています。

　とはいえ、胎内と外界の環境は変化が大きく、外界に適応するための身体の機能は未熟な点が多いことからも、さまざまな点で保健的な配慮が必要です。赤ちゃんの生きていこうとする力を支え育むには、大人の手助けが必要なのです。この時期はなめらかに外界への適応をすすめるためにも、赤ちゃんの反応をよくとらえながら、赤ちゃんのペースに合わせて育むことが大切です。

1 新生児期の育ち

　生後4週までの乳児のことを「新生児*」といいます。誕生時は、身長約50cm、体重約3,000gが平均的な大きさです。

　早産や何らかの要因により身体の機能が未熟のまま生まれた乳児を未熟児*と呼びます。また、体重が著しく低く生まれた乳児は低体重児*と称します。こうした乳児は、健康的な生活が送れるまで保護の対象となります。

　新生児期は、1日の大半を寝て過ごします。比較的眠りの浅いレム睡眠は、乳児期が一生のなかで一番多い時期であるといわれています。レム睡眠とは一般に、いわゆる夢を見ている状態ですが、この時期はまだ夢は見てお

重要語句

新生児
→新生児とは、出生後28日を経過しない乳児をいう(「母子保健法」第6条)。

未熟児
→未熟児とは、身体の発育が未熟のまま出生した乳児を指す(同条)。

低体重児
→体重が2,500g未満で生まれた新生児のことで、保護者の届け出が必要である。

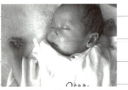

新生児期　寝ている様子

らず、大脳の発達がすすんでいると考えられています。乳児期は、その多くがこうしたまどろむような眠りのなかにありますが、体内では外界で生きていくうえで必要な機能が育まれているのです。

❶ 身体の育ち

　生まれたばかりの乳児は胎児様姿勢で、身体が中央に収縮している状態ですが、徐々に仰向けの状態で身体が伸びてきます。

　生後数日ほど経ったころに、一時的に体重減少がみられます。これは、母親の胎内で得た水分が排出され、哺乳量を上回ることが理由として考えられています。1週間ほどで、出生時の体重に戻り、その後は授乳量の増加とともに順調に体重も増えていきます。1日の増加量は25～30g程度です。

　視力については、おなかの中にいるときから光を感じており、誕生後すぐに見えています。しかし、うまく焦点を合わせることができないためにぼんやりとした視界であるようです。生後1か月を過ぎるころから注視*ができるようになります。

　聴力は、胎生期8か月ごろにはすでに成人レベルに達していると考えられており、誕生後すぐに音に反応します。また、音の強さや高さの違いも区別できるようです。

　生後間もない乳児が、大人の動作のまねをすることを新生児模倣*といいます（図表17-1）。たとえば乳児に向かって舌を出してみせると、まねをして舌を出します。こうした反応は、のちの共鳴動作*や相互同期性*につながります。

● 図表17-1　新生児模倣

重要語句

注視
→ものをじっと見つめること。このころは輪郭や色彩がはっきりしたものを見つめる。

新生児模倣
→新生児が大人の顔の動き（舌出し、口の開閉、口を突き出す）をまねること。

共鳴動作
母親が乳児を見つめてゆっくりと舌を出したり、大きく口を開けたりするなどの表情を繰り返すと、それをじっと見つめていた乳児が自身の口を動かし始める行動。

相互同期性
乳児期の母子相互の働きかけ。乳児は語りかけに反応し、また語りかけの抑揚にタイミングを合わせるように、身体を動かす性質がある。

> **重要語句**
>
> **原始反射**
> → 乳児に生まれながらに備わっている反射的な反応のこと。ほかに「モロー反射」「歩行反射」などがある。
>
>
>
> 新生児期の手のひら
>
> **生理的微笑**
> → 他者に対する微笑ではなく、心地よい状態のときにみられる微笑を指す。

また、このころの乳児は、学習により獲得された能力ではなく、刺激に対する反応である原始反射*によって動いており、乳児の意思ではありません。唇を刺激すると吸おうとする行為がみられる「吸啜反射」や、手のひらの中央を触ると握り返すといった「把握反射」など、現在わかっているだけでも72種類の原始反射があると考えられています。

手のひらはふんわりと握っており、親指は中に入っている状態が多くみられます。

❷ 表現の育ち

産声から始まる発声は、生まれ備わった原始反射の一つです。それが不快を表す「泣き」の表現に変化していきます。このころの泣き声は、のどがつまったような声色ですが、徐々にのどが開いて泣きの声色にも変化がみられます。

乳児の愛らしい微笑は、私たちの心を和ませてくれます。その微笑の始まりは周期的微笑反応という筋肉反応だととらえられており、耳元から聞こえる音や明かりなど、外界からの刺激に対する反応であると考えられています。生後2週間ごろになると、生理的な快と不快の感情が分化してきます。そのとき、快の状態であると微笑をみせることがあります。これは生理的微笑*と呼ばれる反応です。生理的微笑は主に寝ているときにみられますが、まれに起きているときにも現れます。

2　2〜3か月ごろの育ち

このころには徐々に外界での生活にも慣れ始め、また大人の存在をはっきりと感じており、不快の場合には大人を呼ぶなどの表現もみられます。のどが開き、泣き声の声色がふくよかな感じに変化してきます。おなかがすいたときは短いスパンで泣き、痛みがある場合には強く激しく長く泣き、保護者や保育者を呼ぶときにはやや弱く高い音声で泣くなど、赤ちゃんによりますが泣きの様子が要求によって異なります。

❶ 身体の育ち

2か月ごろには仰向け姿勢のときに、顔を少し横に向けています。まだ首がすわっていませんが、寝たままの状態で首を動かすようになり、視覚は90度程度の追視ができるようになります。ただ、見ていたものが向けていた顔の反対側に移動すると、そこまで顔を動かすことは困難です。それほど、この時期の乳児にとって顔を動かすのは簡単なことではないのです。同時期に、手や足を不規則にバタバタと動かすような動作がみられるようになり、全身を力強く動かし始めます。うつ伏せ寝の状態を好む乳児もいますが、写真のようにまだ体を支えることができず、窒息を起こす可能性がありますので注意深く見守ります。また、首がすわるまでは、横抱きで抱き上げます。

3か月ごろになると首がすわり、飛躍的に視野の範囲が広がり、左から右、またその逆と180度の追視をするようになります。首がすわったことで反対側に向けることが可能になったからです。またそのころ、徐々に焦点も合ってきます。動くものに関心をもち、大人の表情などもじっと見

2か月の寝ている様子

うつ伏せの状態で頭を持ち上げることが難しい

2〜3か月ごろの手のひら

つめることがあります。

　手のひらは握っていても親指が外に出始め、開いていることが増えてきます。また、ものにふれようとする動作がみられます。仰向けの状態で自分の握った手を眺めるしぐさであるハンドリガード*もみられます。

❷ 心と言葉の芽生え

　視界が広がり、焦点が合いやすくなってきたころから、大人をしっかりと見ようとし始めます。不快な状態のときに泣いて訴えたり、泣いているときに、大人が近づいて声をかけたり、体をトントンとなでたりするなどしてあやしてもらえると泣き止むなどがみられます。また、大人からの言葉がけに対し、赤ちゃんが大人のほうを見たり、赤ちゃんの反応を見て、大人がこたえたりするなどのやりとりも始まり、そうしたことで互いの情動を促す相互同期性といった関係性が形成されます。

　このころになると、「アー」や「ウー」といった発声が聞かれるようになります。この発声を喃語の初期の状態であるクーイング（cooing）といいます。クーイングは比較的、快の状態に現れることが多く、プレジャーサイン*ともとらえられています。こうした発声に対し、大人が返していくことで、のちの言葉へつながっていきます。

3　0〜3か月ごろの保育の留意点

❶ 赤ちゃんのペースで

　赤ちゃんが赤ちゃんのペースで外界に適応できるように、母子でゆったりと生活することが大切です。しかしながら何らかの理由で、新生児期から乳児院に入院する場合もあれば、保育所でも自治体や保育所によっては早期に受け入れが可能な場合もあります。

　どのような環境であれ、それぞれの赤ちゃんの好むリズムをとらえ、赤ちゃんのペースで過ごすことができるような配慮が必要です。

❷ 記録をとり、赤ちゃんのリズムを知る

　このころは2〜3時間ごとに睡眠と覚醒を繰り返し、昼夜の区別はありません。起きている間も目覚めとともに泣き、授乳後にはまた眠るといった状態が続きます。また、それまで胎盤をとおして得られた栄養摂取の方法が、口を介した授乳という方法に変わるわけですから、赤ちゃんにとっては大きな変化です。急がせず、赤ちゃんの育つ力を待ちながら育むことが大切です。

　そうしたリズムをとらえるためにも、睡眠量や授乳量などの記録をとっておくことが大切です。

❸ 家庭との連携を密に

　赤ちゃんの生活を、1日24時間を見通して育むことが大切です。家庭以外の場で一定時間保育せざるを得ない場合は、家庭での様子をよく理解し、連絡帳などをとおして、保護者と連絡を密にとりながらすすめていきます。

重要語句

ハンドリガード
→仰向けの状態で、自分の握った手（hand）を見つめる（regard）動作。4か月ごろには消失する。

プレジャーサイン
→喜び（pleasure）のサインは、快の状態、心地よい状態のときにみられる。

17コマ目　6か月未満の子どもの育ちと保育内容1

腹ばいで肩を持ち上げて姿勢をキープしている

4～6か月未満のころの手のひら（もみじ手）

重要語句

協応動作

→見たものに手を伸ばすという行動は、2つの器官（この場合は目と手の動き）が連動して機能している状態である。おもちゃに関心をもち、そこに向かって手を伸ばすという動作などはこうした機能を指す。

重要語句

社会的微笑

→主に大人などあやしてくれる人に対して向ける微笑のこと。乳児がコミュニケーションとして行う行動である。

2 4～6か月未満の育ちと保育

1 4～6か月未満の育ち

4か月を過ぎたころから原始反射が消え始め、赤ちゃんは自分の意思で手足を動かし始めます（随意運動）。大人とのやりとりも活発になり、大人へ向けた笑顔もたくさん見せてくれる時期です。また、おもちゃにも関心をもち始めます。授乳量が増え、体つきがふっくらしてきて、赤ちゃんらしい体型になってきます。首のすわりもしっかりしてきて、腰の筋力もついてきます。そのため、抱っこがたて抱きへと変わり、お座りなどができ、周囲への関心が広がってきます。

まだ自分で移動することができない時期ですが、赤ちゃんの意欲は高まっています。起きている間は比較的機嫌よく過ごすようになるため、遊具などを用いたり、ときおり体勢を変えたりするなどして赤ちゃんの要求にこたえたり、気分転換になるようにしましょう。

❶ 身体の育ち

4か月になると首のすわりも安定し、抱っこはたて抱きが主になります。腹ばいの状態から肩を持ち上げ、しばらくその姿勢をキープすることもできるようになります。仰向けで寝ている状態よりも視野が広がるためにその姿勢を好みますが、疲れてくると沈み込んでしまうことがあるので仰向けにし、うつ伏せにならないように気を付けましょう。

また、この時期に特徴のある動きとして、仰向けの状態で両手を胸の位置で合わせたり、両手を絡ませたり、また足を持ち上げて、手で足を触るなどのポーズをとることがあります。これらは、そうした動きをとおして自らの体の感覚（触り、触られる感覚）を感じているのではないかと考えられます。6か月ごろになると一人でお座りする子も増えてきます。

手の動きである微細運動も活発になり、もみじ手といわれるように手のひらが開いてきます。このころには、手にふれるものや目に入るものに手を伸ばし始めます。このことを協応動作*といいます。

❷ 心と言葉の芽生え

4か月を過ぎたころから大人の顔を見つめながら、「アー」「ウックン」「ウー」などの声を出すようになります（クーイング）。と同時に、あやしてくれる大人へ向かってほほえみかける社会的微笑*がみられるようになるのもこの時期です。

このころからよく関わってくれる特定の大人に対する愛着が芽生え、特に声を出したり、抱っこを求めたりするなどの愛着行動（→4コマ目参照）もみられるようになります。要求や意思がはっきりしてくるとともに、思いを訴えかけるような泣き声で大人に向けて表したり、声を出したりするなどもみられます。

2　4～6か月未満の保育の留意点

❶ 赤ちゃんの要求を受け止めよう

自分の意思や要求が明確になってきます。おもちゃに関心をもったり、手を伸ばしたりし始めます。また、不快な状態のときやかまってほしいときなどは、大人を呼ぶ姿もみられます。赤ちゃんの要求を受け止め、対応することが大切です。赤ちゃんの興味を促すような魅力的な遊具（音が出る遊具や原色を用いたカラフルな遊具）を用意するとよいでしょう。

体の動きが活発になりますが、まだ自分で姿勢を変えることはできません。赤ちゃんの様子をみながら、ときおり抱っこをしたり腹ばいで遊ばせるなど、体勢や向きを変えるなどしてみましょう。

おもちゃに手を伸ばす

❷ 生活リズムづくり

日中の睡眠と覚醒の間隔が徐々に長くなり、機嫌よく目覚めている時間が増えてきます。起きている間は遊具を見たり、自分の体を触るなどして一人遊びをすることもみられるようになります。赤ちゃんの要求に応じつつ、日中は目覚め、夜間はぐっすりと眠れるように、生活リズムを整えていきましょう。

❸ 大人との関わりをたっぷりともつ

この時期の特定の大人との十分な関わりは、その後の人と関わる力の基礎を養います。赤ちゃんの生理的な要求に答えるだけでなく、「あやし遊び」や「いないいないばあ」遊びなどを楽しめるようにしましょう。

おさらいテスト

❶ 6か月未満の子どもは体の機能が［　　］であるため、細やかな配慮が必要である。

❷ 赤ちゃんは生後すぐに［　　　］をとおし、外の世界を感じ取っている。

❸ 赤ちゃんの要求にはすみやかに応じ、［　　］の関わりを心がけることが大切である。

母子手帳を見てみよう

自分や親しい人が誕生したときの記録である母子手帳を見せてもらいましょう。出生時の記録だけでなく、そのころの発育の記録や、ときには保護者の想いが綴られていることもあるでしょう。気付いたことをまとめ、小グループで話し合いましょう。

演習課題

自分で調べよう

新生児期にみられる反射行動について調べ、それぞれの特徴についてまとめましょう。

名称	特徴
（例）把握反射	（例）乳児の手のひらの中央に指でふれるなどして刺激すると、ギュッと握り返すような動作をする。

18コマ目 6か月未満の子どもの育ちと保育内容2

今日のポイント

1. 赤ちゃんの睡眠、栄養摂取、排泄のリズムをとらえることで、個々のペースに合わせた保育が可能になる。
2. 授乳やおむつ交換、着替えなどは保育に従事する者に必須の技術である。
3. 特に睡眠中は赤ちゃんの状態を定期的に確認するなど、安全への意識を高めることが大切である。

1 睡眠

　新生児は、1日のうち16～17時間眠っています。約3時間ごとに空腹で目覚め、おなかがいっぱいになると眠るといった生活のリズムです。昼夜の区別はなく、1日のあらゆる時間帯に分散して睡眠をとる多相性睡眠です（図表18-1）。1歳ごろになると夜間の睡眠が長くなり、昼間の睡眠時間が少なくなりますが、それでも昼間午睡は幼児期まで必要です。

　この時期は登園してすぐに午前寝をする子どももいます。家庭での睡眠の状況を踏まえ、赤ちゃんのペースに合わせた保育を行います。

　寝具については、月齢が低い赤ちゃんには柵のある十分な広さのベビーベッドを用意します。この時期の赤ちゃんは、1日の大半を寝て過ごしています。敷きぶとんやマットは適度なかたさ、通気性などを考慮した寝具を用いるなど、赤ちゃんにとって快適な環境を整えましょう。やわらかすぎるふとんは、手足の動きが活発になり寝返りを始める赤ちゃんにとっては十分に体が動かせないこと、まだ上手に体の向きをコントロールすることが難しいことなどから、窒息のおそれがあります。定期的に赤ちゃんの状態を確認し、姿勢を整えるなどの配慮も必要です。

ベビーベッド

2 栄養摂取～乳汁栄養（母乳・ミルク）

1 胃の許容量

　胃の許容量は個人差があるものの、新生児で50～100cc前後、3か月ごろになると170cc前後、4か月を過ぎるころから180～200cc前後になります。

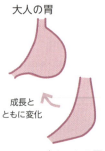
大人の胃
成長とともに変化
赤ちゃんの胃

● 図表 18-1　ヒトの 24 時間の睡眠—覚醒のパターン

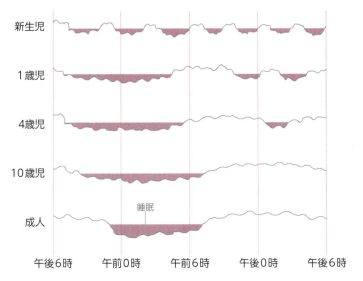

大熊輝雄『睡眠の臨床』医学書院、1977年をもとに作成

　赤ちゃんの胃は筒状で逆流しやすい構造になっているため、溢乳*や吐乳*がたびたび起こります。これらは、吐いたものがのどにつまるなどして窒息の原因になることがありますので、授乳後はしばらく見守ります。さらに授乳の際に空気も一緒に飲み込むことが多いので、必ず排気（げっぷ）をさせます。月齢が高くなると、吐くことも少なくなります。

2　母乳栄養と人工栄養（ミルク）

　乳汁栄養には、母乳栄養と人工栄養、母乳栄養と人工栄養の両方を取り入れた混合栄養があります。母乳栄養は栄養の吸収が最もよく、感染症防止の免疫グロブリン*である分泌型IgAを含みます。特に出産後すぐに出る母乳は「初乳」と呼ばれ、乳児の口内、消化器官を介して細菌の侵入を防ぐ働きがあります。また、母乳栄養は、母親の母体から直接授乳することにより摂取できるので、自然と身体的な関わりが増え、親子相互の愛情を育みやすいと考えられています。一方、母乳には、血液の凝固に必要なビタミンKが不足しているため、現在ではビタミンKの内服を産院の退院時や健診時などに実施しています。人工栄養は、いわゆるミルク（育児用調製粉乳）であり、母乳に近い栄養素が含まれます。母乳に不足しているビタミンKや骨の発育を促すビタミンDなどもバランスよく入っています。保育所などでは多く用いられている乳汁栄養です。

3　授乳

　授乳のタイミングについては月齢が低いほど個人差があり、特に新生児期は睡眠と覚醒を短時間で繰り返しますので、目覚める約3時間ごとの授乳となります。月齢がすすむにつれ、乳児が空腹になったときに表す泣きの状態で判断します。この時期は、こうした自律授乳*が基本となります。

重要語句

溢乳
→溢乳とは、授乳中や授乳直後にミルクや母乳が口からあふれることを指す。

吐乳
→吐乳とは、勢いよく吐いてしまう状態。胃の容量が少ないためや消化器官が未熟なため、また空気を同時に飲み込んでしまうために、嘔吐しやすい状態であることが原因となる。

免疫グロブリン
→血液の中に含まれている病気から身を守る抗体のこと。母乳は血液から生成されることから、こうした栄養分が含まれている。

自律授乳
→赤ちゃんが欲しがるときに与える授乳法。一方、3時間ごとなど、時間を決めて与える方法を計画授乳（規則授乳）という。

月齢が高くなってきたら、園の生活リズムに合わせて計画的な授乳を行うことも可能になってきます。

人工栄養の場合、ミルクの温度は人肌（37〜40℃程度）を目安に調乳します。授乳時間は10〜15分くらいが目安になります。哺乳量は必ず記録しておき、いつもより飲みすぎたり反対に少なかったりする場合、あるいはいつもよりも速すぎたり遅すぎたりする場合など、哺乳状態により体調の変化に気を配ります。こうしたことは乳首の穴の大きさや劣化、赤ちゃんに合った乳首の種類、個人差、月齢に合わないなど、原因はさまざまに考えられますので、哺乳器具を定期的に確認するようにしてください。

また、保護者の母乳を冷凍したものを用いる冷凍母乳＊もあります。冷凍母乳は流水などで自然解凍し、人肌まで加温し哺乳瓶に入れて与えます。

哺乳瓶などの器具は、使用後すぐに洗い、必ず消毒し保管します。消毒方法は、家庭や保育所など比較的少数を扱う場合には、煮沸消毒または薬品消毒が用いられています。これらは無菌操作法と呼ばれる消毒方法です。病院や乳児院など、大量に哺乳瓶を扱う施設の場合には、専用の消毒機器を用いた終末殺菌法が行われています。図表18-2に、授乳の仕方を示します。

> **重要語句**
>
> **冷凍母乳**
> →保護者があらかじめ母乳を搾乳し、専用のパックなどに入れて凍らせたもの。保存ができないので、原則その日の分だけ持参してもらう。

● 図表18-2　授乳の仕方

①　②　③　④

【授乳のポイント】
①赤ちゃんを抱き上げ、利き手の反対側で横抱きにします。首のすわりの状態にもよりますが、あまり寝かせすぎずややたて抱きにします。首の後方部を腕で支えます。ガーゼなどを赤ちゃんの胸元に置いておきます。「ミルク飲もうね」など言葉をかけます。
②赤ちゃんの唇に、乳首の先を当てます。新生児のころは反射で吸い込みます。月齢が高くなってくると飲みたい気持ちが高まるので、自分で吸いつきます。赤ちゃんからの能動的な吸いつきを促します。
③赤ちゃんの口全体に乳首を含ませ、哺乳瓶の底を上げてスムーズにミルクが流れるように配慮します。赤ちゃんが空気を飲み込みすぎないように、乳首の中にはミルクが満たされた状態を心がけます。乳首の先ではなく、乳首全体を赤ちゃんの口に含ませます。授乳中は赤ちゃんの目を見つめ言葉を添えて、「おいしいね」「たくさん飲んでね」などほほえみかけ言葉を添えて与えます。
④赤ちゃんが飲み終わったら満足しているかを確認し、たて抱きにして排気を促します。排気はミルクと一緒に飲み込み、胃の中にたまった空気を出すためのものです。腹部の裏にあたる背中を下から上にさすります。優しくトントンと叩いてもよいですが、強く叩きすぎるのは避けましょう。

3 排泄

新生児期の排泄は**反射的**であり、3か月ごろまで同様の状態が続きます。排尿については個人差や授乳量にもよりますが、この時期は比較的回数が多く尿量が少ない時期で、昼夜の区別なく排泄している状態です。4か月を過ぎたころから、膀胱の機能が徐々に成熟するとともに無意識の抑制が働き、まとまって排尿するようになっていきます。

排便については、離乳食が始まるまでは泥状の便が続きます。ウイルス性胃腸炎などに罹患すると便の色が変わるので、ふだんから便の状態を把握しておくことが大切です。

高機能の紙おむつの普及で快適な状態が続き、おむつが汚れたことを教えてくれる赤ちゃんは少なくなりました。そのため保育者は、定期的におむつの状態を確認することが必要です。

おむつの種類は**布おむつ**と**紙おむつ**があります（図表18-3）。現在は、便利な紙おむつを用いる園が多いですが、それぞれの利点を生かし布おむつと紙おむつの併用もみられます。

● 図表18-3　布おむつと紙おむつ

	特徴	利点	課題
布おむつ	● 白い木綿の布地 ● 薄いさらしタイプ、成型タイプがある。布おむつカバーを用いる ● 赤ちゃんの発達・体格に合わせてたたむ ● 赤ちゃんの月齢によって、布地の枚数を変える	● 洗濯して繰り返し使えるため経済的である ● 赤ちゃんがぬれたことを感じやすく、感受性を育む	● おむつ、おむつカバーなど量がかさむので携帯には不便 ● おむつかぶれを起こしやすい ● 洗濯が頻回になるため、負担が大きい
紙おむつ	● 高機能の紙で成型されている ● 排泄部分に高分子吸収体を含み、水分をキャッチする ● 赤ちゃんの月齢に合わせた豊富なサイズがある ● テープタイプとパンツタイプがある	● 軽く小さくまとめることができ、使用後は捨てることができるので携帯に便利 ● 高機能のため、ぬれたことを感じにくく、赤ちゃんの睡眠がたっぷりとれる	● 使い捨てのため、使い終わったあとのゴミの環境問題が深刻である ● ぬれたことを教えてくれる赤ちゃんが減り、感受性、関わりの減少が指摘される

●図表 18-4　おむつ交換

足を引っ張るのではなく、おしりを持ち上げる。　　おむつ交換台

【おむつ交換のポイント】
　おむつ交換は、赤ちゃんと 1 対 1 で接することができる大切な機会となります。赤ちゃんも保育者との関わりを喜びます。おむつ交換のときは、便、尿、肌の状態など、赤ちゃんの健康状態を観察します。生活の区切り（授乳、睡眠、遊び）のときに排泄することがあるので、その前後のタイミングにおむつを確認するとよいでしょう。
　特に月齢が低いうちは、おむつ交換台で行います。替えのおむつやおしり拭き（ホットタオルまたはウェットティッシュタイプ）など、おむつ交換に必要な物をあらかじめ揃えて手早く行います。便のおむつ交換のときには、胃腸炎や乳児嘔吐下痢症などの集団感染予防のために、使い捨ての手袋などを用います。
　おしり拭きを用い、汚れた部分をていねいに拭きます。その際、月齢が低いうちは足を引っ張るのではなく、手でおしりを持ち上げるか、赤ちゃんを優しく支えながら横に倒すなどして拭きます。そうすることで股関節脱臼の予防になります（図表 18-4）。
　新しいおむつを当て、気持ちよくなったことをともに喜びます。赤ちゃんは腹式呼吸なので、腹部を圧迫しないように、締めつけすぎないことが大切です。

衣服や着替え

　新生児期は体温の調節が未熟なために、外界の気温に左右されやすい状態です。そのため、衣服は着脱しやすいものを選び、季節や赤ちゃんの状態に合わせて調整することが大切です（図表 18-5）。
　また、赤ちゃんは新陳代謝が盛んで、たくさんの汗をかきます。そのため肌着は、吸湿性、通気性のよい木綿が適しています。赤ちゃんの状態に合わせてこまめに調節します。この時期は、気温の変化などに身体機能が素早く反応することが困難なので、前開きの着脱がしやすい衣服を選び、目安は大人よりも 1 枚多めにし、衣服で体温調節を補えるよう心がけます。

● 図表 18-5　衣服の種類

短肌着　　長肌着　　ベビードレス　　兼用ドレス

【着替えのポイント】

着替えの際は、あらかじめ衣服を用意し、仰向けの状態で行います。赤ちゃんの腕を引っ張らずに、片方の手で赤ちゃんの腕またはひじを支え、袖口からもう一方の手を通して赤ちゃんの手を迎えます。赤ちゃんの体を動かすのではなく、衣服のほうを動かします。

5　安全

この時期の赤ちゃんの安全で特に配慮が必要なのは、乳幼児突然死症候群（SIDS：Sudden Infant Death Syndrome）です。SIDSは、赤ちゃんが眠っている間に突然死亡してしまう病気です。SIDSの発症は減少傾向にありますが、現在でも乳児の死因の上位にあります。

SIDSの要因は、先天性代謝異常症、脳機能障害、虚弱などさまざまに考えられていますが、特定は難しいとされています。しかしながら、リスク要因の一つにうつ伏せ寝があることから、睡眠中は定期的に赤ちゃんの呼吸、体の状態を確認することが大切です。SIDSを予防するため、午睡チェック表（図表 18-6）を用いている園もあります。

● 図表 18-6　午睡チェック表の例

午睡チェック表　　年　月　日											
室温　　℃　湿度　　％　　園児名（　　　　　）											
8時	00	05	10	15	20	25	30	35	40	45	50	55
9時	00	05	10	15	20	25	30	35	40	45	50	55
10時	00	05	10	15	20	25	30	35	40	45	50	55
11時	00	05	10	15	20	25	30	35	40	45	50	55
12時	00	05	10	15	20	25	30	35	40	45	50	55
13時	00	05	10	15	20	25	30	35	40	45	50	55
15時	00	05	10	15	20	25	30	35	40	45	50	55
16時	00	05	10	15	20	25	30	35	40	45	50	55
＊特記事項　　仰向け寝　　うつ伏せ寝　　横向き寝											

6 遊び

　この時期は仰向けの状態で過ごすことが多く、赤ちゃん自ら体勢を変えることができません。月齢が高くなると、起きている間、機嫌よく過ごすことが増えてきます。寝ている状態で視覚的に楽しめるようなメリーや、ガラガラなどを用意するとよいでしょう。指先が発達し、遊具をもつことができるようになると、ふったりなめたりして楽しみます。カラフルな遊具を用意するなどして、赤ちゃんの意欲を高めます。また、何よりも大人との関わりが赤ちゃんを育みます。機嫌のよいときには抱き上げて外の様子を見せたり、あやし遊びをするなどして積極的に関わりましょう。

おもちゃを指でもつ

おさらいテスト

❶ 赤ちゃんの睡眠、[　　　]、[　　　]のリズムをとらえることで、個々のペースに合わせた保育が可能になる。

❷ [　　　]やおむつ交換、[　　　]などは保育に従事する者に必須の技術である。

❸ 特に[　　　]中は赤ちゃんの状態を定期的に確認するなど、[　　　]への意識を高めることが大切である。

演習課題

布おむつと紙おむつの違いを考えてみよう

布おむつと紙おむつを用意し、それぞれに水をかけてみましょう。紙おむつの吸収力の高さを感じるとともに、赤ちゃんの感受性の育ちとの関係性について考えてみましょう。具体的には次の手順で試してみるとよいでしょう。

①紙おむつと布おむつに50mL程度の水をかけます。

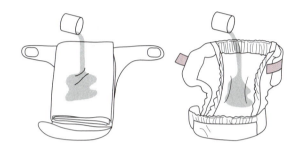

②すぐに触ってみます。

③15〜20秒後くらいにもう一度触ってみてください。

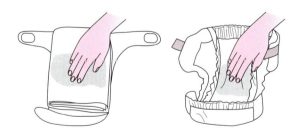

238ページで解答例を確認してみましょう。

19コマ目

6か月以上1歳未満の子どもの育ちと保育内容1

今日のポイント

1. 6か月を過ぎると、寝返りができるようになる。
2. 6か月ごろには身近な人の顔がわかるようになり、愛着関係が深まる。
3. 10か月ごろには、はいはいが四つばいになる。

1 6〜9か月の育ちと保育

1 6〜9か月の育ち

　自分で移動することが難しかったそれまでの生活から一変し、赤ちゃんがぐんぐんと活動し始める時期です。寝返り、お座り、はいはい、つかまり立ちと発達がすすむことで視界が変化し、興味・関心が広がり、近くの人やものを中心とした探索活動が盛んになります。特定の大人との絆が深まり、思いや要求を身振りや発声などで伝えようとし始め、また大人からの簡単な言葉もわかるようになってきます。こうした結びつきが強くなればなるほど、一方で人見知りが始まります。

　さらに、このころの大きな変化は、離乳食が始まる点です。また、6か月を過ぎるころから母体由来の免疫がしだいに弱まり、感染症にかかりやすくなります。

　このように、育ちにともない赤ちゃんを取り巻く環境が大きく変わるときです。赤ちゃんの思いを受け止めながら、赤ちゃんのペースで変化に適応できるような配慮が必要です。

❶ 身体の育ち

　6か月を過ぎると、寝返りから座る、またはいはいをするようになる赤ちゃんが増えてきます。そのときどきにそれぞれの動きや姿勢を十分に経験することが大切です。

　寝返りは、仰向け寝の時期にゴロゴロと姿勢を変え始め、あるときできるようになります。主に天井を見ることが多かった仰向け寝に比べ、視野が広がり、また興味深い遊具に手を伸ばすことも可能になります。

　寝返りが上手になると、姿勢を変えた状態からずりばい*へと動きが活発になります。ずりばいのときは、まだ腰が上がっておらず、地面におなかがついた状態です。足首で地面を蹴る様子もみられますが、主に腕だけ

仰向けから寝返りへ
ゴロゴロと

重要語句

ずりばい
→おなかが床にくっついた状態で、主に腕を使って前進すること。

ずりばいを始める様子

で前進します。

　このころみられるポーズとして、グライダーポーズとピボットターンがあります。グライダーポーズ*は腹部を床につけて支えにし、両手足を持ち上げるポーズです。腹筋や背筋に力が入るようになっており、はいはいが上手にできるようになる準備段階だと考えられています。ピボットターン*とは、やはりおなかを支柱にし、ずりばいのような感じで、右から左へと身を回し、その場で円を描くような動きのことです。

　ずりばいするようになったころから、腰の筋力もつき、今度は一人座り（長座）をするようになります。はじめは腰がぐらぐらしており、大人が背後で支えるなど支え座り（支柱座）が必要です。しだいに、やや前のめりの状態で一人で安定して座るようになります。一人座りができると、手に遊具をもって遊んだり、ほかの子どもへ関心を広げたり、保育者との対面でのやりとりも可能になり、機嫌よく遊ぶ時間が長くなります。

　遊具についても、触ってみたいという意欲が高まり、さまざまなものに手を伸ばす姿がみられるようになります。どの動きも、一度できると次も果敢に挑戦しようとするなど、乳児にとって新しい姿勢は魅力的なようです。こうした運動面の発達により視界が広がり、乳児はさまざまな刺激を受けながら生活空間を広げていきます。

　一方、活動領域が広がるこのころから、母体から受けていた免疫が弱まり、ウイルス性や細菌性の感染症などにかかりやすくなります。そのため、衛生面など保育における環境への配慮が必要になります。また、栄養摂取が乳汁だけでは補えなくなるため、食物摂取への変更である離乳食が始まります。

　このように、この時期は身体の育ちと変化にともない、環境面でも大きく変わるときなのです。

❷ 心と言葉の育ち

　6か月ごろには身近な人の顔がわかり、愛情をこめて受容的に関わる大人とのやりとりを盛んに楽しむようになります。声や身振りなどで関わりを求めたり、アイコンタクトでほほえむなど、まわりの大人に自ら働きかけるなどもみられます。こうした姿は、愛着関係の深まりであるといえるでしょう。

　その一方、はじめて会う人や慣れない人に対しては、人見知りがみられるようになるのもこのころです。人見知り*は特定の大人以外にあやされたり抱っこされたりするとみられ、泣いたり顔を背けたりするなどの拒否を示します。人見知りは、特定の大人との愛着関係が育まれているからこその反応であり、順調な乳児の育ちの一面であるといえるでしょう。

　6か月ごろから「ウー」「ウンウン」や「ブー」「アブアブ」など複雑な音声も発声するようになり、自分の意思や欲求を身振りなどで大人に対して伝えようとします。それまでも快の状態には声を出すなどはみられましたが、このころの発声は、他者に向けられているという点で言葉の機能をもち始めます。そのため、こうした発声を喃語*と呼んでいます。

　このような乳児からの発声に対して、身近な大人が、思いを汲み取り応

重要語句

グライダーポーズ
→グライダーポーズはおなかを支柱にし、手足をバンザイしたように広げる動作。

ピボット（pivot）ターン
→おなかを支柱にし、円を描くような動きをみせる動作。

一人で座れるよ

重要語句

人見知り
→乳児にとって安心できる大人がわかることであり、順調な発達の一つ。

喃語
→喃語（babbling）とは、乳児が発する意味をもたない言葉を指す。母音のみから、子音+母音へ、また繰り返しの反復喃語へとそのかたちも成長によって変化する。

答的に関わることで、乳児は、やりとりや大人からの言葉がけを心地よいものと感じていきます。こうしたことから、大人の言葉がけの意味を理解するようになり、のちの発話へとつながっていくのです。

また、4か月ごろの乳児は、目の前にあるものが隠されるとなくなったものととらえて興味を失いますが、このころになると、視界から消えてもまだあるととらえるものの永続性の理解がすすみます。たとえば、遊具で遊んでいて手から落ちたり布に隠れてしまったりしても、落ちた場所を見たり布をめくるなどして遊具を探そうとし始めます。これは、目の前にないものを思い浮かべる想像力の芽生えであると考えられています。

 プラスワン

ものの永続性の理解

ものの永続性の理解は、目の前にないものを思い浮かべる「イメージ」の芽生えだと考えられている。

2　6〜9か月の保育の留意点

❶ 乳児一人ひとりの育ちのペースに合わせた配慮を

歯が生え始め離乳食が始まるなど、身体の変化にともない、環境も変わる時期です。発達のスピードが著しいとはいえ、個人差の大きい乳児が自然に適応できるように反応をみながら、一人ひとりの育ちのペースに合わせた配慮が大切です。

❷ 行動範囲が広がるため、安全面の配慮を

自分で体勢を変えることのできなかったころから行動範囲が広がるため、この時期は、ふと目を離した途端に転倒や転落なども生じやすくなります。また、赤ちゃんの動きや視線は大人よりもずっと低い位置にありますので、乳児の目線に合わせた安全面の配慮が大切です。

❸ 人との愛着形成が十分にできるような配慮を

特定の大人との継続的な関わりにより、情緒的な絆が形成される時期です。赤ちゃんは、こうした大人を拠点に、自らの世界を広げていきます。そのため、身近な大人は十分に乳児に関わり、赤ちゃんからの発信には言葉を添えたり、言葉を代弁したりするなど応答的に対応することが大切です。

2　10か月〜1歳未満の育ちと保育

1　10か月〜1歳未満の育ち

10か月を迎えるころには安定した一人座りをするようになり、ものとの関わりが積極的になります。また、はいはいがより上手になり、移動の範囲も広がります。その後つかまり立ちから一人立ち、つたい歩きなど、二足歩行へとステップアップしていきます。これにより行動範囲が格段に広がり、さまざまなことに関心を示し、探索活動がより活発になります。体つきも大きく成長し、1歳を迎えるころには身長は誕生時の1.5倍、体重は3倍にもなります。

身近な大人との信頼関係により情緒の安定が促され、表情の変化がより明確になるなど表現が豊かになってきます。大人からの言葉がけの理解が

すすみ、1歳を過ぎるころからは単語で意思を表す一語文もみられるようになります。

この時期は、こうした大人との絆の形成や人として生きていくうえで必要な素地が明確に育っていく時期です。

❶ 身体の育ち

10か月ごろには、はいはいが四つばい＊になり、よりスピードも速くなります。ずりばいのときには腕を駆使して移動していましたが、腰に力が入ることにより、腰から左右の足全体を動かして前進することを覚えます。その後、高ばい＊といって手足をピンと伸ばし、その場で手足を上げ下げするような動きもみられます。

1歳近くになると、手前にある台などにつかまり立ちする姿もみられるようになります。つかまり立ちをするようになると、つたい歩きや支え歩きもみられ、手押し車で遊ぶ姿がみられます。

手指の発達がすすみ、ふれるから触る、触るから指全体でつかむへ、また親指と人差し指を使ったつまむへと変化していきます。そのことにより、遊具の種類も増えてバリエーションが広がり、ティッシュペーパーボックスなどからティッシュを次々と出すなど、容器の中の物を次々と出すといった遊びを楽しみます。さらに1歳ごろになってくると、出すだけでなく、ものの出し入れを楽しむようになります。

離乳食がすすみ、10か月ごろには3回食になります。歯が生えてくる子も増えるため、粒状のものも食べられるようになります。1歳を迎えるころにはかむ力も出てきますので、やわらかいものであれば大人と同じものを食べることができるようになります。栄養摂取は食物が中心になり、乳汁は乳児が欲しがるときだけにし、卒乳に向かいます。

❷ 心と言葉の育ち

このころには、心地よいときなどに「ブー」といった発声の音遊びを楽しむ姿がみられます。また「マンマンマンマン」や「バウバウ」などというように繰り返す反復喃語が現れます。さらに喃語に会話らしい抑揚がつくようになります（ジャーゴン＊）。また、たとえば物を揺らしながら「バ、バ、バ」や「バーン」と言うなど動作に音声をともなうヴォーカルマーカー＊などもみられ、盛んに声を発するようになります。

「バイバイね」や「こっちにおいで」「いただきましょうね」といった簡単な大人の言葉がわかり、その言葉に応じたしぐさをしたり行動をしたりすることができます。

こうして1歳を過ぎるころに、「マンマ」や「ママ」などといった初語＊がみられます（図表19-1）。単語で思いを表す一語文もこのころから頻繁に聞かれるようになります。

重要語句

四つばい
→腕を伸ばし、手のひらと膝で体を支え、前進する形のこと。

高ばい
→腕も足も伸ばし、手のひらと足で前進しようとする形。高ばいがみられるようになると、つかまり立ちや一人立ちなどができるようになる。

ジャーゴン（jargon）
→言葉は出ていなくても、話をしているような抑揚をつけて発声する。この様子をジャーゴン（jargon）と呼ぶ。

ヴォーカルマーカー
→動作に効果音のような音声などをつけて強調することをヴォーカルマーカー（Vocal Marker）という。バーンやポーンなどのオノマトペの始まり。

初語
→赤ちゃんがはじめて話す意味のある単語のこと。

19コマ目　6か月以上1歳未満の子どもの育ちと保育内容1

●図表 19-1　初語の例

母親	マー　ママ　ウマ　マンマ　アタータン	車	ブーブー
父親	パパ　アタータン　ママ	お人形	ネンネ
祖母	バーバ　ババ	寝る	ネンネ
犬	ワンワン　バーバー　ウー　ワーワ	拒否	イヤ　ウーンウーン　パープー
猫	ニャーニャ	動詞	イッタ　イタ　アッタ
動物	ウグ　ワンワン	形容詞	ナイナイ　アチー　イタイイタイ
飲み物	ブー　ブブー	お外	アンモ
食べ物	ウマンマ　マンマ	イナイイナイバー	バー

大久保愛『幼児言語の研究　構文と語彙』あゆみ出版、1984年をもとに著者作成

重要語句

指差し行動（pointing）
→子どもが見ているもの、関心を示すものを指差す行為。主に人差し指で指差すことが多い。

共同注視
→他者と同じものを見る行為を指す。赤ちゃんが指差した先の対象を大人も見て、視線を共有すること。

視線追従
→指差しなどで示さなくても他者が見た方向をともに見ようとする行為のこと。

三項関係
→対象に関心をもった乳児がそれを指差し、それに対して大人が名付け（「ブーブー」など）をし、言葉を獲得していくこと。

　言葉が出てくる前後にみられる動作として、指差し行動*があります。見ているもの、関心があるものを指差しして示すしぐさです。指差し行動があることにより、対象物を大人などの他者と共有し、他者と同じものをみる共同注視*や、大人が見ているものをともに見ようとする視線追従*などもみられるようになります。

　また、指差しが現れたときに、「ブーブーね」や「ワンワンいるね」などといった言葉を添えることにより、言葉を獲得していきます。こうした関係性を三項関係*といい、子どもの興味を大人が共有し、言葉を添えていくことで、子どもは言葉を獲得していくのです。

2　10か月〜1歳未満の保育の留意点

❶ 安全面の配慮と興味・関心を促す環境の工夫

　乳児の活動が活発になり、自ら活動範囲を広げていくこの時期には、事故を防ぐための安全面の配慮が大切です。誤飲や転倒・転落を防ぐような環境の整備を心がけましょう。一方で、活動の広がりに合わせて興味・関心も高まる時期です。体を十分に動かせるスペースや魅力的な遊具を用意するなど環境の工夫が大切です。

❷ 大人との関わりを十分に

　特定の大人との絆が深まり、人への信頼感を育む時期です。担当の保育者ができるだけ1対1の応答を心がけ、子どもの要求や思いを受け止め、十分な関わりができるよう努めましょう。

❸ 離乳食は子どものペースに合わせましょう

　離乳食のすすめ方にはおおよその目安がありますが、身体的な機能が整ってはじめて子どもが受容できるものでもあります。子ども一人ひとりの育ちには個人差がありますので、離乳をすすめるときには、子どもの育ちの様子をみながら無理強いすることなく、徐々に慣れさせることができるよう努めましょう。アレルギーなどの発症にも配慮し、家庭との連携を十分にとるよう心がけます。

おさらいテスト

❶ 6か月を過ぎると、[　　　　]ができるようになる。
❷ 6か月ごろには身近な人の顔がわかるようになり、[　　　]が深まる。
❸ 10か月ごろには、はいはいが[　　　　]になる。

演習課題

自分でまとめてみよう

乳児期前期から後期までの運動発達、手指の発達、言語発達、対人関係について項目ごとにまとめてみましょう。

①運動発達

②手指の発達

③言語発達

④対人関係

20コマ目 6か月以上1歳未満の子どもの育ちと保育内容2

今日のポイント

1. 5〜6か月ごろが離乳を始める目安となる。
2. 乳児期後期の衣服は大人より1枚少なめを目安とする。
3. 0〜4歳までの子どもの不慮の事故による死因の内訳では、窒息が最も多い。

1 睡眠と排泄

　生後6か月を過ぎるころには昼夜の区別がつき、昼間に起きている時間がやや長くなります。睡眠と覚醒には個人差が大きく、午前寝が必要な乳児もいます。連絡帳などでの保護者とのやりとりをとおし、一人ひとりの様子を理解しておきましょう。

　1歳ごろになると夜間の睡眠が長くなり、昼間の睡眠が少なくなりますが、それでも昼間の午睡は幼児期まで必要です。子どもの動きが活発になるこの時期は、寝返りなどで転倒・転落する事故に気を付けて、引き続き睡眠中の観察を怠らないことが大切です。

　また、このころは新陳代謝が活発で汗をかきやすいため、室温、衣服、寝具に配慮し、睡眠中の汗がみられたら背中にガーゼや小さめのタオルなどを当てるとよいでしょう。体調の変化は睡眠後に現れることがあるので、目覚めたあとの健康状態を視診し、検温するなどして子どもの状態を確認しましょう。

　排泄のリズムは、発汗や水分の摂取量などもあり、子どもによって異なります。一人ひとりの子どもの排尿間隔を把握しながら、おむつが汚れたら優しく言葉をかけながらこまめに取り替え、きれいになった心地よさを感じることができるように言葉をかけます。動きが活発になるので、活動やおむつ交換がしやすい、パンツタイプの紙おむつを用いることが多いです。

2 離乳の開始

はじめての離乳食

新生児期のころは哺乳反射*により乳汁摂取をしていますが、生後5か月ごろから哺乳反射が少なくなり、その後は、乳児の飲みたいという意思で哺乳するようになります。反射的な吸いつきが少なくなってきた5～6か月ごろが離乳を始める目安となります（図表20-1、20-2）。

離乳のはじめのころ（5～6か月ごろ）は、食物を飲み込むこと、また食物の食感や味覚に慣れるところに目的があります。体内の消化吸収機能も徐々に発達していきますが、容易に飲み込むことができて消化によいような、なめらかにすりつぶした状態の食物を用意します。この時期を「離乳初期（ごっくん期）」といいます。1日1～2回の離乳食、ほかに適宜ミルクを与えます。

飲み込むことに慣れてきたころ（7～8か月ごろ）、舌と上顎で食べ物をつぶすようになります。このころには、粒状にカットし、やわらかく煮た物（豆腐が目安）を食するため、食材のバリエーションが広がります。とろみなどで飲み込みやすい工夫も加えます。この時期を「離乳中期（モグモグ期）」といいます。1日2～3回の離乳食で、このころまでの主な栄養源はミルクとなります。

口の中で咀嚼することに慣れてきたころ（9～11か月ごろ）には、舌が自由に動かせるようになります。上下の前歯が生えてきて、かみ切ることもできるようになります。歯ぐきなどでもかむことを覚え、咀嚼の機能が高まるため、ひと口大にカットしやわらかく煮たりゆでたりした食物も食することができます。食材をもたせて食べる手づかみ食べも可能になります。この時期を「離乳後期（カミカミ期）」といいます。

12～18か月ごろになると、自分の手で食べたいという意欲が芽生え、食べ物に手を伸ばして食べるようになります。奥歯が生えてくる子どもも増え、咀嚼の機能もさらに高まり、スプーンなどを用いて食べようとし始めます。食材は歯ぐきでかみつぶせるかたさ（肉団子くらい）を目安とします。この時期を「離乳完了期（パックン期）」といいます。

重要語句

哺乳反射
→原始反射の一つで、吸いつく（吸啜反射）、飲み込む（嚥下反射）など、母乳やミルクを飲む一連の反射行動を指す。

手づかみ食べ

スプーンを使って

● 図表 20-1　子どもの口腔内の育ちと離乳食の概要

離乳期	離乳初期	離乳中期	離乳後期	離乳完了期
	ごっくん期	モグモグ期	カミカミ期	パックン期
月齢	5～6か月	7～8か月	9～11か月	12～18か月
子どもの口腔内の発達と食べ方	舌は前後運動であり、食べ物が入ると反射的に飲み込む。前歯が生えてくる。	舌は上下運動であり、舌と上顎でつぶし、モグモグして飲み込む。	舌が自由に動かせるようになり、前歯でかみ切り、歯ぐきでカミカミして飲み込む。手づかみ食べができる。	歯が生え揃い、奥歯でかむことができるようになる。スプーンなどをもって食べることができるようになる。
離乳食の例	 ドロドロ状	 粒状の離乳食	 固形食の離乳食	 小さくカットされた大人と同様の食事
回数とミルク	1～2回 ミルクと併用	2～3回 ミルクと併用	3回プラスおやつ1回 ミルクは適宜	3回プラスおやつ2回 卒乳

　乳汁から離乳食による栄養の摂取への変更は、子どもの育ちとともに生命を維持し健康を保つためには欠かせません。しかし、子どもが楽しい雰囲気のなかで喜んで食べることが大切です。子どもの様子をみて1さじ1さじ、「おいしいね」などの言葉をかけながら与えます。

　手づかみ食べは、目と手と口を協応させる力が子どもに育ってきたことを示す証でもあります。自分で食べる意欲を育てるためにも、積極的にすすめてみましょう。

　また、子どもがさまざまな味にふれる経験をもつよう、さまざまな食品に慣れ、食材そのものの味に親しみ、味覚の幅を広げながら食を楽しむことを心がけます。

　食事の前後には、あらかじめ用意したおしぼりなどで口元や手を拭いて、

● 図表 20-2　離乳のすすめ方の目安

		離乳の開始　　　　　　　　　　　　　　　　　　　　→　離乳の完了			
		以下に示す事項は、あくまでも目安であり、子どもの食欲や成長・発達の状況に応じて調整する。			
		離乳初期 生後 5 〜 6 か月頃	離乳中期 生後 7 〜 8 か月頃	離乳後期 生後 9 〜 11 か月頃	離乳完了期 生後 12 〜 18 か月頃
食べ方の目安		●子どもの様子をみながら 1 日 1 回 1 さじずつ始める。 ●母乳や育児用ミルクは飲みたいだけ与える。	●1 日 2 回食で食事のリズムをつけていく。 ●いろいろな味や舌ざわりを楽しめるように食品の種類を増やしていく。	●食事リズムを大切に、1 日 3 回食に進めていく。 ●共食を通じて食の楽しい体験を積み重ねる。	●1 日 3 回の食事リズムを大切に、生活リズムを整える。 ●手づかみ食べにより、自分で食べる楽しみを増やす。
調理形態		なめらかにすりつぶした状態	舌でつぶせる固さ	歯ぐきでつぶせる固さ	歯ぐきで噛める固さ
1 回当たりの目安量					
Ⅰ	穀類 (g)	つぶしがゆから始める。すりつぶした野菜等も試してみる。慣れてきたら、つぶした豆腐・白身魚・卵黄等を試してみる。	全がゆ 50 〜 80	全がゆ 90 〜 軟飯 80	軟飯 90 〜 ご飯 80
Ⅱ	野菜・果物 (g)		20 〜 30	30 〜 40	40 〜 50
Ⅲ	魚 (g)		10 〜 15	15	15 〜 20
	又は肉 (g)		10 〜 15	15	15 〜 20
	又は豆腐 (g)		30 〜 40	45	50 〜 55
	又は卵 (個)		卵黄 1 〜 全卵 1/3	全卵 1/2	全卵 1/2 〜 2/3
	又は乳製品 (g)		50 〜 70	80	100
歯の萌出の目安			乳歯が生え始める。	1 歳前後で前歯が 8 本生えそろう。	離乳完了期の後半頃に奥歯（第一乳臼歯）が生え始める。
摂食機能の目安		口を閉じて取り込みや飲み込みが出来るようになる。	舌と上あごで潰していくことが出来るようになる。	歯ぐきで潰すことが出来るようになる。	歯を使うようになる。

厚生労働省「授乳・離乳の支援ガイド（2019 年改定版）」2019 年

清潔になることの快さを味わうことができるようにしましょう。
　なお、食物アレルギーの発症が認められるのも離乳食が始まってからです。食材については献立表などで周知を図り、はじめての食材を扱う際には、家庭であらかじめアレルギーの有無を確かめてもらったうえで与えることが大切です。

衣服と着替え

　この時期の子どもは、新陳代謝が活発で汗をかきやすいので、乳児期後期から幼児期は大人よりも **1枚少なめ** くらいの目安で選びます。
　肌着は、吸湿性、通気性のよい木綿が適しています。活動が活発になったら着替えのしやすいボディスーツや前開きのスナップがあるタイプ、頭からかぶるタイプの肌着がよいでしょう（図表20-3）。
　6か月を過ぎると、多くの乳児が頻繁に寝返りをうったり、腹ばいをしたりと活動が活発になります。そのため、足が動かしやすく、腹部が出ないようなつくりのロンパース、カバーオールなどが適しています。
　歯が生えてくるころから唾液の量が増え、よだれがたくさん出ます。そのため、よだれかけ（スタイ）を用意するとよいでしょう。
　はいはい、つかまり立ちや一人歩きのころからは、動きやすく、おむつ

●図表20-3　いろいろな衣服

よだれかけ（スタイ）

セパレートタイプ

肌着

ロンパース

交換や着替えのしやすい上下別のセパレートタイプの衣服が適しています。
　これらをベースに、季節や室温に応じてカーディガンやベスト、靴下などを用い、衣服による体温調整を行います。
　着替えは、1対1で関わる機会となります。「あんよいれてね」「ばんざいしてね」「いないいないばあ」などと言葉をかけ、着替えを意識させながら取り組みましょう。

4　安全

　動きが活発になるとその育ちの姿はうれしいものですが、活動的になった分、安全に対する配慮も必要になります。
　厚生労働省の「平成28年人口動態統計」によると、0歳児における不慮の事故による死因の内訳では**窒息**が最も多く、溺死・溺水、交通事故などの環境要因が多くなっています（図表20-4）。また、1〜4歳児の3位にも窒息が入り、毎年死因順位の上位を占めています。

●図表20-4　0〜4歳までの不慮の事故の死因順位

	1位	2位	3位	4位
0歳	窒息	溺死および溺水	交通事故	―
1〜4歳	交通事故	溺死および溺水	窒息	転倒・転落

厚生労働省「平成28年人口動態統計」

　窒息の主な原因は誤飲です。乳児期は、敏感な触覚器官である舌でものの感触を確かめようとしてなめます。このときに誤って飲み込んでしまうことが誤飲の要因となります。そのため、あらかじめ子どもの口腔内よりも小さなものを周囲に置かないように配慮することが大切です。
　また、転倒・転落は動きが活発になることで起こりやすくなり、ベビーベッドやおむつ交換台からの転落、階段などでの不安定な歩行による転倒などがみられます。こうしたことを防ぐためには、子どもから目を離さないこと、あらかじめ柵などで通路をふさぐことなどが必要です。

5　遊び

　この時期は、身の回りのことに興味・関心が高まり、手指の動きが発達するなどしてものでの遊びが増えます。一人座りをするようになることで両手が自由になり、積み木を積み上げたり、音が出るおもちゃを好んで振ったりするなどもみられます。乳児のやってみたい思いを育む遊具を用意しましょう。

一人座りをしての
積み木遊び

はいはいやつかまり立ちをすることで、乳児の世界が広がります。十分な探索活動ができるような広さや、つかまり立ちがしやすいような環境を整えることが大切です。外での遊びも広がる時期です。砂場での砂遊びでは砂の感触を楽しみます。この時期は、造型よりもさらさら、ぺたぺたといった感触を楽しんでいるのです。

また何よりもこの時期は、特定の大人との情緒的な結びつきである愛着が深まる時期です。「ちょうだい」「どうぞ」などのやりとり遊びや、ひざに座ってのふれあい遊び（図表20-5）など、身体的な関わりを多くもつことで乳児の大人に対する信頼感が育ちます。乳児の機嫌のよいときには、ひざに座らせて絵本の読み聞かせをしたり、わらべ歌などの歌いかけをしたりするのもよいでしょう。

> 歌いかけとは、言葉に抑揚やメロディをつける話し方です。わらべ歌だけでなく、「〇〜〇ちゃん♪」といったリズムにのせるなどさまざまなものがあります。低年齢児ほど「歌いかけ」にはよく反応します。

● 図表20-5　ふれあい遊び

ふれあい遊びには、スキンシップによって信頼感を築く効果がある。

おさらいテスト

❶ 5〜6か月ごろが [　　　] を始める目安となる。
❷ 乳児期後期の衣服は大人より [　　　] を目安とする。
❸ 0〜4歳までの子どもの不慮の事故による死因の内訳では、[　　　] が最も多い。

演習課題

乳児期後期の環境について調べてみよう

乳児期後期の子どもの育ちを援助するために必要な環境の工夫や配慮すべき点について、箇条書きであげてみましょう。

21コマ目 1歳以上2歳未満の子どもの育ちと保育内容1

今日のポイント

1. 1歳では体重が出生時の3倍となり、身長は1.5倍となる。
2. 2歳ごろには二語文を話すようになる。
3. 1歳6か月ごろからはふり遊びやつもり遊びをするようになる。

1 1歳～1歳6か月未満の子どもの育ちと保育

1 1歳～1歳6か月未満の子どもの育ち

　一人歩きを始め、手指を使っておもちゃで遊び、言葉を話すようになることで、身の回りのものや身近な大人に自分から働きかけることが増えてきます。よちよち歩きで歩くことそのものを楽しみます。また、象徴機能が発達し、ふり遊びなども楽しむようになります。

　指差しとともに、一語文の語彙数が増え、また簡単な大人の言葉がわかり、大人とのやりとりをとおし、自分の思いを大人に伝えたいという欲求が高まります。離乳食は完了食に向かい、自分で食べようとする意欲が出てきます。

　このように、この時期は、子どもの能動的な姿が多くみられるようになります。こうした子どもの思いを受け止め、のびのびと生活できるよう、またおおらかにとらえることが大切です。

❶ 身体の育ち

　1歳では、体重は出生時の3倍（約9～10kg）になり、身長は出生時の1.5倍（約75cm）ほどになります。生まれたころは頭の大きさである頭囲が胸まわりの胸囲より大きかったのですが、1歳を超えると頭囲と胸囲が同じくらいになり、その後は胸まわりのほうが大きくなります。

　一人立ちするようになり、2歩、3歩と歩き始めます。はじめのころは両足が外を向いており、一歩一歩踏みしめて、やや体を左右に揺らしながら歩きます。バランスをとるように両手を上げています。関心のある遊具に向かって歩くこともありますが、歩くことそのものを楽しむ姿もみられます。このころは、移動するときにはいはいもまだみられます。

　手指の発達がすすみ、積み木をもってカンカンと音を鳴らして遊んだり、小さなビー玉をつまんだりするようになります。絵本のページをめくった

頭囲が大きいと、母親の産道を通ってきやすいという利点があります。その後胸囲の増大では、内臓などの順調な成長を推測します。

はいはいで遊ぶ

り、絵をじっと見る様子などもみられます。クレヨンでは、点や線の往復などのなぐり描きや色が紙にうつることを喜び、クレヨンの素材を楽しむ様子がみられます。

食事の場面では手づかみ食べが上手になります。食事が出されると食べたいものに手を伸ばすということもみられます。まだスプーンを使うことは難しいですが、食事のときにもたせると、自分で食べようとし始めます。

❷ 心と言葉の育ち

身近な大人との関係性が深まり、要求や思いを表すようになります。大人に対して、自分から関わりをもとうと「おいで」「バイバイ」などのしぐさで表したり、一緒に遊ぼうと誘うために大人の手を引いたりなどがみられます。また、保護者や担任などの特定の大人との関わりを好みます。そのため母親との分離不安も強まり、後追い*や大きな声で泣いて示すなどの愛着行動がみられ、この時期に入所などの環境の変化があると、適応に時間がかかる子どももいます。一方、環境に慣れたころには状況を判断し、保育所などに登園すると、保護者に対してバイバイするようになるのもこの時期です。

身体の発育や発達とともにできることが増え、靴を履く、着替えをしようとするなど、「自分で」やってみたい気持ちが芽生え（自我の芽生え*）ます。大人とのやりとりのなかで「イヤ」などのそぶりをみせることがありますが、このころの「イヤ」はコミュニケーションの一つであり、強いこだわりはありません。

指差しが盛んになり、「マンマ」「ママ」「ブーブー」など一語文で表すことが増えます。発話は名詞だけでなく、「バイバイ」や「ハイ」などの言葉も出てきます。大人から「帽子かぶってね」「○○もってきてね」などの指示的な言葉や、「いただきます」「ごちそうさま」などの場に応じた言葉も理解し始めます。

大人の手のひらにあるものを隠すとその手を開こうとするなど、目の前にないものを思い浮かべるイメージの力（象徴機能の発達）が広がります。一度遊んだ経験をもつ遊具に再び出合ったときに、同じ遊びを展開するような経験を記憶する力もついています。「いないいないばあ」遊びを楽しみ、大人からだけでなく、自らも「いないいないばあ」をするしぐさもみられます。

2　1歳～1歳6か月未満の保育の留意点

❶ 玩具などのものでの遊びが広がる

指先が使えるようになったことから、ものを出したり入れたり引っ張ったり押したりなど、玩具などのものとの関わりを楽しむ様子がみられるようになります。こうしたものへの関心が繰り返しの遊びの深まりにつながり、「遊びたい」といった気持ちや指先の巧緻性*をより育むことになります。魅力的な玩具を用意し、子どもたちの意欲を高めるよう心がけましょう。

重要語句

後追い
→愛着対象の養育者や保育者の姿を探して、常にそのそばにいたくて後を追ったり、抱っこなど身体接触を求めたりすること。

自我の芽生え
→自分の思いが強くなり、自己主張をし始めること。

目の前にはないものを思い浮かべる力を象徴機能といいます。イメージ、想像力、言葉の発達などに関連します。

重要語句

指先の巧緻性
→指先を上手にコントロールして、道具を使いこなせる力のこと。

❷ **信頼できる大人との愛着が深まり、他者への関心をもつ**

　信頼できる大人との愛着関係が深まり、こうした大人を拠りどころにして遊びや人との関わりを広げていきます。園生活に慣れた子どもたちは、朝や夕方など担当保育者以外の保育者へも適応している様子をみせますが、担当保育者が出勤してくると喜んで近づいたり、離れるときに泣いたりすることもみられます。これは、特定の保育者との愛着がしっかりと形成されたことを表します。

　このようにこの時期は、大人との深い関わりをとおしてそこを拠点とし、安心して他者との関係や遊びを広げる時期です。

❸ **繰り返しの遊びを楽しむ**

　イメージの世界が芽生え、目の前にあったものがなくなると、探そうするしぐさをみせるようになります。そうした育ちに合わせて、経験したことを思い浮かべ、再現するようになります。模倣遊びや積み木遊びなどを促し、繰り返し遊ぶことを楽しめるような環境づくりを心がけましょう。

2　1歳6か月～2歳未満の子どもの育ちと保育

1　1歳6か月～2歳未満の子どもの育ち

　1歳半ごろには歩行が安定し、慣れ親しんでいる環境では、お目当ての遊具のある場所へ自ら移動し、玩具を取り出して遊ぶ姿がみられるなど、遊びたい気持ちが高まります。次から次へと場所を移動し、遊びを楽しんでは次へ移るなどの**探索行動***がみられます。

　離乳食は完了食となり、食べられるものも増えてきます。スプーンで食べたりフォークで刺したりすることもできるようになります。

　食べ物や生き物など、身近なものの名前を多く覚えており、2歳前になるころには**二語文***も出てきます。そうして言葉で自分の思いを伝えようとし始めます。

　このように、このころの子どもたちは遊びへの意欲が高まる時期です。子どもが伸びやかに生活できるような環境づくりを大切にしましょう。

❶ **身体の育ち**

　歩行が安定し、短い距離であれば駆けることもできるようになります。一人歩きを繰り返すなかで、バランス力や脚力もついてきます。体を腕で支えることなく、立ち姿からしゃがんだり、しゃがんだ状態から立ったりということもみられます。階段の昇降もそのつど両足を揃えるかたちで可能になり、階段を昇ったり降りたりして遊ぶことを好みます。

　手指の発達では、ものをつかんだり離したりすることを楽しむようになります。この時期は、ものとの関わりが増え、おもちゃだけでなくさまざまなもので遊ぶようになります。もっているものを投げることを楽しむ時期でもあり、かと思えば積み木をていねいにつまみ、用心深く積み上げようとするなどもみられます。

重要語句

探索行動

→目にとまるさまざまなことやものに関心をもち、自ら関わってみようとしていろいろと試してみること。

重要語句

二語文

→単語と単語を組み合わせて、意思を伝えようとすること。

階段を昇ったり降りたり

クレヨンやクレパスなどを指でもち、ぐるぐる丸を描く円錯画*がみられます。まだ絵にテーマはみられませんが素材の感触で遊んでおり、いくつもの色を使って何度も何枚も楽しみます。

食事の場面では、対象的行為*の獲得がみられ、フォークを使って刺したり、スプーンですくったりと、ものの属性に合わせた動きがとれるようになります。1歳の後半になると食べ散らかしなどもせず、上手に食事をとることもできるようになります。

❷ 心と言葉の育ち

一語文も語彙数が増え、名詞だけでなく、何かをみつけたときなどに「ア！」や「オー！」などの感嘆詞を使う姿や、ものを渡すときに「ハイ」というように、行為に言葉を添えるなどもみられるようになります。指差しや身振りなどをとおして大人との関わりが盛んになり、大人の言葉にも理解が深まります。そうして、「ワンワン、いるね」「マンマ、ちょうだい」などと二語文を話し始めます。

手指や歩行などの育ちは、体を使って遊びながらさまざまな場面やものを記憶し、それらのイメージを膨らませていきます。こうした記憶が、過去に見た経験のある犬や車などのイメージに結びつき、「ワンワン」や「ブーブー」という言葉として定着していきます。このような目の前にはない場面や事物を頭のなかでイメージして、玩具などで見立てるという象徴機能の発達は、言葉を習得していくことと重要な関わりがあるのです。

こうしたイメージで遊び始めるのもこの時期です。イメージしたものを遊具などで見立てたり、空のコップから飲み物を飲むふりやつまんで食べるふりをしたりするなどのふり遊びやつもり遊びがみられるようになります。

また、この時期には、周囲の人への興味や関心が高まります。ほかの子どもが玩具で遊んでいたり、大人と楽しそうにやりとりをしていたりするとじっと見たり、近づいて行こうとします。一方、その子がもっている玩具を欲しがり、そのなかで玩具の取り合いをしたり、手にもっているものを相手が取ろうとしたとき相手に対し拒否したりすることもみられます。こうした経験のなかで、大人との関わりとは異なる子ども同士の関わりが育まれていくのです。

このような姿は、自分と他者の区別の理解がすすむ自己認識*の育ちにも関連があります。

2　1歳6か月〜2歳未満の子どもの保育の留意点

❶ やってみたい気持ちを大切に

自我の芽生えとともに、「自分で」という気持ちが増えてきます。靴を履いたり着替えをしたりするなど、まだ上手にできないことも多くありますが、自分でやってみたい気持ちを大切に育みましょう。少々時間がかかっても見守り、子どものペースを大切にします。手助けはさりげなく、自分で最後までやり遂げる達成感を味わえるよう配慮します。

また、褒められることを心から喜び、できたときには自分で拍手を促し

遊具を積み上げる

重要語句

円錯画

→なぐり描きの一種で、円をぐるぐると描き続けること。

対象的行為

→対象の属性に合わせた行為ができること。スプーン（対象）で食べる（行為）、スコップ（対象）ですくう（行為）など。

砂場遊び

> **重要語句**
>
> **自己認識**
> →自己認識とは、たとえば鏡に映った自分の像を見て自分と気付くことができるということ。鼻先に口紅をつけられた子どもが、鏡に映った自分の鼻に手をあてがうと自分を認識しているととらえるルージュタスクという実験で、1歳ごろからそうしたしぐさがみられる。

たりします。大人から褒める言葉をかけられると、とてもうれしく感じている様子がみられます。「すごいね！」「できたね！」「やったね！」などと言って、できたことへの喜びを共有しましょう。

❷ **イメージで遊ぶための環境づくり**

　この時期は、ふり遊びやつもり遊びなどで、イメージを使って遊び始める時期です。生活経験が豊かになり、簡単なままごとを始める子どもも出てきますので、こうした遊びが広がるようなままごとセットなどの遊具で遊べる環境を用意しましょう。大人とのやりとりから遊びを覚えていきますので、「アムアムおいしいね、○○ちゃんもどうぞ」など、食べるふりを促すと子どももまねをするようになります。こうした大人との関わりをとおし、「△ちゃんはいかがですか？」などと他児との遊びにもつなげ、ごっこ遊びの芽生えの時期を楽しみます。

❸ **子ども同士の関わりを育む**

　自他の理解がすすみ、他児へ関心を向け始め、友だちと同じことをやりたがる時期です。ふり遊びなどの機会や他児のまねをしたがる機会をチャンスととらえ、言葉や遊びなどで子ども同士をつなげる役割を大人が担えるとよいでしょう。一方、かみつきなどのトラブルも増える時期ですので、互いの思いを受け止めつつ、他児の気持ちに気付かせるような言葉がけを心がけましょう。

おさらいテスト

❶ 1歳では体重が出生時の[　]倍となり、身長は[　　]倍となる。
❷ 2歳ごろには[　　]を話すようになる。
❸ 1歳6か月ごろからは[　　]遊びやつもり遊びをするようになる。

演習課題

この時期の子どもが楽しめる絵本を探し、リストアップしてみよう

タイトル
『　　　　　　　　　　　　　　　　　　　　　　　　　』

【リストアップした理由】
[　　　　　　　　　　　　　　　　　　　　　　　　　]

タイトル
『　　　　　　　　　　　　　　　　　　　　　　　　　』

【リストアップした理由】
[　　　　　　　　　　　　　　　　　　　　　　　　　]

タイトル
『　　　　　　　　　　　　　　　　　　　　　　　　　』

【リストアップした理由】
[　　　　　　　　　　　　　　　　　　　　　　　　　]

> 巻末の資料集も参考にしましょう。

22コマ目 1歳以上2歳未満の子どもの育ちと保育内容2

今日のポイント

1. 1歳を迎えるころには、離乳食が完了食へと向かう。
2. トイレトレーニングでは、子どもの発育を考慮する。
3. 8か月ごろから2歳前半に多いトラブルである「かみつき」にはすみやかに対応する。

> 「おやつ」というと甘いお菓子を思い浮かべがちですが、このころは栄養補給としての食事（ヨーグルトなど）を与えます。

スタッキングベッド（コットベッド）

プラスワン
食事の回数
一度に消化吸収できる量が少ないため、回数は多くなる。

順手持ち

1 睡眠

　1歳ごろの1日の睡眠時間は、個人差はありますが12〜14時間ほどになります。またそのころから睡眠時間は夜間の睡眠が持続的になり、夜に長時間寝ることができるようになり、日中、1〜2回の午睡で整うようになります。こうした睡眠時間は、家庭の状況や子どもの月齢、子どもの性質によっても異なるので、家庭とよく連携をとりながら子ども一人ひとりに合わせて対応します。

　午睡時には、子どもたちの心地よい眠りを促すために室温や湿度、換気に配慮し、採光や静けさなども含め、落ち着いた清潔な空間づくりを心がけます。また、近年は扱いやすいスタッキングベッド（コットベッド）と呼ばれる簡易ベッドを用いる園が増えてきました。

　このころは入眠が難しく、なかなか眠りに入れない子もいます。そうした子どもには、子どもが眠るまで一人ひとりに寄り添い、優しくふれながら穏やかな呼吸リズムを整えるなどして、自然に眠りを誘います。なかなか眠れない子には、別の部屋で保育者が個々に対応するなども必要です。入眠感覚を不快に感じ、お昼寝のときには決まってぐずる子もいますが、保育者はそうした子どもにも寄り添います。

2 食事

　1歳を迎えるころには離乳食がすすみ、完了食となります。それまでミルクや母乳でとっていた成長に必要な栄養素やエネルギーの大部分を、食事から摂取できるようになります。食事の回数は朝、昼、夜の食事と、補

食としてのおやつを午前と午後に1回ずつで、合計5回となります。歯はまだ生え揃ってはいませんが、かみつぶして食べることができるようになります。

手指の発達とともに、自分で食べることも上手になってきます。自分で食べることに意欲的で、スプーンやフォークを順手や逆手でもち、食べるときにたびたび使おうとし始めますが、手づかみ食べの多いときです。そうしたことにともない、食べ物を手でこねたりスープに手を入れてしまうこともあるなど、遊び食べ*もみられるようになります。コップを両手でもち、一人で飲むようになります。

このように、自分で食べようとする様子もみられますが、1歳前半では保育者が与えるなどの介助が必要です。子どもの咀嚼の力に合わせてタイミングよく口に入れるなど、子どもの様子をみながら食事の介助をします。フォークやスプーンに食べ物を刺したりのせたりするなど、食器を使おうとする様子がみられたら、子どもの自分で食べる意欲を育むためにも見守りましょう。

このころになると、他児と一緒に食事を楽しみ、食卓を囲むこともできるようになります。ほかの子どもと一緒に食卓を囲むことで、食行動のみならず他児への関心を広げることができます。保育者は、こうした他児との交流を含め、温かな雰囲気のもと食事がとれるように心がけましょう。

食事の場面は、清潔の習慣をつけるチャンスにもなります。おしぼりの手拭きや口拭きを用意し、保育者が食事の前後に手や口を拭きます。「きれいにしてから、おいしく食べようね」「お口についているから、きれいにしようね」などと言葉をかけ、「きれいになったね」「ぴっかぴかだね」などと清潔になったことを喜びます。

うどんも食べられるよ
（逆手持ち）

重要語句

遊び食べ
→食べ物をこねたり、投げたりして、食せずに食べ物で遊ぶこと。

3 排泄

排泄行動は神経系統の発達に大きく影響しており、排泄習慣だけでなく、身体の発育によるものです。そのため、トイレトレーニング*を始める時期やそのすすめ方にも個人差があります。

新生児期の排尿、排便は反射的なものであり、赤ちゃんは尿意や便意を感じてはいません。4か月ごろから、無意識ですが排尿の抑制が働き始めるようです。排便についてはその後、5、6か月ごろまでは反射的なものだと考えられています。6か月を過ぎたころから、離乳食が始まるなどして便の質が変わり、排便の際に腹圧をかけることができるようになります。また、そのころから、膀胱に尿をためる機能もはたらいてきます。

その後1歳ごろにはしだいに尿意、便意を自覚し始め、体の機能の発育とともにコントロールできるようになります。そのため、排尿や排便を事後に知らせるようになります。

1歳半から2歳ごろには、排便の予告が可能になります。排便の予告が

重要語句

トイレトレーニング
→排泄のためのおむつの常用から、トイレでの排泄行動とその自立までの道のりのことを指す。

プラスワン

便の質の変化

新生児期は水様便で回数が多く、月齢がすすむにつれて軟便に移行し、離乳食がすすむと固形便に変化し、2歳ごろには回数も減り、1日1回程度となる。

できるようになると、おむつ外しのチャンスになります。

　こうしたプロセスを経て、排泄を調節し自立するようになるのは3歳から4歳ごろであり、そのころを目安にすすめていきますが、排泄に向かう子どもの心の状態や体の育ちにもよりますので、無理なく子どもの様子をみながら個々への対応を心がけましょう。

トイレトレーニング

　排泄行動には体の機能の発育が大きく関連していますので、トイレトレーニングはこうした子どもの発育を考慮し、徐々にすすめていくことが大切です。

　先に述べたように、排泄の自立は4歳ごろとなりますが、トイレトレーニングは1歳半ごろから始めます。子どもの歩行が安定して、しゃがんでおまる*などにまたがることができるようになったころが始める目安となります。最初は、保育室など生活空間におまるを置くようにして、明るい場所で排泄を促すようにします。トイレは、閉ざされた空間で暗い場所に設置されていることが多く、子どもは怖がって警戒心を抱きます。トイレを明るくしたり、楽しい空間にする工夫などをしたりするとよいでしょう。

　遊び、食事、お昼寝など生活の区切りのときにトイレに誘い、排泄を促します。子どもからの申し出がなくても「おしっこしようね」などと誘い、たとえ出なくて便器に座るだけになったとしてもそのことを認め、トイレに行くことを習慣にできるよう促します。できたときには、「出たね」「上手にできたね」などと言葉を添えて褒めます。そうすることで、子どもの排泄行為への意識を育みます。

　子どもたちの意識を促すためにも、言葉でもやりとりをします。まずは「出たよ」と排泄後に知らせることから始め、やりとりのなかで排泄を自覚することができるように促します。その後、尿意や便意を事前に感じることができるようになってきたら、「出るよ」と排泄前に知らせるよう伝えます。子どもからこうした言葉が聞かれたら、よく褒めましょう。

　排泄中はそばにいて、「シーしようね」「シー出てるね」などと伝えて排泄の感覚を意識できるように言葉にします。また、排泄したものを見ることも大切です。特に便意は腹圧がかかり、子どもにとっては不快なものです。トイレの空間に行きたがらなかったり、便意にともなう体の変化を嫌がったりして、排便を積極的にしない子もいます。「ポン、と出たね」「ぎゅーっと痛かったね」などと音や状態を聴覚的に言葉にしたり、「バナナの形のウンチ出たね」「今日はコロコロウンチだね」などと視覚的に言葉をかけることで、出たことをともに喜び合い、排泄への積極的な気持ちを育みます。

重要語句

おまる

→持ち運び可能な簡易便座のこと。座位が不安定な幼児用の便座には、前方に手で体を支えられる持ち手がついているのが一般的。

第2章 発達・保育内容編

5 着替え

　遊びや食事、午睡などの活動のあとには着替えを促します。1歳ごろには、座った姿勢で体を支えながら着替えをします。このころは、保育者が一人ひとりの着替えに対応します。シャツの柄や服の色などが意識できるように「うさちゃんついてるね」「赤いおズボンだね」など、衣服に関心をもたせたり、「シャツの次はズボンね」「ばんざいしてね」などと体の動きのイメージがつきやすいように言葉をかけます。着脱で顔が隠れるときには、「いないいないばあ」などと、遊びやふれあいを兼ねた言葉で着替えを楽しみます。

　1歳後半になったころから、服の前後を意識させます。着替える服を子どもの前に広げて、「くまちゃんが前だね」「ポケットが前についているね」などと、服の形状や特徴を伝えます。

　着替えのプロセスでは、「おズボンのトンネルにあんよ入れてね」などと言葉をかけながら、過程を意識することができるようにします。

　着替えたあとは気持ち良くなったことを喜び、鏡を見せたり、「お着替え終わったね」と言葉を添えたりすることで意識を促します。

6 安全

　行動範囲が広がり、さまざまなことに興味・関心を示すようになる時期です。そのため、転倒や転落などの事故につながりやすくなります。ふとした瞬間に、思いもかけない場所に移動していることもあります。そのため、庭や室内で複数の子どもたちの遊びが展開されている空間では、特に子どもの所在についてよく確認しましょう。

　歩き始めのころの子どもの背の高さは約1mくらいになり、テーブルや棚などの高さになります。歩行が不安定な時期には、こうした家具などの角に配慮し、クッションなどで保護しましょう。

　このころは言葉が未熟な時期であり、自分の思いを相手に伝えたり、相手の思いを受け止めたりといった他者との心の調整がまだ難しいときでもあります。そうしたときに手段としてみられるのが**かみつき***です。1歳ごろに多いかみつきは他児も学習してしまうため、クラスでかみつきが出るとあっという間にクラス全体に広がるということがあります。かみつきがみられたらすぐに仲裁に入ります。このころは、他児の痛みを感じることが難しいため、程度の加減をせず、深い傷を負わせてしまうことがありますので、できるだけすみやかな対処が必要です。

　かみつきのきっかけはものの取り合いが最も多く、保育者をめぐってかみつきが起こることもあります。また、月曜日の午前中など、休み明けの

22コマ目　1歳以上2歳未満の子どもの育ちと保育内容2

こんなところにいたよ

重要語句

かみつき
→他児とのトラブルで、他児の行為をはばむために主に腕などにかみつくこと。8か月ごろから2歳前半までみられ、1歳半ごろがピーク。

173

休み明けは、保護者とたっぷり過ごして離れがたい場合の精神面や、遊びに出かけて寝不足といった体力面などの要因で、子どもの気持ちが乱れがちになります。

気持ちが落ち着かない日や時間帯などに起こることが多いようです。直接的なきっかけがなくても子どもの気持ちの状態により起こることもあり、家庭生活の変化（赤ちゃんが生まれる、情緒不安定など）などもあわせて見守ることが大切です。

【かみつきへの対応】
○かみつきが起こったら、外傷を防ぐためにすぐに仲裁に入る。
○かまれた子の心を受け止め、かんだ子へ痛みを伝える。
○かまれた子の傷を手当てする。
○かんだ子には、「貸してって言おうね」というようにやりとりの手段を伝えるとともに、「△ちゃん痛いよ」などと相手の痛みへの気付きを促す。
○かまれた子の保護者に報告する。

7 遊び

　ものの属性を理解し、遊具で積極的に遊び始める時期です。たとえばミニカーを見たら走らせる、ボールを転がす、投げるなど、遊具で楽しむことができるようになります。

　また、イメージで遊び始める時期です。空のカップから飲み物を飲むふりをしたり、食べるふりをしたりしてイメージの世界で遊び始めます。

　砂遊びでは、砂の性質による形状の変化を楽しみます。シャベルやスコップなどでカップに砂を入れては空け、入れては空ける行為が、何度も何度も繰り返されます。

　園庭では、コンビカーなどにまたがり、足で前進するなどして活動的に楽しみます。保育者の仲立ちは必要ですが子ども同士の関わりもみられ、ともに遊びを楽しむ様子もみられます。

　こうしたことからも、子どもの関心を引き出すための魅力的な遊具を環境として用意することが大切です。

砂場での遊び

おさらいテスト

❶ 1歳を迎えるころには、[　　]食が[　　]食へと向かう。
❷ [　　　　　　　]では、子どもの発育を考慮する。
❸ 8か月ごろから2歳前半に多いトラブルである「[　　　]」にはすみやかに対応する。

演習課題

ロールプレイ

かみつきへの対応をロールプレイング（役割演技）で取り組んでみましょう。

子ども役A、B 2名、保育士役1名、記録評価役1名

①子ども役Aが子ども役Bにかみつくまねをする。子ども役Bが泣き出し、保育士役が近づいてくる。

②子ども役AとBに対して、保育士役がどのような行動をとるのかを記録評価役が記録し、評価する。

③役割を交代し、すべての役を体験してみる。

④その後、この時期の子どもの育ちを踏まえ、どのような対応が望ましいか皆で話し合う。

23コマ目 2歳～3歳の子どもの育ちと保育内容1

今日のポイント

1. 2歳ごろには、体重は出生時の約4倍になり、身長は約1.8倍になる。
2. この時期には語彙が急激に増加し、さまざまな品詞を使うようになる。
3. この時期には豊かなイメージの世界が広がり、絵本に興味をもつ。

1 2歳～2歳6か月未満の子どもの育ちと保育

1 2歳～2歳6か月未満の子どもの育ち

歩行が安定し、子どもの活動の範囲が広がります。あわせて、指先の育ちにともない、食事や衣類の着脱などの身の回りのことを自分でしようとするなど、生活面でも自立がすすみます。また、語彙数が増えて自分の思いを言葉で表すようになり、自我が育ち、自己主張も強くなります。

このように、この時期は活動範囲が拡大するとともに、子どもの思いがさまざまな場面で現れ、それを積極的に表そうとするなど、子ども自身の世界が大きく広がります。こうした、子どもの思いを大切にした保育が展開されることが大切です。

❶ 身体の育ち

2歳になるころには、体重は出生時の約4倍（12kg）になり、身長は約1.8倍（約90cm）ほどになり、体がぐんと大きくなります。

2歳を過ぎると、よちよち歩きから格段に歩行が安定し、転ぶことも減り、上手に歩くことができるようになることで行動範囲が広がります。音楽に合わせてダンスをするなどもみられ、バランス力もついてきます。

両手にシャベル、カップをそれぞれもち、カップにシャベルで砂を入れるなど、両手の動作が異なる動きなどもみられ、指先の機能が発達します。ハサミの一回切りなどを楽しむ姿があります。「2歳」を指で表すのはまだ難しく、写真のように指の形を整えようとする場面もみられます。

水遊びを好み、水の感触を自ら楽しむことに加え、ジョウロやシャベルなどで汲んだりすくったりするような遊びも積極的に楽しむようになります。小麦粉粘土など軟らかい素材の粘土も楽しむことができるようになり、粘土をこねたり伸ばしたり、ちぎったり、丸めたりといった動きで感触を楽しんだり、見立て＊を楽しんだりするようになります。

「これで遊ぶの」

ダンスを楽しむ

2歳を指で表すのはまだ難しい

大きめのホックやボタンをはめたり外したりする動きも上手にできるようになり、着替えなども自分でやろうとする姿がみられます。

❷ 心と言葉の育ち

言葉については、単語を2つつなげた二語文を盛んに使うようになります（図表23-1）。語彙数が急激に増加し、さまざまな品詞を使うようになります。また、この時期で特徴的な姿として、「これなあに？」と盛んに質問をする姿があります。こうした姿から第一質問期と呼ばれます。さまざまなものや事柄に関心をもち、言葉の数や認識を広げていきます。

● 図表 23-1　二語文のタイプ

タイプ	例
主語＋動作	トウタン（トウサン）　イッタッタ
目的語＋動作	デンキ　ツケテ
主語＋位置	クマチャン　ココ
位置＋動作	オソト　イク
主語＋所有物	トウタン（トウサン）　パンツ
物体＋主語	コレ　トウタン（トウサン）
主語＋否定辞	コレ　イヤ
修飾語＋名詞	オーキイ　パン

松本園子編著、仲明子著『乳児の生活と保育』ななみ書房、2011年

また、さまざまな概念も育ちます。「～してから○○する」などの見通しをもった行動を理解するようになり、順番を理解し、待てるようになります。子ども自身も「じゅんばんね」などと言って遊具などの順番を待つことができたり、物の貸し借りなども可能になります。大きい小さい、多い少ない、長い短いなどの比較もわかるようになります。

絵本のストーリーを理解するようになり、読み聞かせなどの場面でも集中してお話の世界に入り込んでいる子どももみられるようになります。また、次ページの写真のように、座って、保育者を見ながら読み聞かせを見たり聞いたりして楽しむことができるようになります。あわせて、手遊びなども楽しみます。

イメージの世界が広がり、見立て遊びやふり遊びなども遊びのなかに積極的に取り入れます。こうした遊びを繰り返し楽しみ、イメージを膨らませることにより象徴機能の発達が促され、言葉を用いるようになります。遊びのなかで積極的に言葉を使うことや他者と言葉を交わすことの喜びを感じていきます。こうした経験からイメージが自由に行き交うことのおもしろさ、楽しさを味わいながら、身近な大人や子どもとのやりとりが増えていきます。

2　2歳～2歳6か月未満の子どもの保育の留意点

❶ 身体や遊具を使って楽しめる環境を構成しよう

身体の発育とともに動きが活発になりますので、身体をうんと動かして

重要語句

見立て
→あるものを別のあるものにたとえる遊びを指す。たとえば、砂を丸めたものを「お団子」と名付けるなどのこと。

水遊びを楽しむ

お絵描きを楽しむ

遊べる外遊びや水遊びなどを存分に楽しめるようにしましょう。ルールを理解することが難しい時期でもありますので、鬼ごっこでは先生が子どもを追いかけるマテマテ遊びにしたり、目の届くスペースでかくれんぼなどして楽しめるように構成します。午前中、十分な活動に取り組むと、おなかがすいてたっぷり給食を食べ、ぐっすりと眠る午睡へと、健康的な生活リズムにつながります。

❷ 言葉を育もう

一語文から二語文へ、二語文からそれ以上へと広がる時期です。大人とのやりとりをとおし、思いが遂げられるという安心感から、自分の思いを表現しようとする心が育ちます。間違った言葉を用いたり、自分でつくった言葉を使ったりしますが、間違いを指摘することなく話したい気持ちを育みましょう。

❸ 絵本の読み聞かせで言葉や絵にふれる機会を

絵本のストーリーに関心を示す時期です。簡単な物語から始めて、子どもたちが理解できるような内容を保育のなかに取り入れていきましょう。絵本の読み聞かせでは、絵を見てイメージを膨らませていきます。そうした経験が、遊びや言葉の獲得、現象への関心につながります。

絵本の読み聞かせを楽しむ

2　2歳6か月～3歳未満の子どもの育ちと保育

1　2歳6か月～3歳未満の子どもの育ち

走るなどの運動機能が発達するほか、はし、ハサミなどの道具を使うことができるようになるなど、指先の機能がより発達します。食べる、着替える、手洗いするなどの生活面は自立へ向かい、園での生活の流れをよく理解し、その都度促されなくても手洗いし、食卓につくなどもできるようになります。

食事の量が増え、体の免疫力も高まり、感染に強くなり、体調が安定してきます。

語彙数が爆発的に増え、おしゃべりが盛んになり、自分の気持ちを説明することができるようになります。

子ども同士の関わりが増え、保育者を仲立ちとしつつ子ども同士で遊ぶこともみられるようになり、友だち関係を楽しむ一方でトラブルも出てきます。

このように、自分でできることが増え、自分の世界が広がり他者とのかかわりが盛んになる時期です。

❶ 身体の育ち

このころになると体重は出生時の約4.5倍（約13～14kg）、身長は約1.9倍（約90～95cm）にもなります。体つきにも変化がみられ、ふっくらとしたそれまでの様子からすっと体が細くなり始めます。

歩行が安定し、近くの公園まで自分の足で歩いて行くことができるよう

遊具を使って遊ぶ

になります。園外での散歩では、関心のあるものをみつけると、自分の意思で立ち止まり、しゃがんで立ち上がり、また歩き出すなどさまざまな動作もみられます。階段では、足を交互に出して昇降します。

すべり台などでは手すりをしっかりともって階段を登り、すべり降りるなど、遊具に合わせて体を動かします。積み木を積み上げたり、横や縦一列に並べるなど、形を楽しむ姿がみられます。

❷ 心と言葉の育ち

語彙数や用いる品詞の数が増えておしゃべりが盛んになります。あわせて、自分でつくった新語も用いて言葉遊びを楽しみます。

概念では、感情や状態への理解が深まり、それらを表す言葉「こわい」「おもしろい」「かわいい」「きれい」というような形容詞を用いることがみられます。また3くらいまでの数を数えることができるようになりますが、まだ数字との対応は難しいようです。色の名前、形の違いなどがわかるようになります。

現在・過去・未来といった時間の概念も少しずつ理解がみられ、「いま」（現在）、「さっき」（過去）、「あとで」（未来）といった概念がわかり、言葉としても用いるようになります。

さまざまな現象に関心をもち、「どうして？」と盛んに質問する時期です。このころの様子を第二質問期と呼びます。こうした質問が出てきたら、子どもの理解に応じた答えをみつけられるとよいでしょう。

自我が拡大し、自己主張が強まります。やりたいことが明確に出てくる一方で、「イヤ」というように、やりたくないことをしたがらないという様子もみられます。自分のしたいことを「自分でする」、してほしいことを「やって」と言葉にして表すことができるようになります。

イメージの世界も豊かになり、遊具などを実物に見立てたり、「……のつもり」になって「……のふり」を楽しみ、人形を用いたままごとなどの簡単なごっこ遊びをするようになります。

■ 2 ■ 2歳6か月～3歳未満の子どもの保育の留意点

❶ 発達のゆり戻しを視野に

さまざまなことができるようになる3歳ごろは、生活面の自立もすすみます。こうしたときにふと、今までできていたことができなくなったり、しなくなったりといった一歩も二歩も戻る、発達のゆり戻しが起こることがあります。一時的なことである場合が多いのですが、無理にやらせるのではなく、子どもができることを1つ2つ手伝い、あとは任せてみるなどすると、また元の力を取り戻します。そうしたときに、保育者が見守っていることで自信をつけます。

「自分で」というがんばる気持ちがあふれた1歳2歳から、ちょっとお休みしたい時期だととらえ、再び自らの力でできるようになる育ちを期待して対応しましょう。

❷ 子どもの思いを受け止めて

自我が拡大するとともに、自分の思いとの調整が難しい時期です。やり

たいことが増える一方で、やりたくない思いも強くなります。たとえば、遊びに没頭しているときに、片付けをしなくてはならない、帰宅の準備を始めなくてはならないなど、自分の気持ちに折り合いがつかずに泣いて抵抗することもあります。保育者としては、主体性を重んじつつも生活時間の流れもあり、対応にとまどうところでもあります。

まずは子どもの思いを受け止めたうえで説明することで理解を促すと、信頼している保育者に気持ちを受け止めてもらったことに安心感をもちつつ、思いどおりにならないことがあることを学んでいきます。この時期は、時間の感覚も少し身についていますので、いついつまでにといった見通しをもたせることも大切です。

❸ 友だちとの関わりを大切に

生活や遊びの多くの時間を保育者とともに過ごしていた時期から、徐々に子ども同士の関係性を築いていく時期です。友だちを意識させた仲立ちを心がけながら、互いの存在を子ども同士が認め、遊びが楽しめるような環境を構成しましょう。たとえばイメージが豊かに広がり、遊びが展開できるような魅力的な遊具を配置し、ごっこ遊びを楽しめる環境をとおして子どもがつながることができるような工夫があげられます。また、自分の思いをできるだけ言葉を介して表せるような言葉がけの工夫なども考えられます。

子どもたちの今を大事に育みつつ、その次の成長を見通した環境構成が大切です。

3 3歳の子どもの育ちと保育

1 3歳の子どもの育ち

❶ 身体の育ち

走る、ジャンプする、飛び降りる、くぐる、しゃがむなどの基本的動作が可能になり、活動の幅がぐんと広がります。階段では、手すりを使わずに一人で昇り降りすることができるようになります。ジャングルジムなどに躊躇なく登ったり、鉄棒で遊んだりと、遊具などでの遊びがだんだんとダイナミックになってきます。

指先のコントロールも上達して、さまざまな道具を使う姿もみられます。活動の場面ではハサミの連続切りができるようになり、食事の場面でははしを使い始めます。ペンやクレヨンなどをコントロールして、閉じた丸を描くようになり、テーマのある描画（「ママ」「お花」「アンパンマン」など）を描く姿もみられます。手指に力を込めて、大きめのブロックなどをくっつけて組み合わせるなどして、船や家などイメージに合わせた形をつくろうとする様子もみられます。

❷ 心と言葉の育ち

言葉については、語彙数が増え、「カワイイ」「カッコイイ」「タノシイ」「ウ

クレヨンなどで円を描くには、スタートの点に戻る必要があり、それは指先をコントロールして意識的に円を閉じようとしなくてはできないので、大切な発達の姿であるといえます。

レシイ」など感情を表す形容詞で気持ちを表現するようになります。過去の出来事や経験したことを覚えており、保育者に話す姿もみられます。

ごっこ遊びにストーリーが生まれ、「ご飯つくったら、食べて、洗って」など一連の流れが出てきます。また、言葉で「ここは、海だよ」「今、お家なのね」と宣言して、仲間と場を共有したり、「今、お山をつくってるの」とテーマを教えてくれたりするなど、イメージを言葉で伝えようとします。

保育者には自分でできたことを「ミテ」「ミテミテ」と要求したり、泣いて自己主張するなど、自分を認めてもらいたがる姿がみられるようになります。また、子どもだけで遊ぶ姿がみられるなど、人との関わりが増えてきます。

子ども同士の関わりでは、それまでの保育者を軸とした関わりから、子どもだけで遊びをとおしたつながりがみられる時期です。ともに遊ぶ楽しさを感じたり、互いに友だちのまねをしておもしろさを共有したりする一方、思いと思いのぶつかり合いもみられます。

成長著しい姿をみせる3歳ですが、できることも増える一方、それまでと同様に保育者に甘えたり、保育者を求めたりすることもあります。そうした姿もこの時期の大事な特徴ととらえ、子どもの思いを受け止めることが大切です。

2 3歳の子どもの保育の留意点

❶ 自分の思いやイメージを言葉で表現するように

表現力が増す3歳児ですが、やりたいことやしたいことなど、自分の思いを相手に伝わるように話すことは難しいようです。保育者に対して、泣いたり怒ったりするなど態度で示すこともありますが、これらは伝わらないもどかしさからの行動であることが多いでしょう。保育者は急がずに、子どもの思いや遊びのイメージを根気よく聞き取り、対応することが大切です。

また、保育者が言葉だけで伝えたことを一見理解したかのようにみえていてもわかっていなかったり、手続きが抜けてしまうこともあります。以前よりも言葉が増えたこの時期の子どもに対して、大人はより高みを期待してしまうものですが、こうした子どもの今の特性を理解し、これまで同様に繰り返し伝えるなどのていねいな関わりを心がけましょう。

❷ 子ども同士がつながるように

子ども同士の関わりがみられるようになります。「お家」や「お山」など、言葉を手がかりに互いの共通するイメージで、楽しそうにともに遊ぶ姿があり、複数人で遊びを展開するごっこ遊びの芽生えがみられます。「お母さん」や「お父さん」など、役割を分担しての遊びはもう少しあとになってからですが、それぞれのイメージのもとに、同じ場所で互いをまねたり、影響をうけながら遊びを展開しています。

保育者は、こうした子どもたちの姿から、「ここはお家かな？」「おいしそうなご飯ができたね」など、互いがつながるような言葉がけを心がけることが大切です。こうした保育者の関わりから、子ども同士で遊ぶ楽しさ

に気付き、子ども同士の関係性の自立につながっていきます。

❸ 3歳以上のクラスへの接続を視野に

いわゆる幼児クラス（3歳以上児クラス）になると、クラスの子どもの人数が増え、「児童福祉施設の設備及び運営に関する基準」では3歳児クラスは保育士1人の担当数が20人となります。担当保育者の目が行き届いていたそれまでの生活から一変し、3歳児クラスになりたての4月、5月は子ども同士のトラブルや、たびたび保育者を求める姿がみられます。

そのため、2歳児クラスの後半には、3歳児クラスへの接続を視野に保育を構成します。子どもたちが誇りをもって幼児クラスへすすめるよう、幼児クラスとの合同保育や、幼児クラスの保育室での保育を取り入れて、幼児クラスへ進級する気持ちを高めるなど、環境の変化への心構えを促すことが大切です。また、生活場面では集団で活動することが増えることからも、できるだけ安定した生活習慣を心がけ、子どもたちが見通しがもてるようなデイリープログラムを過ごすことで、自ら生活の流れを理解し、「遊びのあとは手を洗って、食事の時間になる」など、次の活動を予測して動くことができます。子どもたちの個々の生活習慣の自立を目指すとともに、友だちの様子をみて自分も行動に移すなど、子ども同士がつながるような促しを心がけるとよいでしょう。

おさらいテスト

❶ 2歳ごろには、体重は出生時の約[　]倍になり、身長は約[　　]倍になる。

❷ この時期には語彙が急激に増加し、さまざまな[　　]を使うようになる。

❸ この時期には豊かなイメージの世界が広がり、[　　]に興味をもつ。

演習課題

自分でまとめよう

子どもたちのごっこ遊びが豊かに展開できる遊具には、どのようなものがあるか考えてみましょう。

例：ままごとセット、人形、積み木　など

-
-
-
-

その遊具を使ってどんなごっこ遊びができるのかについても考えてみましょう。

24コマ目 2歳～3歳の子どもの育ちと保育内容2

今日のポイント

1. 睡眠は、12時間から14時間が平均となり、その後だんだん短くなる。
2. 食事の場面でみられるトラブルとしては、偏食や小食などがある。
3. 3歳を過ぎたころからごっこ遊びが始まる。

1 睡眠

　このころの子どもの睡眠時間は12時間から14時間が平均となり、その後だんだん短くなります。夜間の眠りがより長くなり、日中は1回の午睡で、時間は1時間半から2時間ほどになります。3歳を過ぎるころには、眠りが深くなり、夜はぐっすりと眠るようになります。

　午前中、体を十分に動かしたあとにたっぷりと食事をとることで、ぐっすりと眠ることができます。その後すっきりと目覚めて、午後の遊びにつなげるといった生活リズムを整えることで、健康的な生活を送るようになります。

　睡眠中は、発汗したりして布団をはぐこともあるので、子どもの状態をよく観察しながら、換気や手当てなどを行うとよいでしょう。また、入眠時には指しゃぶり、ブランケットを欲しがる、うつ伏せ寝や横向き寝などの体位など、子どもそれぞれの癖があります。睡眠は個人的な嗜好があるものであり、こうした姿は個人差として受け止め、無理に矯正しないように心がけましょう。引き続きうつ伏せ寝や横向き寝などの場合に窒息などが起こらないように、チェックを行います。

　近年は、家庭での就寝時刻が遅く、夜間の睡眠が十分にとれていない子どももいます。できるだけ保護者の理解を得られるよう努めたうえで、子どもの様子に合わせた対応を心がけましょう。

2 食事

　2歳ごろになると多くの子どもは歯が生え揃い、奥歯でかんで食べるこ

とができるようになります。そのことで咀嚼力も高まり、大人と同じものが食べられるようになります。スプーンやフォークなども上手に用いることができます。片手でスプーンやフォークをもち、片手は皿を支えて食事をすすめるなどもできるようになります。また、このころから、スプーンやフォークは正しい持ち方（鉛筆〔ペン〕持ち）に変えていくと、その後のはしの使用をスムーズにすすめることができます。コップを片手でもって安定して飲むことができます。

消化吸収の機能や新陳代謝が高まることもあり、食欲が増します。同時に、遊び食べが減る一方で、好き嫌いが出てくる時期でもあります。子どもは舌の感覚が敏感で、食べ物の味覚を感じやすいといわれています。以前は、出されたものは全部食べるという指導が教育的な原則として行われていましたが、近年は子どもの育ちに合わせて無理なくといった方針の園が増えてきました。食事の量も、一律の配膳から、子どもの体調や意思に任せるといった方法が用いられる場合もあります。

食事の場面でみられるトラブルとしては、偏食*や小食*、時間がかかるなどがあります。偏食とは、食べられる食べ物に偏りがある状態を指します。子どもによっては、パン食、白いご飯とほんの少しの野菜しか口にしないということがあります。多くの場合は家庭でも同様であり、さまざまな食事に慣れていく過程で改善されることが多いものです。あまりに長く続くと栄養価が足りず発育に影響が出ることがありますので、保護者とよく連携をとりながら見守りましょう。また、その要因が発達上の問題であったり、新入園児など環境が変わったときにみられる心因性の問題であったりするケースがあります。子どもの様子をみながら、園全体で見守ることが大切です。小食の場合も同様に、発育上の課題なのか、発達上のことなのかを見極め、無理なく対応していくことが大切です。食することに時間がかかる子どもに対しては、子どもの意思を尊重しつつ、時間を意識させるなどで対応します。

いずれにしても子どもが食に対して苦手意識をもちすぎないように、量を少なめに盛りつけて、達成感を味わう経験などの対応も必要です。

鉛筆（ペン）持ち

3 排泄

2歳ごろになると、トイレトレーニングでの経験も増え、排尿の感覚も認識できるようになってきます。事前に「出るよ」「オシッコ」などと伝えてくれるようになり、ときにはトイレでできることもあります。子どもによっては、日中はトレーニングパンツやパンツで過ごし、午睡のときにおむつを用いるなど併用することができるようになります。

3歳ごろになると、パンツを脱ぎ着して排泄ができるようになる子どもが増えます。午睡や食事、遊びの前後など生活場面の節目におけるトイレへの促しと、子どもの便意や尿意により、日中はあまり失敗しなくなりま

重要語句

偏食
→ある食材にこだわりがある場合やある食材に偏った食行動を行っていることを指す。

小食
→食べる量が一般的な量に比べて少ないことを指す。

プラスワン

トレーニングパンツ

紙製の場合は、通常の下着よりも防水性にすぐれ、排泄があったとしても、衣服への影響が少ないパンツのことを指す。一方、布製のトレーニングパンツは、一般的なおむつに比べてぬれた感覚がむしろわかるようになっていて、排尿感を得るのに適している。

脳の下垂体後葉で分泌される抗利尿ホルモンが夜間は多くなるため、就寝中の尿量が抑制されます。起きている間に比べて夜間の排尿が少ないのは、こうしたメカニズムによります。

子どもの前に衣服の用意をしておくとよい

す。とはいえ、自立まではもう少しかかりますので、トイレへの付き添いや励まし、着替えの際の介助については引き続き行います。

このころ、保護者からはおねしょなどの心配が寄せられることがありますが、このころはまだ膀胱機能が未熟であり、また夜間の排泄生理も整っていません。そのため約半数近くの3歳児が、夜間の排泄があると考えられています。おむつ外しはあまり先を急がず、子どもの身体の発育を見極めながら紙おむつなどを併用して、ゆるやかにすすめていくことが必要です。

4　着替え

手指の発達に合わせて、ボタンやホックをとめたり外したりすることができるようになります。

2歳のはじめのころは、まだ一人ですべての着替えに取り組むことは難しいのですが、「自分で」やりたい気持ちが強いため、対面などで言葉をかけながら必要に応じて介助します。一方、十分にできるようになったころに、ときには「やって」と甘えることもみられるようになります。子どもの今の様子をみながら、片手だけ手伝って、「ここはできるかな」と片方は子どもに任せてみたり、「お着替えできるとこ、見せて」などと伝え、できたときには十分に褒めることで、自立を促します。

2歳の後半から3歳ごろには、子どもの前に衣服の用意をして、はじめから自分で取り組めるように促します。

ズボンの場合、足を通すことよりも最後の段階で腰まで引き上げることが難しいので、その点のみ手伝い、ほかは自分で取り組むように励まします。

また、つまむ、結ぶといった行為を促す遊びを日頃の活動に取り入れることも手指の発達に効果的です。子どもが楽しみながら取り組める布絵本などを用いるとよいでしょう。

5　安全

子どもの事故は発達のプロセスと大きな関係があります。また、安全の意識は月齢が低いほど身についておらず、思わぬ転倒や誤飲などの事故を招いています。

2歳ごろになると基本的動作の多くを獲得し、遊びが広がる時期であり、けがなどをしやすい状況にあります。経験が増え、遊具に合わせた行為を予期することができるようになり、「こわい」といった感情が育まれて、安全への意識が高まってきます。しかし、まだできることとできないこととの見極めが難しいこともあり、年齢の高い幼児をまねするなどして、事

故に至る場合があります。こうしたことを防ぐためにも、日頃から危険についてより意識させる言葉がけや、安全な環境構成を心がけましょう。

図表24-1に、年齢ごとの発達と事故との関連性について一覧表を載せましたので、確認してください。

6 遊び

イメージの世界が豊かになり、遊びにも彩りが出てきます。お人形遊びでは、1歳ごろから2歳はじめのころは自分の分身のようにそばに置いておいたり持ち歩いたりする遊びから、しだいに抱っこやおんぶなどの簡単なお世話をするようになり、3歳を過ぎたころになると、ねんねさせたりおむつ交換したりするなどのお世話をし始めます。こうしたごっこ遊び*が展開され始めるのもこの時期です。

ごっこ遊びができるようになるには、生活場面の一つひとつを理解し、大人のふるまいを模倣することがベースになります。生活場面を再現した布絵本などでも、ごっこを楽しむことができるようになります。

また、こうしたイメージでものがつながり、遊びが広がる時期です。自分が遊びたいことの見通しをもち、これとこれを使おうと遊具を選んで遊びを展開していきます。

このように、この時期はそれまでの遊びが次々と変わっていった探索活動の時期から変化し、じっくりと遊びに取り組む様子がみられます。これは、イメージの世界で遊べるようになったことで子どもが遊びに見通しをもち、「こうしたい、ああしたい」という意欲が育まれている姿を表しています。

お人形遊び

重要語句

ごっこ遊び
→ままごとなどに代表される、模倣遊びの一つ。生活場面の再現や憧れの対象の模倣をする。3歳ごろは一人遊びだが、年齢が高くなるにつれ、しだいに複数人数での遊びに発展していく。

おさらいテスト

❶ 睡眠は、[　　]時間から[　　]時間が平均となり、その後だんだん短くなる。

❷ 食事の場面でみられるトラブルとしては、[　　]や[　　]などがある。

❸ 3歳を過ぎたころから[　　]遊びが始まる。

布絵本『ワンちゃんのお世話』(学生の作品)

● 図表 24-1　年齢ごとの発達と事故との関連性

	運動機能の発達	転落	切りきず・打撲	熱傷	窒息	交通事故	玩具	溺水事故	はさむ事故	誤飲
誕生		親が子どもを落とす		熱いミルク、熱い風呂	枕、軟らかい布団による窒息、吐乳	自動車同乗中の事故		入浴時の事故		
3か月	体動・足をパタパタさせる	ベッド、ソファーよりの転落							家のドア	
4か月										
5か月	見たものに手を出す口の中にものを入れる		床にある鋭い物（床の上）	ポット、食卓の湯、アイロン			小さな玩具の誤飲、鋭い角のある玩具			タバコ
6か月	寝返りをうつ					母親との自転車二人乗り	プラスチックの接合部分のささくれ			
7か月	座る	歩行器による転落								
8か月	はう	階段からの転落		ストーブ、炊飯器、タバコ		道でのヨチヨチ歩き、歩行中の事故		浴槽への転落事故		ボタンなどの小物
9か月	ものを掴む	バギーや椅子からの転落			紐、よだれかけ				引き出し	
10か月	家具につかまり立ちする	浴槽への転落	鋭い角の家具・建具、カミソリのいたずら							
11か月					ナッツ類					化粧品・薬品・洗剤
12か月	一人歩きをする	階段の昇り降りの転落								
13か月	スイッチ、ノブ、ダイヤルをいじる	椅子、窓、バルコニーからの転落	テーブルや椅子の角、引き出しの角など		ビニール袋					
1歳半	走る、登る		（家の中）							
2歳	階段を昇り降りする	ブランコからの転落		マッチ、ライター、湯沸かし器、花火			滑り台、ブランコ、花火	プール、川、海の事故	乗り物のドア	
3歳	高い所へ登れる		家外での石など			三輪車の事故				
3〜5歳						自転車の事故				

田中哲朗『新子どもの事故防止マニュアル』診断と治療社、2003年

演習課題

子どもの育ちと環境を考えた布の遊具をつくってみよう

（学生作品例）

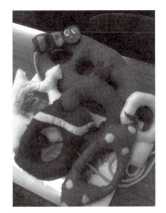
はらぺこあおむしの糸通し

布絵本

ガラガラボール

おさかなのボタンどめ

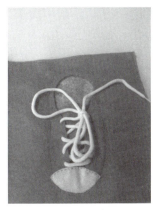
ひもむすび

ままごとセット

はらぺこあおむしの布絵本

くまちゃんのスナップどめ

絵合わせブロック

保育室・園庭の安全な環境について考えてみよう

保育室や園庭で起こりうる事故について箇条書きにしてまとめましょう。その後、グループで話し合ってみましょう。

-
-
-
-
-
-

第3章

演習編

この章では、3歳未満児の保育について、具体的に理解していきます。
第2章で学んだ発育・発達の特性を理解したうえで、
具体的にどう援助していくのか理解していきましょう。
また、指導計画等の保育計画の作成についても具体的に学ぶ必要があります。
※この章は、「乳児保育Ⅱ」に対応しています。

25コマ目 乳児保育における指導計画

今日のポイント

1. 3歳未満児の保育計画は個別に立てる。
2. デイリープログラムは日課表である。
3. 指導計画は子どもの育ちを促すための計画表である。

1 保育の計画とは何か

子どもたちは日々成長しています。皆さんは、子どもたちに、どのような大人になってほしいと思いますか。小さくかわいい子どもたちは一緒にいるだけで癒されますが、ただ子どもを預かっていればよいわけではありません。保育者には、預かった子どもたちを健やかに成長させる責務があります。

大げさな言い方ですが、子どもの住んでいる地域、時代、社会的価値観を十分汲み入れながら、子どもの年齢に応じて日々の生活を組み立て、社会の一員となれるように援助することが保育者の仕事です。日々の生活を組み立てていくことが、すなわち保育の計画を立てるということです。

2 乳児保育における指導計画の特徴

同じ0歳児クラスのなかでも、寝返りの子もいればつたい歩きの子もいます。体の大きい6か月児がいれば体の小さい10か月児もおり、同じ月齢の子どもでも食事の形態が異なる場合もあります。

「保育所保育指針」第1章3*の（2）イ（ア）では、「3歳未満児については、一人一人の子どもの生育歴、心身の発達、活動の実態等に即して、個別的な計画を作成すること」としており、子どもたちを十把一絡げにしてしまうのではなく、個別的な対応をすることが求められます。

重要語句

「保育所保育指針」第1章3

→保育所は、第1章1の（2）に示された保育の目標を達成するために、保育の基本となる「全体的な計画」を編成するとともに、これを具体化した「指導計画」を作成しなければならない。

3 デイリープログラムと短期指導計画の関係性

1 デイリープログラムとは

3歳未満児は成長の度合いがさまざまなので、指導計画も個別に立てる必要がありますが、このときに注意しなければならない点があります。

たとえば、Aちゃんは夜10時に寝て朝10時に起きる生活、B君はお菓子ばかり食べ、ご飯を嫌がる生活をしていたとしましょう。この子どもたちが入園してきたとき、保育者は個別に対応し、そのような生活を保育所でも継続させるような計画を立てることが望ましいといえるのでしょうか。答えはもちろんNoです。いくら個別的な計画を立てるといっても、保育者は、<u>長い時間を園で過ごす子どもたち</u>が、日々安定した生活を送るために生活リズムを整える必要があります。その生活時間の指標が<u>デイリープログラム</u>です（図表25-1）。デイリープログラムは各園で地域性や特色を加味しながら組み立てられています。

●図表25-1　デイリープログラムの例

時間	0歳児	配慮事項
7:00	順次登園・視診 室内遊び	●保護者に家での様子を確認する ●保育者とゆったりと過ごす
9:00	検温 おやつ・ミルク おむつ交換	●遊んでいる合間に、順に検温する ●すすみ具合で機嫌や体調を把握する
9:30	（午前寝） 遊び・散歩	●月齢や個々の生活リズムによって午前寝をする ●月齢や季節に応じ、遊びや散歩先に変化をもたせる
10:45	帰園 おむつ交換	●けがの有無や顔色の変化を確認しながら、着替えやおむつ交換をする
11:15	離乳食・ミルク	●楽しい雰囲気のなか、食事をすすめる
12:00	おむつ交換 午睡準備	●絵本を読んだりスキンシップをとったりし、ゆったりした雰囲気で眠りに誘う
12:30	午睡	●午睡中の体温や呼吸などを10分ごとに確認し、チェック表に記入する
15:00	目覚め 検温・おむつ交換	●起きた子からおむつ交換をする ●寝起きの体調変化を確認する
15:20	離乳食・ミルク 遊び	●水分補給をし、月齢に合わせたものを提供する ●握ったり、なめたり、放ったりして試す姿を受け止めていく
	順次降園 延長保育	●お迎えに来た保護者に1日の様子などを伝え、コミュニケーションをとる
18:00 19:00	（おやつ・遊び） 最終降園	●個々に応じて、ミルクを飲んだり軽く眠らせたりするなどの配慮をする

> 保育は計画なしには行えませんね。

> 3歳未満児のデイリープログラムは食事・排泄などの生活習慣が繰り返し行われているのが特徴的です。

重要語句

短期指導計画
→週間指導計画、1日指導計画、週日指導計画のこと。

2　短期指導計画とデイリープログラムの関係性

短期指導計画*は、1日の生活の流れ（デイリープログラム）に関連させて立てていくことが基本です。

たとえば、午前中の遊びで子どもが「まだ遊びたい」といっていつまでも切り上げず、昼食時間が予定より1時間も遅れ、子どもは遊び疲れて昼食もとらずに寝てしまいました……ということでは、子どもに生活のリズムをつくってあげることはできません。

子どもの活動内容や体調、天気、季節などにより多少時間を調節することはありますが、基本的にはデイリープログラムに沿った計画が必要です。

3　デイリープログラムは短期指導計画？

デイリープログラムがあれば、子どもたちは安定して1日の生活を送ることができますし、計画的にスケジュールを組み立てられているので保育者にとっても安心です。

それでは、保育所における生活の基本であるデイリープログラムは、そのまま指導計画と同じものと考えてもよいのでしょうか。

そうではありません。デイリープログラムはあくまでも生活時間の指標です。指導計画では、指標を示すだけではなく、個々の子どもの発達段階を考慮して生活を組み立てていく必要があります。ここにデイリープログラムと指導計画の違いがあります。

たとえば、3か月の子どもと11か月の子どもが入園してきたとして、3か月の子どもには午前寝が必要ですが、まもなく1歳になる11か月の子は体力もあり、午前中いっぱいたっぷり遊べるので午前寝は必要なくなります。あるいは、食事の仕方をみても、手づかみ食べをしている段階で、これから食に興味をもたせたい子もいれば、もうスプーンを使って食べる練習をしている子もいます。

指導計画には、このようなデイリープログラムだけではみえてこない個々のねらいや配慮を盛り込む必要があります。さらに、四季の変化や成長による人との関わりの変化なども考慮していくことで、より一人ひとりに沿った指導計画ができていくのです。

● 図表 25-2　月齢・年齢別の食事のねらいと配慮事項の例

月齢・年齢	食事のねらい	配慮事項
3～6か月ごろ	● 母乳やミルクを安心して飲む ● 母乳やミルクの飲む量を増やし、回数を減らす	● 優しく語りかけたり、ゆったりと抱きかかえたりして安心感をもたせる ● 日中の活動量を増やし、空腹を感じられるようにする。ミルクの量を増やすことで活動時間が増えるようにする
5・6か月ごろ～ （離乳食開始）	● 母乳やミルク以外の味を知る ● スプーンやフォークなどの食具の感触に慣れる	●「おいしいね」など声をかけ、食事への興味をもたせる ● スプーンを下唇のあたりにふれさせ、口の中に離乳食が取りこみやすいようにする
8・9か月ごろ～	● 手づかみ食べを楽しむ ● 食具に関心をもつ	● 喜んで食べる姿を受け止め、一口の量や咀嚼の様子を把握する ● 介助スプーンを別に用意し、スプーンを自分でもちたい気持ちに寄り添う
1歳ごろ～ （幼児食に移行）	● スプーンを使って食べようとする ● いろいろな食材を知る	● 意欲的に食べたい気持ちを優先し、先回りして口に運ばないようにする ● さまざまな形状やかたさ、色合いや味付けを知ることができるよう、栄養士や保護者と相談し提供する
2歳ごろ～	● 皿に手を添え、最後まで自分で食べようとする ● こぼさず食べようとする	● 楽しい雰囲気のなか、食事のマナーを伝えていく ● 食べこぼしが少ない子どもはエプロンをせずに食事を促し、お兄さんお姉さんとしての自信や周囲への刺激につなげていく

　図表 25-2 をみると、月齢のさまざまな子どもたちがひとクラスにいる 0、1、2 歳児クラスでは、全員を同じねらい（例：スプーンを使って食べる）へ向けて保育していくことに疑問を感じることでしょう。また、一人の子どもについても、入園したてのころと1年過ごして進級するころでは姿がまったく異なります。

　いずれから考えても、1年間の成長差が大きい乳児には、個別的な指導計画が必要なのです。

4　0、1、2歳児の短期指導計画

　短期の指導計画の一部を見てみましょう。短期の指導計画とは、具体的には週案や日案です。0、1、2歳児の場合、発達の個人差が著しいため、短期の指導計画については**個別指導計画**が主となります。個別指導計画は、子ども一人ひとりの発達に合わせて作成され、そこには園での生活の様子や、どんなことができるようになったのか、どんな遊びが好きかなど、詳細な情報が記載されます。図表 25-3 では、C君の短期指導計画のうち、4月と翌年の3月のものを併記しています。これらを比較してみると、約1年を経てC君の姿が変わり、ねらいや配慮事項、生活時間も変化していることがわかります。

25コマ目　乳児保育における指導計画

● 図表 25-3　C君の短期指導計画の比較

4月13日の週		翌年3月13日の週
・生後7か月になった。入園したばかりで、ときどき泣いて不安そうな姿があった。先週、腹ばいができ視界の変化を喜んでいた	先週の姿	・1歳6か月になった。歩行が上手になり、戸外での散策を楽しんでいた。トイレでの排泄が成功するようになった
◎生活リズムを安定させ、より安心して過ごせるようにする	ねらい	◎スプーンを使い、最後まで自分で食べようとする
○登園・視診をする ・保護者に家での様子を確認する ○検温・室内遊びをする ・落ち着いて遊んでいる間に検温をする	7:00	○登園・視診をする ・保護者に家での様子を確認する ○検温・室内遊びをする ・活発に動くので、転倒に気を付ける
○ミルクを飲む ・優しく抱き、安心感をもたせる ○おむつ交換をする ・肌が荒れているので、清潔にする ○午前寝をする ・20分ほどしたら優しく起こす ○室内遊びをする ・腹ばいでの遊びが楽しめるよう、視線の高さにおもちゃや顔を近づけて遊ぶ	9:00	○朝のおやつを食べる ・おやつ前の手洗いをていねいに見る ○排泄をする ・成功したときは一緒に喜び、自信につなげる ○散歩をする ・歩道から飛び出さないように手をつなぐ ・水分補給をする ・広場で一緒に体を動かし楽しむ
○おむつ交換をする ・「気持ちいいね」と声をかけていく	10:45	
○離乳食・ミルク ・なんでも口にしようとする姿に「おいしいね」と共感していく	11:00	○帰園する ・けがの有無などを確認しながら、着替えや排泄の介助をする
○おむつ交換をする	11:20	○給食を食べる ・楽しい雰囲気のなか、食事をすすめる
○午睡をする ・午睡中の体温や呼吸などを10分ごとに確認し、チェック表に記入する	11:30	○午睡準備 ・絵本を読んだりスキンシップをとったりするなど、ゆったりした雰囲気で眠りに誘う
	12:00	○午睡をする ・午睡中の体温や呼吸などを10分ごとに確認し、チェック表に記入する

5 0、1、2歳児の長期指導計画

1 年間指導計画

年間指導計画は、年度はじめに立てます。0、1、2歳児の場合、1年間をとおして安心して健やかに成長していくことが主なねらいとなります。

計画を立てるにあたっては、入園（進級）した子どもたち一人ひとりの姿をよく見て、1年後にはこのような姿になってほしいと具体的に思い描くことが大切です。

2 期別指導計画

0、1、2歳児の期別（または月別）指導計画には、年間指導計画と関連付けながら現在の子どもの姿をとらえ、次の期（月）にはこういう経験をしてほしい、こういう姿になってほしいと考えることを記していきます。

その際に、園の行事や季節、土地柄など、生活に密着した事柄も意識して計画しましょう。月齢による生活のねらいの違いを書き分けることも大切です。

期別指導計画の例を198〜199ページに掲載します。

おさらいテスト

❶ 3歳未満児の保育計画は [　　　] に立てる。
❷ デイリープログラムは [　　　] である。
❸ 指導計画は子どもの育ちを促すための [　　　] である。

年間指導計画を立てるには、1年後の子どもたちの姿を思い浮かべることが大切です。姿を思い浮かべるためには、子どもの発達について理解している必要があります。

●期別指導計画

> 4月当初の姿が書かれています。

20△△年度　1期（4月～5月）指導計画　0歳児　つくし組		
期のねらい　●新しい環境に無理なく慣れ、安心した気持ちで過ごす		
名前	子どもの姿	ねらいと内容
A子 （女・1歳）	●登園時は不安がり泣くが、しばらくすると自分で遊びをみつけている ●食事は好き嫌いせず手づかみで食べている ●指先を使った遊びに興味をもち、思うようにいかないとくやしそうに泣くことがある ●自分で立ち上がり、1歩足を踏み出すこともある。カタカタを押し、歩行を楽しんでいる	★ **新しい環境に慣れる** ●特定の保育者との関わりを喜び、信頼関係を深め、安心して過ごす ★ **保育者と関わるなかで好きな遊びをみつける** ●保育者に見守られながら、周囲の遊びに興味をもつ ★ **春の自然にふれる** ●外気浴や散歩をしたりするなかで芝生や草花にふれ、春の自然にふれる
T太 （男・6か月）	●特定の保育者に甘え、抱き方の違いで泣くことがある ●好き嫌いなく、離乳食を食べている ●腹ばいで顔を上げておもちゃに手を伸ばそうとしたり、機嫌のよいときに喃語を発したりしている ●戸外が好きでテラスに出ると喜ぶ。コンビラック、歩行器に乗ると機嫌がよい	★ **新しい環境に慣れる** ●安心して食事をとり、安心して眠る ★ **保育者と関わるなかで好きな遊びをみつける** ●保育者に見守られながら、さまざまな姿勢で遊びを楽しむ ★ **春の雰囲気にふれる** ●外気浴や散歩をしたりするなかで芝生や草花にふれ、春の自然にふれる

> 季節のねらいがあります。

20△△年度　4期（1月～3月）指導計画　0歳児　つくし組		
期のねらい　●寒さに留意しながら健康に過ごす　・身振りや言葉など自分なりの方法で、		
名前	子どもの姿	ねらいと内容
A子 （女・1歳10か月）	●戸外で過ごすことを楽しみ、小走りしたり、土手登りをして喜んでいる ●身近な人とのまねっこ遊びを楽しんでいる ●自分の気持ちを片言や身振り手振りで伝えようとしている	★ **寒い冬を元気に過ごす** ●保育者に手を洗ってもらったり自分で手を動かしたりして、清潔になることの気持ちよさを味わう ★ **全身を思い切り動かし、戸外遊びを楽しむ** ●固定遊具や<u>自然の土手登り</u>などの好きな遊びを繰り返し楽しむ。 ★ **まねっこ遊びを楽しむ** ●まねっこ遊びをするなかで、保育者や友だちと同じ動きをしたり、受け答えをしたりする楽しさを味わう ★ **保育者や友だちとの食事を楽しむ** ●こぼしながらも自分で食事をしようとする
T太 （男・1歳4か月）	●体力がつき、ときどき午前寝をしなくても日中の活動ができる ●スプーンを上手に使って食事をし、汁わんを両手で支え、ほとんどこぼさずに飲む。好き嫌いは多い ●手遊びや踊りを喜び、笑顔で保育者のまねをする ●おむつがぬれていないことが多く、おまるに誘うと成功することが多い	★ **寒い冬を元気に過ごす** ●鼻水をこまめに拭き、保育者と一緒に手を洗い清潔を保つ ★ **戸外遊びを楽しみながら、自然と体を動かす** ●簡単な遊具に挑戦したり、ゆるやかな<u>土手</u>を登り降りしながら全身を使い、バランス感覚を身につけていく ★ **保育者とのやりとりを楽しむ** ●自分の要求を一語文で伝えたり、身振りで表現したりする ★ **おまるで排泄する心地よさを味わう** ●声をかけられ、おまるでの排泄に挑戦する

> 3期の姿が書かれています。

> 行事につながるねらいがあります。

> 土地柄が取り入れられています。

担任	園長	主任

環境構成・保育者の援助

- 優しく語りかけ、子どもの反応を受け止める。スキンシップをとりながら気持ちの安定を図る
- 探索活動が楽しめるよう、安全な環境を整える
- 安全なスペースを確保して、歩行がすすむような誘いかけをする
- 引っぱる、つまむ、握る、出し入れするといった遊びが楽しめるようなさまざまな素材の玩具を用意する。玩具の動きや感触の違いを感じられるようにする
- 気温や体調のいい日には散歩や外気浴を行い、気持ちよく過ごせるようにする
- 「いい天気だね」「お花が咲いているね」など、子どもの表情を見ながら声をかけ、心地よさを共感していく

- T太の生活リズムに合わせて授乳や午前寝をして、気持ちよく生活に慣れるようにする
- 安全な遊びのスペースを確保する
- 安心感を感じられるように、ふれあい遊びをして信頼関係を深めていく
- お気に入りのおもちゃを口にくわえ、落ち着いている姿を受け止めていく
- 外気浴や散歩を行い、外気の気持ちよさを肌で感じられるようにする

← 入園したばかりの1期は、新しい環境で安心して過ごせることを主にねらいとしています。

← 4期は個々の成長差に合わせて同じ活動内容でもねらいが違います。

担任	園長	主任

安心して気持ちを表現する

環境構成・保育者の援助

- 洗面台にステップを用意し、子どもが手を洗いやすいようにする。一緒に手を添え洗い、「ぴかぴかだね」「気持ちいいね」など気持ちよさを伝えていく

- 個々の身体の発達をとらえながら、戸外遊びを楽しめるよう援助する。遊びの前に遊具の安全点検を必ず行う
- 給食ごっこ、朝の集まりごっこなど身近なことをごっこ遊びで見立て、率先して受け答えをしている姿を受け止め、生活発表会につなげる

- 意欲的に食事をする姿を認め、最後まで自分で食べたい気持ちに寄り添う

- 鼻水が出やすいので、悪化しないようこまめに鼻を拭き、感染症予防に努める。
- 遊具で遊びたい意欲を受け止め、転落に気を付ける。また、行きたいところへ自分の足で行くことのできる楽しさを味わえるよう、一緒に体を動かしていく
- 安心して自分の思いが出せるようゆったりした気持ちで受け止め、言葉が伝わる楽しさが味わえるようにし、生活発表会につなげる
- おむつ替えのときに、ぬれていないときは無理なくおまるへ誘う。タイミングよく排尿できたときは、できたことを認め、おまるで排尿する感覚がわかるようにしていく

← 生活の姿、遊びの姿、行事の姿などさまざまな角度から姿をとらえ、ねらいを立てていきさます。

25コマ目　乳児保育における指導計画

期別指導計画を見て考えよう１

期別指導計画（198～199ページ）を比較して気付いたことを書いてみましょう。

①１期のA子（１歳）の姿とT太（６か月）の姿の比較

②A子の１期（４月ごろ）の姿と４期（１月ごろ）の姿の比較

演習課題

期別指導計画を見て考えよう２

③１期と４期のねらいと内容の比較

④１期と４期の環境構成・保育者の援助の比較

238ページで解答例を確認してみましょう。

26コマ目 観察・記録及び自己評価

今日のポイント

1. 観察は、出来事の前後も把握する。
2. 記録は、観察したことに保育の意図を盛り込む。
3. 自己評価は、次の保育につなげていく。

1 観察のポイント

　皆さんは、実習に行ったとき何を観察したいと思いますか。保育者の動きでしょうか、子どもの姿でしょうか。最初は生活の流れを知るために保育者の言葉がけやそのときの子どもの動きをとらえ、自分も同じようにしなければ、と記憶しようとすることでしょう。

　しかし、観察実習を重ねるうちに、生活の流れも保育者の言葉がけも日々ほとんど変わりなく、実習日誌の内容が単調でおもしろみのないものにみえてしまいがちです。そこで、ここでは、保育所の様子を観察するときのポイントについて述べます。どこに注目すればよいかがわかっていれば、これまで同じようにみえていた日々がまったく違うものとしてとらえられ、実習日誌が書きやすくなるでしょう。

①この子はどうしてこうしているのかな？（子どもの姿）
②先生はどうしたいのかな？（保育者の意図と援助）
③どうしてこのような環境を設定したのかな？（環境設定）
④こうなる前は何かあったのかな？（関連付け）
⑤この後はどうなるのかな？（予測）

　たとえば、子どもが突然泣き出したとします。観察していなければどうしたのだろうとびっくりすることも、それ以前の姿を観察していれば、「遊んでいたのにおもちゃをとられちゃったね」と声をかけるなど、子どもの気持ちや成長に見合った援助ができるでしょう。

　1日に何度もあるおむつ交換の場面でも、一人ひとりに着目していくことでさまざまなことがわかってきます。「Aちゃんがいつも遊びのあとのおむつ替えを嫌がるのは、まだ遊びたいからだな」というように子どもの気持ちがわかったり、「給食前のおむつ替えでB君を最初にするのは、いつも空腹で機嫌が悪くなるから早めにテーブルにつかせようとしているの

観察で大切なのは、その瞬間だけではなく、前後を把握することです。0、1、2歳児は、出来事を言葉で上手に表せません。泣く、かみつく、引っかくなど気になる行動はよく観察することで解決の糸口が見いだせます。

だな」というように保育者の配慮がみえてきたりするでしょう。

2 記録のポイント

観察によって子どもの姿や保育者の援助の意図、環境設定のねらいがわかり、前後の流れからその行動の意味や思いに気付けたら、次はそれを記録していきましょう。

以下のような点に注意すると、見やすく充実した記録になります。

1 誤字・脱字

誤字・脱字がないように、黒いペンでていねいに書きましょう。消せるタイプのボールペンは使用せず、修正テープなどもできるだけ使わないようにしましょう。間違えやすい漢字や送り仮名に気を付け、正確に書くことも大切です。

【間違えやすい漢字・送り仮名】
接っする→接する、短かい→短い、気ずく→気づく、捉がす→促す
見せれる→見せられる、見れる→見られる、運てい→雲梯　など

2 日誌

図表26-1の記録 i と記録 ii を見比べてみましょう。

●図表26-1　記録 i と記録 ii の比較

記録 i

子どもの活動	保育者の援助・配慮	実習生の動き・気付き
○おむつ交換をした	・順に、おむつ交換の声かけをした	・おむつ交換の手伝いをした ・泣いて嫌がる子がいて困った

記録 ii

子どもの活動	保育者の援助・配慮	実習生の動き・気付き
○おむつ交換をした ・すすんで替えに行く子、嫌がる子がいた	・順に、おむつ交換の声かけをした ・Bを最初に取り替え、給食への期待をもたせていた ・Aには、遊びの様子をみながら声をかけていた	・おむつ交換の手伝いをした ・泣く子には「次は給食だよ」と声をかけ、気分が変わるようにした ・まだ遊びたいAの気持ちに寄り添っているなと思った

> 文字はきれいに書けなくてもていねいに書きましょう。人柄が表れるところです。

> 行動を羅列するだけにならないようにしましょう。

記録 i ではおおまかな様子しか伝わりませんが、記録 ii ではそのときの個々の子どもの様子が目に浮かんできます。実習生の気付きでは、記録 i の「困った」という表現はただの感想でしかありません。記録 ii のように困った状況に対して、保育者としてどのように対応したかが書けるようになるとよいでしょう。

3 自己評価

保育をしていると、「もう少し遊びの時間を延ばせばよかったな」「先にタオルをセットしておいたほうが動線がよかったな」などと気付くことがでてくるでしょう。このように、保育を振り返り、保育内容や環境を改善していくことが評価、反省になります。

1 自己評価の姿勢

「保育所保育指針」第1章3の（4）ア「保育士等の自己評価」では、「保育の計画や保育の記録を通して、自らの保育実践を振り返り、自己評価することを通して、その専門性の向上や保育実践の改善に努めなければならない」としています。

評価というとランク付けをするようなイメージがつきまとうかもしれませんが、子どもと充実した時間が過ごせれば「満点！」と思えることでしょう。評価という言葉にとまどわず、謙虚に振り返り、次回の保育をさらに充実させるものととらえましょう。

自分のしたことだけではなく、そのときの子どもの姿や反応をしっかり記憶しましょう。その記憶があれば、振り返りは簡単です。

2 PDCAサイクル

物事をすすめる手法の一つとしてPDCAサイクルというものがあります。これは、計画（PLAN）し、実践（DO）し、評価（CHECK）し、改善（ACTION）し、次につなげていく流れのことです（図表26-2）。保育の場面でも子どもの姿から保育を計画し、実践し、保育を振り返り、次の保育計画に生かすことが大切です。

●図表 26-2　PDCAサイクルと具体例

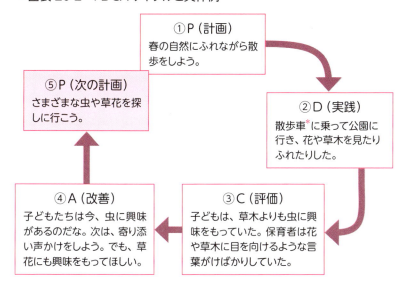

語句説明

散歩車
→保育所等で散歩や外出に使用する大型のベビーカーのこと。

　自己評価は、「子どもの発達や興味に合っていたか」という子どもの視点からの振り返りと、「保育者自身の言葉がけや生活の流れのつくり方などが適切であったか」などの保育者としての振り返りの両面から行いましょう。

おさらいテスト

❶ 観察は、出来事の［　　　］も把握する。
❷ 記録は、観察したことに［　　　］を盛り込む。
❸ 自己評価は、［　　　］につなげていく。

演習課題

観察・記録及び自己評価について振り返ろう1

1歳児クラスの11:30と11:45の部屋遊びの様子の変化を観察し、記録してみましょう。

11:30

11:45

※記録例は239ページを参照

演習課題

観察・記録及び自己評価について振り返ろう2

演習テーマ 1 記録をまとめよう

子どもの活動	保育者の援助・配慮	実習生の動き・気付き
○室内で遊ぶ（例）		

演習テーマ 2 自分でまとめよう

保育のPDCAサイクルとは何でしょうか。まとめてみましょう。

27コマ目 子どもの生活と遊びが豊かになる保育環境1

今日のポイント

1. 子どもの生活と遊びが豊かになるには、「自ら関わりたくなるような」「魅力ある」環境構成が重要である。
2. 「魅力ある」環境構成には、人、事柄、雰囲気も含まれる。
3. 特に乳児と関わる「人」は、重要な環境の一つである。

1 子どもにとって魅力ある環境とは

1 「保育所保育指針解説書」より

「保育所保育指針解説書」第1章1の（4）アには「保育においては、子ども自身の興味や関心が触発され、好奇心をもって自ら関わりたくなるような、子どもにとって魅力ある環境を保育士等が構成することが重要である」とあります。ここでいう「自ら関わりたくなるような」「魅力ある」環境とは何かを探ってみましょう。

2 「自ら関わりたくなるような」「魅力ある」環境構成とは

皆さんには気味悪いな、怖いなと思うものはありますか。そういうものが自分のまわりにあったら、見たくない、触りたくない、近寄りたくないと思うのではないでしょうか。

子どもたちも同じです。明るく、楽しく、かわいらしく、ふしぎで、わくわくするもの、ホッとするものが大好きです。また、子どもにとって愛情を注いでくれる人は関わりたくなる人でもあります。そして、関わりたくなる人が自分の関わりたくないものを受け入れている姿を見ていると、子どもも少しずつ関わり、受け入れようとするのです。

たとえば、ワンワンと鳴く犬のおもちゃを怖がっていた子どもが、母親がそのおもちゃで楽しそうに遊んでいる様子を見て、おもちゃを注視したり手を伸ばしたりすることがあります。「母親が犬のおもちゃで遊んでいる」という事柄や、「安心できる母親が一緒にいて、その母親が楽しそうにしている」という雰囲気はすべて、子どもが犬のおもちゃに関わりたくなるための大事な要素です。このように、「魅力ある」環境構成は、物の設定だけにとどまらず、人、事柄、雰囲気も含まれます。

2 保育所で具体的に使われているものを見てみよう

保育所は、毎日長い時間を過ごす生活の場です。0、1、2歳児を取り巻く環境のなかではどのようなものが使われているのでしょうか。保育所にあるものを参考に考えてみましょう。

1 絵本

0、1、2歳児は、視力が未発達のため、色彩豊かなもののほうがわかりやすくてよいでしょう。顔（表情）があるものや、食べ物・動物・車・生活用品など、身の回りにあるものには親しみをもちます。気に入った絵本は持ち歩きたがりますので、コンパクトで破れにくいものを選ぶのもよいでしょう。

「きらきら」「もくもく」などの繰り返し語（文）が多用される絵本にも、音の響きから興味をもちます。ストーリーのあるものは少しずつわかり、2歳ごろになると「おおかみはいじわるだからやっつけられちゃったんだよね」など原因と結果が把握できる子もいます。1～2歳ごろは短いストーリーのものをたくさん読んであげるとよいでしょう（➡具体的な年齢別のおすすめ絵本については 234～235 ページを参照）。

読み聞かせるときは、さらさらとよどみなく読んでいくよりも、子どもの反応や絵に合わせて、「A ちゃんにりんご、あ～ん」などとやりとりするほうが印象に残り繰り返し読みたがります。

2 紙芝居

紙のめくり方を工夫する、せりふに声色をつけて読むなど、紙芝居は、絵本を読むときより保育者から発信している要素が強いといえます。

0、1、2歳児向けの紙芝居はおおよそ 8 場面、3歳以上児向けの紙芝居は 12 場面で構成されています。乳児に読む場合は、8 場面の短い紙芝居のなかから選ぶとよいでしょう。

3　おもちゃ

　まだ寝そべっている（伏臥位）時期は、音が出るものや光るもの、顔の近くで動いているものを目で追ったり、手足をばたつかせて反応します。寝返ったり体の向きを変えたりできるようになると、手を伸ばしてものをつかんだり、口に運ぼうとしたりします。

　自分でおもちゃを握るようになるころは、力のコントロールができずに握っていたおもちゃが自分に当たったり、飲み込んでしまうことがあるので目が離せません。口に入れても安全な形状や大きさで、清潔なおもちゃを選ぶとよいでしょう。シリコン素材の歯がためやタオル地の人形、ボールは定番です。また、丈夫な木やプラスチックでできたブロックや電車などのおもちゃは長く使えます。

　指先を使えるようになると、つまんだり、引っぱったり、指で押すことができるおもちゃや型はめ、パズルなどで繰り返し遊びます。クレヨンでのお絵描き、ひも通しもじっくりと遊べます。歩きだすと、カタカタやコンビカーで体を動かして遊ぶことを好みます。

　2歳くらいになると、大人のまねをしてままごと遊びを楽しむ姿もみられます。おもちゃは既成のものばかりではなく、身近な素材を使ってつくるのもよいでしょう。ドングリをペットボトルの空き容器に入れるとマラカスになります。ペットボトルに水とミラーテープの端切れを入れると、振るたびにミラーテープが浮きあがってとてもきれいです。

232～233ページで0、1、2歳児クラスで実際に遊んでいるおもちゃが確認できます。

4　大型遊具

　自分で動けるようになると、大型ソフトブロックや巧技台、室内ジャングルジム、すべり台などをよじのぼったり下りたりジャンプしたりと、全身を使う遊びができます。しかし、運動機能が未熟なので、つまずきや転倒、落下の恐れがあります。マットやカーペットを敷いたり、すぐに手を出して支えられる距離で見守るなどの配慮が必要です。

3　環境としての人

　0、1、2歳児の発達を促す環境のなかでも、0、1、2歳児と関わる「人」はとても重要です。いくら「もの」を子どものまわりに充実させたとしても、そこに人との関わりがなければ健やかな成長にはつながりません。

　散歩に行き草花にふれてこよう、というねらいをもったとしましょう。きっと皆さんなら、公園に着いたときに、ベビーカーに乗せたまま無言で草木のそばを素通りしたりせず、自分の目や耳、鼻を研ぎ澄ませつつ、ゆったりと「きれいね」「葉っぱがお話ししてるね」「いいにおい」などと声に出していくことでしょう。このような働きかけが0、1、2歳児にとって大事な人的環境をつくります。

事例① 人への反応が薄いAちゃん

保育所の1歳児クラスに入園してきたAちゃん。身体的な発達は問題ありませんでしたが、人への反応が少し足りないことが保育者には気がかりです。お母さんとお父さんは第1子のAちゃんをどう育てていいのかあまりよくわからない、ととまどいながら子育てをしているそうです。特別に手のかかるような子ではないのに、なぜ、保育者は気になったのでしょうか。

保護者とコミュニケーションをとっていくなかで、お母さんが「まだ小さいから何もわかっていないと思っている」「言葉もわからないだろうし、泣いたら抱っこすれば泣きやむ」というのでした。実は、Aちゃんの反応の薄さ、表情のとぼしさの原因はこれでした。

1歳のころの記憶は誰もがないに等しいですが、記憶に残らないからといって、その時期の子どもが何も理解していないわけではありません。記憶がなくても生まれたときからいろいろ理解しようとする力はあります。言葉のやりとりができなくても、話しかけられることで言葉を習得していきます。ほほえみかけられることで、自分の存在や行動に安心感や自信をもっていきます。

Aちゃんはその後、たくさんの温かい働きかけを保護者や保育者から受け、半年後には表情豊かでおしゃべりな子になっていました。

事例② T保育士のときは泣かないB君

B君は、いつも新米のS保育士がいるとぐずり、抱っこを求めます。ベテランのT保育士のときはぐずらず機嫌よく遊んでいます。B君はなぜそうなるのでしょうか。

よく見ていると、S保育士はB君が落ち着くまで辛抱強く抱っこをしています。T保育士はぐずったB君をあやしながらおもちゃで遊んであげたり、まわりの子どもと楽しそうにお話ししています。B君は、T保育士に抱っこされながらもほかの楽しいことをみつけ、気分を切り替え、遊びだすのです。

事例①、事例②ともに人の関わり方によって子どもの姿が違ってくることがわかります。

保育所で保育者を見ていると、子どもに対して「あなたのこと知りたいな」という姿勢と、何事に対しても「楽しい」という気持ちを表すことのできる人ほど、子どもに安心してもらうのが早いです。子どもにとって魅力的な環境である「人」となりたいですね。

4 自ら関わりたくなるような事柄、雰囲気

　2歳クラスのO君は、紙パンツにおしっこをしていることが少なく、そろそろトイレでおしっこをさせたいと保育者は考えました。

　まわりのお友だちが何人かトイレに行くときに誘うと、一緒にトイレの前まではついてきますが、中に入りたがりません。お友だちが中でおしっこしているところを見せても「嫌なの」といいます。

　ところが、家での様子を聞くと、家では便器に座っていることがわかりました。保育者は、O君が保育所のトイレを怖がっているのだろうなと感じました。そこで、O君の好きな電車の写真をトイレの入り口から中のほうまで貼ることを思いつきました。お昼寝明けにO君に「山手線を見に行こう」とトイレに誘ったところ、O君は写真にひきこまれるようにトイレの中に入っていき、おしっこをしてくることができました。

　保育者が、O君の好きな電車の写真を貼るという事柄が、O君が怖いと感じていたトイレの雰囲気を変え、思わずトイレに入っていきたくなるような環境になったといえるでしょう。

おさらいテスト

❶ 子どもの生活と遊びが豊かになるには、「[　　　　　　]」「魅力ある」環境構成が重要である。

❷ 「魅力ある」環境構成には、[　]、事柄、[　　　]も含まれる。

❸ 特に乳児と関わる「人」は、重要な[　　]の一つである。

演習課題

適切な環境づくり

0歳児保育室、5歳児保育室にそれぞれふさわしい環境のものを選んでみましょう。

0歳児

[
　
　
　
]

5歳児

[
　
　
　
]

※解答例は240ページを参照

28コマ目 子どもの生活と遊びが豊かになる保育環境2

今日のポイント

1. 保育所で工夫されている「魅力ある環境」を知る。
2. 0、1、2歳児の遊びは、保育者の準備とフォローが大事である。
3. 0、1、2歳児の遊びは長続きしないものと心得、焦らない。

1 遊びのアイデア

子どもにとって、遊びをたくさん知っている保育者は魅力的です。保育所で人気の遊びを知り、子どもと一緒に楽しみましょう。

1 手遊び・歌遊び

テーマ	例	ポイント
スキンシップ	・いっぽんばし ・ちょちちょちあわわ ・ぱんやさんにおかいもの	・手のひらだけでなく、足、おなか、背中を使って遊ぶ。 ・顔や体のあちこちにふれて遊べる。 ・食べ物手遊びとしてもよい。
動物がでてくるもの	・げんこつ山のたぬきさん ・ねこのこ ・ぱんだうさぎこあら ・こぶたぬきつねこ	・最後はじゃんけんではなく、手をパッと広げおしまいにすると0、1、2歳児も楽しめる。 ・スキンシップも図れる。 ・スピードを速くしたり遅くしたりして変化をつけると喜ぶ。
食べ物がでてくるもの	・大きな栗の木の下で ・おべんとうばこ ・5つのメロンパン ・カレーライスのうた ・やきいもグーチーパー	・季節に合わせて、または給食メニューに合わせて取り入れると親しみをもちやすい。
指を動かす	・おはなしゆびさん ・キャベツの中から	・最初は保育者の指が変化していくのを見て楽しむ。 ・1歳ごろから自分でも指を動かそうとする。

ほかにもいろいろ覚えて、自分の引き出しを増やしましょう。

テーマ	例	ポイント
いろいろなものに変身	・グーチョキパーでなにつくろう ・まあるいたまご ・むすんでひらいて	・基本の遊び方のほかにも変身できるものを考えておくとさらに楽しめる。
親子でダイナミックに	・バスごっこ ・おうまはみんな	・子どもの反応を見ながら、大きく揺らしてあげるとよい。
大小の変化を楽しむ	・おおきなたいこ ・ちいさなはたけ	・声や身振り手振りに大小の変化をつけて楽しむ。「おべんとうばこ」も変化をつけて遊べる。

2 制作・描画・表現遊び

素材	例	内容
新聞紙を使って遊ぶ	びりびりにしよう	新聞紙をひたすら破っていく。見開き1枚だと大きすぎるので、半分以下の大きさで準備するとスムーズにとりかかれる。
	お風呂（布団）遊び	子どもが入れる大きさの段ボール箱の中に、破った新聞紙を詰めて、風呂や布団をイメージできるような動きを楽しむ。見開き1枚大を布団に見立てても喜ぶ。
	着てみよう	新聞紙をマントや帽子、洋服、スカートにして身につける。まだ自分たちだけでは難しいので、保育者のがんばりが必要である。
	ボールづくり	新聞紙をぎゅっと丸める。とても力のいる作業なので、最後の仕上げを保育者が行う。ちぎった新聞紙をビニール袋に詰めてボールにする方法もある。できあがったら、投げたり、蹴ったりして遊ぶ。かごを用意して玉入れにしてもよい。
ペットボトルで遊ぶ	マラカスをつくろう	ペットボトルの中に小豆などを入れてキャップをする。季節によってはドングリを入れてもよい。ペットボトルにシールを貼るとオリジナルのマラカスができあがり。プリンカップ2個を貼り合わせてもできる。
	水を入れよう	水の量を変えながら振ってみると、水の音や振った感触の違いが楽しめる。色のついた水を入れれば、ジュースに見立てられる。水と一緒に刻んだ耐水性のミラーテープなどを入れるとペットボトルを振るたびにキラキラとテープが舞い、きれいで、横にして転がしても動きがおもしろい。

新聞紙遊びは部屋いっぱいに広がると踏んで転倒しやすくなるので、気を付けながら遊びましょう。

制作は、0、1、2歳児ができるところを考えて準備しましょう。仕上げも保育者が行います。手早くできるよう計画しましょう。

素材	例	内容
ペットボトルで遊ぶ	鈴落とし	ペットボトルの下半分を2つ使う。ペットボトルの切り口の大きさに合わせ色画用紙を貼りつける。色画用紙には鈴が通る大きさの穴を開けておく。貼りつけたら鈴を穴から入れ、もう1つのペットボトルを重ね合わせ、透明テープで固定すると、鈴を上から下に落としていく鈴落としができあがる。鈴の代わりにビー玉やビーズのようなものもよい。ものが落ちていく様子が見えるので集中して遊ぶ子もいる。
牛乳パックで遊ぶ	小物入れ	牛乳パックの下半分を使う。パックにひもをつける。首にかけたり、手でもったりできる長さにする。散歩に行くときに花や木の実を拾って楽しむ。小物入れ自体は保育者がつくり、子どもはシールを貼ったり絵を描いたりして自分のものとわかるようにするとよい。
	パクパク	注ぎ口を平たく閉じる。牛乳パックを真ん中から3方向に切り、切らなかった面を上下合わせるように半分にすると、パペットができあがる。牛乳パックの上部と底部が口のようにパクパクして見える。目や鼻などを子どもと一緒につけ、動物にすると喜ぶ。
	船	牛乳パックを細長く半分に切る。注ぎ口部分は三角のままでも構わない。小さなぬいぐるみやお気に入りのおもちゃを入れ遊ぶ。
	サイコロ	牛乳パックでサイコロ型をつくる。好きな絵や色紙を貼り、きれいにしたらできあがり。子どもの顔写真を貼り付けてあげると喜ぶ。

素材	例	内容
絵の具で遊ぶ	ビー玉お絵描き	お菓子の缶や空き箱の中に画用紙を敷く。その上に絵の具をつけたビー玉を入れ自由に転がす。子どもが楽しく転がしているうちに模様ができあがる。
	たんぽ遊び	ガーゼなどでつくったたんぽでポンポンお絵描きを楽しむ。混ざってもきれいな色を3色ほど用意しておくとよい。
	吹き絵	画用紙の上に絵の具を垂らし、その絵の具を吹いて模様をつくる。吹くことができるようになったら楽しめる。
小麦粉・片栗粉で遊ぶ	ボディーペインティング	夏の暑いときに裸になって楽しむ遊び。小麦粉や片栗粉を薄く溶いて感触を楽しむ。食紅で色をつけると鮮やかである。口に入れなければ、絵の具でもよい。
	粘土	油粘土よりも軟らかく、口に入っても安全。小麦粉はアレルギーのある子は注意が必要なので、必ず担任の保育者に相談して行う。
ポリ袋風船で遊ぶ	ふくらませる	ふくらませた透明ポリ袋や風船で部屋をいっぱいにする。放ったり、蹴散らしたりして楽しめる。段ボール箱のようなものがあると、そこに入れて遊びが広がる。
	色紙をつける	ふくらませた風船に色紙をつけて、タコなどの動物をつくって楽しむ。傘袋のような細長いポリ袋はロケットや飛行機がつくりやすいので喜ぶ。

2　遊びの導入、持続

　0、1、2歳児はまだ、3歳以上児のように1か所に集まって話を聞くことがうまくできませんが、興味があることには、声をかけなくてもいつのまにか集まってきます。全員が揃わなくてもよいので、最初に、「おもしろいことが始まるよ」などと声をかけてみましょう。楽しそうに始めればきっと近寄ってきてくれます。全員揃ってから始めよう、なんて思わないでください。何もせずに待っていたら、最初に興味をもってきた子たちが待ち切れず離れていってしまいます。「Aちゃんは来てくれなかったな」というようなことになったら、それは次からの保育に生かしてください。待つ時間を短く、準備と仕上げのフォローは抜かりないように計画しましょう。また、0、1、2歳児の遊びはなかなか長い間持続しません。それは0、1、2歳児の1日が、食事や睡眠、排泄に着替えといった生活のなかに、遊びがちりばめられているようなものだからです。おなかがすいた、眠いといった要因で遊ばなくなることもよくあります。すぐに遊びが終息しても気落ちせず、もう一度誘いかけたり、別の遊びをして楽しみましょう。職員間の連携も大事です。

> **事例①　役割分担の大切さ**
>
> 　実習生Hさんは、2歳クラスで実習をしていました。今日は本実習の日で、Hさんは皆で傘袋を使ってロケットづくりをすることにしました。子どもたちは「うちゅうせんのうた」を歌い踊り、気分は宇宙飛行士です。すぐに、傘袋をHさんのところにわれ先にともってきて「先生！ふくらませて！」と大にぎわいです。Hさんは一生懸命次々とふくらませていきました。まもなく、少し離れたところでB君とG君がふくらませた傘袋で戦いごっこを始めましたが、そばに立っていたKちゃんにぶつかり、Kちゃんは泣きだしてしまいました。まだ、傘袋をふくらませてほしいと待っているお友だちもいます。Hさんは困ってしまいました。
>
> 　それまでの様子を見ていた担任のO先生がHさんにスッと近づき、「私がふくらませるよ」と声をかけてくれました。HさんはB君とG君が待ちくたびれて遊び始めたことを反省し、すぐにロケットづくりの続きをし、その後はほぼ計画通りに楽しむことができました。
>
> 　Hさんは全体を振り返ったときに、あらかじめ役割分担をしておくべきだったと気付きました。

実習先の0、1、2歳児クラスが複数担任だった場合、実習時も複数で連携をしていけるとよいですね。そうすることで、遊びが途切れずに楽しめます。

おさらいテスト

❶ 保育所で工夫されている[　　　]を知る。
❷ 0、1、2歳児の遊びは、保育者の[　　　]とフォローが大事である。
❸ 0、1、2歳児の遊びは[　　　]しないものと心得、焦らない。

演習課題

0、1、2歳児との遊びを考えよう

0、1、2歳児と遊べる手遊び・歌遊びを考え、発表し合いましょう。

①乗り物がでてくる手遊び・歌遊び

[　　　　　　　　　　　　　　　　　　　　　　　　　　　　　　　]

②海の生き物がでてくる手遊び・歌遊び

[　　　　　　　　　　　　　　　　　　　　　　　　　　　　　　　]

③おばけがでてくる手遊び・歌遊び

[　　　　　　　　　　　　　　　　　　　　　　　　　　　　　　　]

29コマ目 集団での生活における配慮

今日のポイント

1. 乳児の集団生活は、個人差・月齢差に配慮する。
2. 集団のなかの「一人ひとり」を大事にする。
3. 個に振り回されない「集団」を大事にする。

1 集団生活における配慮

　保育所では、国の基準により保育者1人に対し0歳児は3人、1、2歳児は6人の子どもを保育します。これを家庭に置きかえると非常に大変なことだということがわかります。3つ子の0歳児や6つ子の1、2歳児を一人で見ていかなくてはいけないのです。6人きょうだいの場合は、年上の子が年下の子の世話をしてくれますが、乳児の同年齢同士では、そうはいきません。保育所に入園してきた子どもたちが集団で生き生きと過ごすために、どのように保育をしたらよいか考えてみましょう。

1 個人差・月齢差に配慮した保育

　保育所で生活するための基本は、生活リズムを整え、心身ともに安定して過ごすことです。しかし0、1、2歳児は個人差が大きく、入園・進級当初からクラスで一律の生活リズムをつくっていくことはなかなか難しいことです。たとえば、5か月のEちゃんの生活リズムは午前中に20分ほど寝て、そのあと遊ぶというものです。一方、1歳のKくんは午前中いっぱい活発に体を動かす生活リズムになっています。この場合、どちらの生活リズムに合わせても、どちらかの生活リズムが崩れることになります。また、ミルクを飲むEちゃんに合わせて、いつまでもKくんにミルクだけを飲ませていたらどうでしょう。逆に、内臓機能が未熟な状態のEちゃんに幼児食を与えていたとしたら、それはとても酷なことです。つまり、個人差・月齢差のある子どもたちが同じクラスで生活するには、複数の保育者間で役割を分担しながら個別に対応していくことが大切なのです。

2 衛生的な環境づくり

0、1、2歳児は身体機能が未熟で、さまざまな細菌やウイルスに対する免疫が十分ではありません。そのため、すぐに発熱や鼻水、咳、下痢などの症状が表れます。ひとたび、クラス内で感染症が流行ると、あっという間に広がり、長引きます。このような感染症を防ぐため、また早く終息させるために衛生的な環境づくりは欠かせません。部屋や玩具をこまめに消毒し、室内換気、室温調整をしましょう。そして、子どもたちの手や顔を清潔にし、接触感染もできるだけ防ぐような配慮をしましょう。

3 子どもに合わせた環境構成

家庭だと一人で楽しめる玩具が、大勢で遊ぶと取り合いになってしまうことがあります。幼児になれば、少しずつ順番を守ったり半分ずつ使ったりするなど、折り合いをつけて遊ぶことができますが、0、1、2歳児はまだそのようなことが年齢的に難しい時期です。そのため、同じ玩具を十分な数用意したり、子どもたちの遊びの流れをみたりしながらも、転倒などを防ぐために、玩具が部屋のなかに散らかり広がらないよう片付けなどをすることも、大切な配慮となります。また、口に何でも運んでしまう年齢の子どもには、細かくて飲み込めるような玩具を与えない、角があったりぶつかってすぐ欠けたりするような玩具を与えないなどの配慮が必要です。

はいはいを始めれば、床にほこりが落ちていないかと確認し、つかまり立ちを始めれば、不安定なものにつかまっていないかを確認し、歩き出すようになればつまずくものはないか、手をついたところにけがをするようなものは落ちていないかなど、成長に合わせての細やかな配慮も大切です。そして、はいはいの子どもと歩き始めた子どもが同じ空間にいることもありますので、お互いに衝突することのないよう、いつでも保育者が手を差し出せるような位置で見守るような配慮も考えられます。

4 子どもに合わせた保育計画

実際に集団での保育をするときには、月齢差や個人差があっても同じ場で過ごすことが多々あります。そのようなときには、保育計画を工夫しましょう。たとえば1歳児クラスで、とても天気の良い日に散歩に行きたい、自然にふれ親しみたいと計画をした場合、高月齢児はたくさん歩いて散歩を楽しみます。その間、低月齢児は散歩車に乗って戸外の様子を楽しんだり、ベビーカーで午前寝をして公園まで移動するなど身体面で差がある部分を調整する計画を立てます。このような配慮が集団の生活を快適に過ごすポイントとなります。

●細かくて飲み込めるような玩具

ビーズ、小さなブロック、小さなままごと玩具、小さなボールなど

●角があったりぶつかったりしてすぐ欠けたりするような玩具

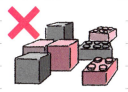

積み木、かためのブロック、薄いプラスチック製のままごと玩具など

2 集団のなかの「一人ひとり」を大事にする

次の事例を見て考えていきましょう。

事例①　エプロンを嫌がるRくん

　1歳児クラスでは今から給食が始まります。保育者がテーブルをセットし始めると、みんなは大好きな給食の時間だとわかります。すすんで食事用エプロンを身につけ始めました。そのようななか、今日もRくんは食事用エプロンをつけずにいすに座っています。それに気付いたK保育者は「Rくん、エプロンつけてからだよ」と声をかけました。Rくんはうつむいたまま動きません。K保育者は「エプロンしない子は給食は食べられません」と言いました。するとRくんはしぶしぶエプロンを身につけ座りなおしました。

同じ給食の時間でもねらいが異なれば、配慮や援助の仕方、子どもをとらえる視点も変わります。漫然と生活をすすめるのではなく、日々ねらいをもちましょう。

　Rくんに対するK保育者の対応は、これでよかったのでしょうか。たしかに、まだ一人でこぼさずに食事をするのが難しい年齢の子どもたちです。エプロンをつけなければ、洋服が汚れてしまいます。

　このとき考えてほしいことは、優先したいことは何かということです。エプロンを身につけることでしょうか、給食を食べることでしょうか、大人の言うことを聞かせることでしょうか。エプロンを身につけるという行為はいま、Rくんが乗り越えなければならない課題でしょうか。そう考えていくと、おのずと子どもへの対応方法がみえてきます。

　給食を食べることを優先したいなら、エプロンをしないときがあってもいいのです。洋服が汚れることが心配なら、保護者にもあらかじめ状況を伝え、了承を得ておくのです。それでRくんが給食を食べられれば、ねらいは達成となります。また、もしかしたらRくんは食後の汚れた洋服を見て、次からはエプロンをつけるかもしれないという期待を込めた予測もできます。

　もし、どうしてもエプロンをつけさせたいなら、嫌がる原因を探してみましょう。エプロンの締め付けが嫌、ぼくはお兄ちゃんだからエプロンは

したくない、エプロンをつけるよりも先に大好きなGちゃんの隣に座りたかった、などRくんの思いを探って声かけをしてみましょう。そうしている間に気分が変わったり、Rくんが納得してエプロンをつけられるようなポイントが見えてきます。

事例のなかのK保育者のように、「エプロンしない子は給食は食べられません」という威圧的なやり方は、保育者としては避けるべきです。たとえば、5歳児クラスの男児が友だちに対して「長袖の子は仲間に入っちゃダメ」と言っている場面を見たらどう感じますか。保育者は子どもの鑑です。保育者の言動は、そのまま子どもに反映されることを常に意識することが大切です。

保育所は集団の場ですが、養護の面を大事にして、一人ひとりに寄り添い受け止めて保育をすすめていきましょう。

3 個に振り回されない「集団」を大事にする

事例②　途切れる読み聞かせタイム

　2歳児クラスでは、これからお昼寝前の読み聞かせタイムです。S保育者は、集まった子どもたちの前で絵本を読み始めました。まもなく、後ろの方にいたTくんが立ち上がり離れていきました。すかさずS保育者は「Tくん、こっちだよ」と声をかけました。みんなが一斉にTくんを見たので、Tくんは照れ笑いをして戻ってきました。次にNちゃんが前に座っているOちゃんの髪の毛を触りました。これまたS保育者はすぐに「Nちゃん！」と声をかけました。その後もS保育者は絵本をじっと見ていない子がいると、その都度声をかけ集中させるようにしていました。

　さて、S保育者はこの時間にどのようなねらいをもっていたのでしょうか。お昼寝前に全員が集中して話を聞くことがねらいならば、事例②の保育でもよいでしょう。けれども、お昼寝前の時間は、ゆったりとリラックスして入眠できるような環境をつくることが大切です。そのような観点から考えると、最初から最後までお話を聞いていた子どもたちにとって、途

2歳児という年齢から考えると、全員が集中して話を聞くというねらい自体が難しいことを理解してください。

切れ途切れの読み聞かせタイムはあまりゆったりと過ごせたとはいえません。

　0、1、2歳児は、まだまわりの状況に応じて自分を律して行動することができる時期ではありません。ましてや、午前の活動を終え昼食でお腹がいっぱいになった状態です。「読み聞かせで大事にしたいことはゆったりとした雰囲気でお話の世界を楽しむこと」と考えるなら、できる限り途切れないようにしてほしいものです。お話を聞いている子どもたちが、お話に興味のない数人の子に振り回されることのないよう、保育者も数人の子に振り回されることのないようにしましょう。保育者は、気になる行動をする子に目配りしながらも集団の雰囲気を壊さないような、絵本にひきつけられるような雰囲気を意識するとよいでしょう。案外、子どもたちを観察していると、気がそれてもまたお話を聞き始めています。大声で騒いだり、隣の子どもをひっかくなどして、読み聞かせの雰囲気を壊すようなことをしなければいいのです。

　いつ、どの場面でも、個々を受け止められているか、集団の雰囲気は良好かを感じ取り、つくり上げていくことで、子どもたちは安定した生活を過ごすことができるのです。

おさらいテスト

❶ 乳児の集団生活は、[　　　]・[　　　]に配慮する。
❷ 集団のなかの「[　　　]」を大事にする。
❸ 個に振り回されない「[　　　]」を大事にする。

子どもに合った環境構成、配慮について考えてみよう

第1節の3において、集団の生活のなかで、子どもに合わせた環境構成をすることが大切であると述べました。次のような場合にどのような環境構成、配慮が考えられますか。

①給食時、前期食の子と完了食の子がいる場合

[　　　　　　　　　　　　　　　　　　　　　　　　　　　　　　　]

②靴を履くとき、自分で履く子と履けない子がいる場合

[　　　　　　　　　　　　　　　　　　　　　　　　　　　　　　　]

③午睡時、午前寝をした子としなかった子がいる場合

[　　　　　　　　　　　　　　　　　　　　　　　　　　　　　　　]

30コマ目 環境の変化や移行に対する配慮

今日のポイント

1. 環境の変化に対し、急に移行するのではなく慣らしをする。
2. 子どもに進級のプレッシャーを与えないよう配慮をする。
3. 保育者間で子どもの状況を共有し、移行をスムーズにする。

　4月は入園や進級の時期です。皆さんははじめての場所や新しい環境に不安を感じますか、それとも期待が高まるでしょうか。子どもたちは期待と不安が入り混じるなか、それぞれ入園や進級をします。子どもたちに対し、環境が変化するときに一体どのような配慮が必要か、考えてみましょう。

1 新しい部屋に慣れる配慮

まずは事例を見ていきましょう。

事例①　進級してから様子が変わったAちゃん

　4月になり、Aちゃんは1歳児クラスに進級しました。今までの部屋から一つ奥の部屋になりました。いつも元気に登園していたAちゃんですが、進級してから様子が変わりました。今朝も玄関でなかなか動こうとしないAちゃんにお母さんは少しイライラしているようです。「ほら、早く。ママ遅れちゃう！」半ば強引に連れられてくる途中、Aちゃんは0歳児クラスの前で立ち止まりました。お母さんはお構いなしにAちゃんの手を引いて入室してきました。Aちゃんは不安そうにお母さんのそばから離れません。お母さんはさっさと朝の支度を終わらせると、保育者に「お願いします。特に家で変わったことはありませんでした」と伝え、Aちゃんを引き渡しました。Aちゃんは途端にのけぞり、泣き出し抵抗しました。保育者に抱っこされても「ママがいい！」と大泣きです。保育者は、Aちゃんが登園してくるときに、0歳児クラスの前で一瞬立ち止まったのを見逃しませんでした。そして次のように考えました。
　①0歳児クラスが自分の部屋だと思っている。
　②0歳児クラスにお気に入りのおもちゃがある。
　そこで早速、0歳児クラスの部屋からいつも遊んでいた布絵本をもってくると、抱っこされていたAちゃんは泣き止み、するりと腕から降り、そ

の布絵本を大事そうに抱え、部屋のなかで遊び始めました。

　Aちゃんのように登園時に不安そうにしたり、泣いたりする姿は4月によくみられます。そのようなとき、何が原因なのか探っていくことで、Aちゃんが今までのようにのびのびと過ごすことができます。この事例の場合、Aちゃんは安心できるおもちゃがあり、それをもつことで落ち着くことができました。もし、0歳児クラスの部屋が安心できる要素なら、一緒に0歳児クラスに行ってあげるとよいでしょう。

　保育所によっては3月末に、新しい部屋に慣れるために、進級部屋で遊んだり午睡したりすることがあります。慣れ親しんでいる保育者や友だちと一緒に過ごしていくうちに、進級する部屋でも安心できるようになります。

子どもの変化に保護者も敏感になります。保護者に寄り添う配慮もできるといいですね。

30コマ目　環境の変化や移行に対する配慮

2　新しい保育者・友だちに慣れる配慮

　0、1、2歳ごろは、発達過程で人見知りをする子が多くいます。そのうえ慣れない場所で、慣れない大人や子どもが同じ空間にいることを想像すると、子どもたちが不安になる気持ちがわかることでしょう。

　新入園児に対しては、できるだけ同じ保育者が関わるなど保育担当制（➡7コマ目参照）にしている保育所があります。また進級児の不安をできるだけ軽くするために、進級前の担任が必ず一人は子どもと一緒にクラスをもちあがるなど工夫をしている保育所もあります。そのほかにも、3月末に新しく担任になる保育者と一緒に遊んだり、過ごしたりする場合もあります。4月1日になって急に部屋も担任もすべて変更するのではなく、3月末から少しずつ新しい環境と関わり、4月以降も新しい環境になじむまでは、以前のものと関わるように配慮することが望ましいといえます。

3　進級のプレッシャーを与えない配慮

　次の事例を見てみましょう。

事例②　登園を渋ったHちゃん

　4月になり、2歳児クラスは新入園児が6人、進級児が12人の計18人のクラスになりました。新入園のDくんはとても活発な男の子です。部屋での過ごし方や、遊び方の約束事がまだわからないので、気になることがあると自由に動き回ります。この日は部屋でブロック遊びをしていました。ブロックでつくった飛行機を気に入り、「ブ〜ン！ブ〜ン！」と持ち上げ、動かしています。楽しそうなDくんを見て進級児のTくんとUくん

も同じように飛行機をつくりDくんと同じように持ち上げ、動かし始めました。とてもいい雰囲気です。ところが、楽しくなったDくんは飛行機をもって部屋のなかを走り始めました。それを見て、TくんとUくんもDくんの後を追いかけて走り出しました。ほかの遊びをしているお友だちに今にもぶつかりそうです。危険を感じた保育者は「危ない！止まって！」と声をかけ止めました。3人はしばらく静かに遊びましたが、また勢いづき、部屋の中を走り始めました。保育者は「だめ！危ないって言ったでしょ！言うこと聞けない子は赤ちゃん組へどうぞ！」。3人はまたしばらく静かに遊びましたが、時間がたつと走り始め、そのたびに保育者は声をかけて制止するのでした。

翌朝、同じクラスのなかでおとなしいHちゃんの保護者が登園時に「うちの子、赤ちゃんになっちゃうから保育園に行きたくないっていうんです。何かありましたか？」と話してきました。

さて、皆さんはどうしてクラスメートのHちゃんが登園を渋ったかわかりますか。飛行機で遊んでいた3人はまったくこりていませんでしたが、Hちゃんは保育者の言葉を、自分に投げかけられたかのように受け止めていたのです。

新しい環境では、いろいろな気持ちの子どもがいます。3人の男の子のように入園や進級を喜び、自分の遊びを楽しめる子もいますが、Hちゃんのように不安がる子もいます。Hちゃんは走り回る男の子たちの勢いに不安を感じ、さらに言うことを聞かないと、「赤ちゃん組」にされてしまうという不安ももったのです。この保育者はつい、まだ落ち着かないクラスに対して、配慮のない言葉でプレッシャーを与え、抑え込もうとしました。言葉を投げかけられた3人の男の子には気にならなかった言葉も、集団のなかでは、予想以上の大きさで受け止めてしまう子どももいるので、気遣うべきでした。

子どもも人間です。皆さんが上司や先輩に「できないなら、〇〇だよ」とプレッシャーをかけられたら、どのような気持ちになりますか。入園、進級時に限らず避けるべき言葉がけです。

威圧的にならないような言葉がけをみなさんで考えてみましょう。
禁止するよりだめな理由を気付かせる方が効果的です。

4 保育者間の引き継ぎ・共有

次の事例を見ていきましょう。

事例③　午睡中のおむつに関する引き継ぎ

　0歳児クラスだったMちゃんはトイレトレーニング中で、日中パンツで過ごしてもほとんど失敗することがなくなりましたが、午睡中はまだ紙おむつに履き替えていました。4月になり1歳児クラスに進級して数日後、保護者の方からこんなことを言われました。「進級してから毎日、おもらししたからとシーツとパンツをもって帰ってくるのですが、以前は、紙お

むつに履き替えさせてもらっていました。1歳児クラスでは午睡中に紙おむつでは寝ないことになっているのでしょうか。それとも、履き替えることは前の先生から伝わっていないのでしょうか」。

1歳児クラスの保育者は、残念なことに、きちんと引き継ぎを受けていませんでした。そのため、Mちゃんに不快な午睡をさせ、Mちゃんの保護者の方には不信感を抱かれてしまいました。保育者は、前担任と一緒におわびをし、改めてクラスの子どもたちの引き継ぎをしっかりと行いました。

子ども一人ひとりの健康状態や生活習慣、好きな遊びや食べ物、苦手なこと、何かにつまずいたときの気持ちの切り替え方など、できるだけ細かく引き継いでいくことは、子どもや保護者との距離が縮まる方法の一つです。3月になると、子どもたちが進級後の部屋で過ごすだけでなく、新しい担任も同じ空間で、進級前の担任とのやりとりや遊ぶ姿を自分の目で見て、把握する機会を設けている保育所もあります。このようなしっかりとした引き継ぎや情報の共有は、新しい担任になっても自分の子どものことをよく理解してくれている、という保護者からの信頼につながります。

5 慣らし保育に対する保護者の理解

多くの保育所では、入園時に慣らし保育という期間があります。子どもが保育所の環境に慣れるため、最初は短い時間から段階的に時間を延ばし、保育をしていきます。慣らし保育期間は、保育所の方針や子どもの性質によりますが、1週間程度が平均的です。

慣らし保育はなぜ必要なのでしょうか。実は、慣らし保育中にSIDS（→18コマ目参照）の割合が高いというデータがあります。原因は、慣れない環境での子どもの体調不良やストレス、保育者がまだ個々を把握できていない時期で、異変に気付くことが遅いためではないかなどといわれています。園によっては慣らし保育がなく、いきなり長時間預かるところもありますが、子どものことを考えたら、慣らし保育はやはりあったほうが望ましいといえます。集団生活がはじめての子どもはもちろんですが、転園してきた子どもも、転園先の保育所ははじめての場所なので、慣らし保育をするほうがよいでしょう。そのためには、保護者の理解と協力を得る働きかけが必要となります。

おさらいテスト

❶ 環境の変化に対し、急に移行するのではなく[　　　]をする。
❷ 子どもに進級の[　　　]を与えないよう配慮をする。
❸ [　　　]で子どもの状況を共有し、移行をスムーズにする。

環境の移行について考えよう

①皆さんは、どのようにして新しい場面になじんでいますか。具体的な例をあげ、自分なりになじむ方法を書き出し、まわりの人と共有してみましょう。

[

]

②今まで、どうしてもなじめなかった出来事はありますか。具体的にどのようなときにどのようなことが原因でなじめなかったかを書き出し、まわりの人と共有してみましょう。

[

]

※書き出し、共有することで子どもが不安に感じる原因やそれを解決するヒントがみえてくるかもしれません。

資料集

0、1、2歳児クラスのおもちゃと遊び…………232

現役保育士が選ぶおすすめの絵本…………234

◎乳児保育に関係する法律

「育児休業、介護休業等育児又は家族介護を行う
　労働者の福祉に関する法律」(第5条)…………236

「労働基準法」(第65条)…………236

0、1、2歳児クラスのおもちゃと遊び

0、1歳児クラスのおもちゃ

1 吊して楽しむ、つかまって楽しむおもちゃ

- 6か月ごろから遊べる。
- 寝転がり、手を伸ばして遊ぶ。
- 立ち上がるようになったら、つかまり立ちの練習にも。

2 音の出るおもちゃ

- 音の出るおもちゃは乳児から楽しむことができる。
- キャラクターものが人気。

3 布製のおもちゃ

- つかんだり、投げたりして遊ぶ。
- 布製のボールはやわらかく安全。
- ぬいぐるみもやわらかい感触のものが多い。

4 ガラガラやリングなど0歳児用のおもちゃ

- 保育者と乳児が1対1で遊ぶ。
- 子どもによって、好きな感触が異なるのでさまざまな素材のものを用意している。
- 0歳児用といっても、1歳児も好んで遊ぶことも多い。

5 手づくりのおもちゃ

- 手づくりおもちゃは乳児にも人気。215〜217ページを参考に、手づくりおもちゃのアイデアをもって実習にのぞめるとよい。

6 おままごとセット(0、1歳児用)

- 2歳児クラスのものに比べ、野菜や包丁のサイズが大きめ。
- 0、1歳児は包丁で野菜を切ったりすることより、お皿に野菜をのせて運んだりして遊ぶことが多い。

0、1、2歳児クラスで使われているおもちゃとその遊び方の一例を紹介します。0、1歳児クラスと2歳児クラスの違いを考えてみたり、どのように子どもと遊ぶかをイメージしたりすることで、実習に備えましょう。（資料提供：立野みどり保育園）

2歳児クラスのおもちゃ

❶ 牛乳パックのテーブルセット

- 保育者による手づくり。
- 牛乳パックに布が貼ってあり、組み立てることでテーブルやいすになる。
- 2歳児が実際に座ることができ、おままごとなどで使う。

❷ おままごとセット（2歳児用）

- 保育者による手づくり（布製）。
- おにぎりやウインナー、野菜やくだものなど、0、1歳児用に比べて種類が多く、大きさも小さい。

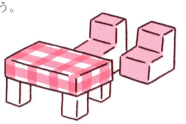

❸ ブロック

- ブロックを高くつなげて持ち運んだり、長く並べることが多い。
- ブロックによっては組み立てるのに力が必要なものもある。

❹ 絵本と紙芝居

- 保育者と一緒に読んだり、自分でめくったりして楽しむ。
- 保育者が取りやすい場所に置いてあり、さっと取り出せるようになっている。

❺ お絵描き帳

- 2歳ごろからクレヨンを強く握り描くことを楽しむ。
- 絵を描くことは個人差があるので2歳児ではまだ描ける子、描けない子の差が大きくある。

❻ ひもを通すおもちゃ、パズル

- ひも通しのおもちゃは、0、1歳児のおもちゃよりひもを通す穴が小さい。
- パズルには持ち手がついていて、つかめるようになっている。

現役保育士が選ぶおすすめの絵本

1 『ぴょーん』

作・絵：まつおか たつひで
ポプラ社

- 0歳の子どもから楽しめる。
- ページをめくるたびにいろんな生き物がはねる。
- 子どもたちも一緒に合わせてぴょーんとはねるまねをして、繰り返し遊ぶことができる。

2 『だるまさんが』

作・絵：かがくい ひろし
ブロンズ新社

- 「だるまさんが……」と保育士が読むと、子どもは揺れながらページがめくられるのを待つ。めくると、「どてーっ」とか「ぎゅう」など、だるまさんがするアクションを子どもがまねする、という遊びを繰り返し楽しめる。

3 『いないいないばあそび』

作・絵：きむら ゆういち
偕成社

- 0歳の子どもから楽しめる。
- 子犬のコロちゃんなど、動物や人間の手の部分がしかけとなっている。「いないいなーい」と読みながらページをめくると、「ばあー」と笑った顔が現れる。
- ふだんの遊びの延長で読むことができる。

4 「いやだ いやだの絵本」シリーズ 『いやだいやだ』『にんじん』『もじゃもじゃ』『ねないこ だれだ』

作・絵：せな けいこ
福音館書店

- ストーリー性があり、1歳過ぎくらいから楽しめる。
- ちょうど「イヤイヤ」と言い始める時期に、『いやだいやだ』の主人公のルルちゃんのかわりに「○○ちゃん」などと子どもの名前で読んであげるとよく反応する。

0、1、2歳児クラスでは、どんな絵本が読まれているのでしょうか。現役保育士さんにおすすめの絵本とポイントを聞きました。(資料提供：立野みどり保育園　伊藤　泉)

❺ 『はみがきあそび』

作・絵：きむら ゆういち
偕成社

- 1歳すぎくらいから楽しめる。
- 遊びながら歯磨きの習慣をつけられる。子どもたちに、歯磨きへの親しみや「歯磨きって楽しいなあ」という気持ちをもってもらえる効果がある。

❻ 『くだものいろいろかくれんぼ』

作・絵：いしかわ こうじ
ポプラ社

- かたぬきされたページをめくってくだものの名前をあてる絵本。英語付き。
- 子どもには、食べ物など身近なテーマが好まれる。
- ついつい大人は文字を読むが、子どもは絵を楽しんでいる。

❼ 『おべんとうバス』

作・絵：真珠 まりこ
ひさかたチャイルド

- 2歳くらいの子どもが楽しめる。
- みんなで絵本を読むようになるので、遠目から見ても大きくはっきりした絵のものがよい。
- 少しずつおべんとうの具がバスに乗っていって、最後にお弁当が完成する。子どもたちは繰り返しを楽しむ。

❽ 『わたしのおべんとう』

作・絵：スギヤマ カナヨ
アリス館

- 1、2歳の子どもが楽しめる。
- だんだんとお弁当の中身が減っていって、最後はからっぽになる。
- 同じ絵の繰り返しを子どもたちは喜んでいる。

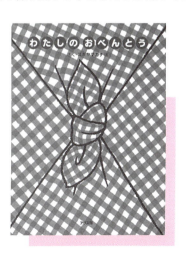

育児休業、介護休業等育児又は家族介護を行う労働者の福祉に関する法律（第5条）

平成3年5月15日法律第76号

第5条　労働者は、その養育する1歳に満たない子について、その事業主に申し出ることにより、育児休業をすることができる。ただし、期間を定めて雇用される者にあっては、次の各号のいずれにも該当するものに限り、当該申出をすることができる。
　一　当該事業主に引き続き雇用された期間が1年以上である者
　二　その養育する子が1歳6か月に達する日までに、その労働契約（労働契約が更新される場合にあっては、更新後のもの）が満了することが明らかでない者
2　前項の規定にかかわらず、育児休業（当該育児休業に係る子の出生の日から起算して8週間を経過する日の翌日まで（出産予定日前に当該子が出生した場合にあっては当該出生の日から当該出産予定日から起算して8週間を経過する日の翌日までとし、出産予定日後に当該子が出生した場合にあっては当該出産予定日から当該出生の日から起算して8週間を経過する日の翌日までとする。）の期間内に、労働者（当該期間内に労働基準法（昭和22年法律第49号）第65条第2項の規定により休業した者を除く。）が当該子を養育するためにした前項の規定による最初の申出によりする育児休業を除く。）をしたことがある労働者は、当該育児休業を開始した日に養育していた子については、厚生労働省令で定める特別の事情がある場合を除き、同項の申出をすることができない。
3　労働者は、その養育する1歳から1歳6か月に達するまでの子について、次の各号のいずれにも該当する場合に限り、その事業主に申し出ることにより、育児休業をすることができる。ただし、期間を定めて雇用される者であってその配偶者が当該子が1歳に達する日（以下「1歳到達日」という。）において育児休業をしているものにあっては、第1項各号のいずれにも該当するものに限り、当該申出をすることができる。
　一　当該申出に係る子について、当該労働者又はその配偶者が、当該子の1歳到達日において育児休業をしている場合
　二　当該子の1歳到達日後の期間について休業することが雇用の継続のために特に必要と認められる場合として厚生労働省令で定める場合に該当する場合
4　労働者は、その養育する1歳6か月から2歳に達するまでの子について、次の各号のいずれにも該当する場合に限り、その事業主に申し出ることにより、育児休業をすることができる。
　一　当該申出に係る子について、当該労働者又はその配偶者が、当該子の1歳6か月に達する日（次号及び第6項において「1歳6か月到達日」という。）において育児休業をしている場合
　二　当該子の1歳6か月到達日後の期間について休業することが雇用の継続のために特に必要と認められる場合として厚生労働省令で定める場合に該当する場合
5　第1項ただし書の規定は、前項の申出について準用する。この場合において、第1項第2号中「1歳6か月」とあるのは、「2歳」と読み替えるものとする。
6　第1項、第3項及び第4項の規定による申出（以下「育児休業申出」という。）は、厚生労働省令で定めるところにより、その期間中は育児休業をすることとする一の期間について、その初日（以下「育児休業開始予定日」という。）及び末日（以下「育児休業終了予定日」という。）とする日を明らかにして、しなければならない。この場合において、第3項の規定による申出にあっては当該申出に係る子の1歳到達日の翌日を、第4項の規定による申出にあっては当該申出に係る子の1歳6か月到達日の翌日を、それぞれ育児休業開始予定日としなければならない。
7　第1項ただし書、第2項、第3項ただし書、第5項及び前項後段の規定は、期間を定めて雇用される者であって、その締結する労働契約の期間の末日を育児休業終了予定日（第7条第3項の規定により当該育児休業終了予定日が変更された場合にあっては、その変更後の育児休業終了予定日とされた日）とする育児休業をしているものが、当該育児休業に係る子について、当該労働契約の更新に伴い、当該更新後の労働契約の期間の初日を育児休業開始予定日とする育児休業申出をする場合には、これを適用しない。

労働基準法（第65条）

昭和22年4月7日法律第49号

（産前産後）
第65条　使用者は、6週間（多胎妊娠の場合にあつては、14週間）以内に出産する予定の女性が休業を請求した場合においては、その者を就業させてはならない。
2　使用者は、産後8週間を経過しない女性を就業させてはならない。ただし、産後6週間を経過した女性が請求した場合において、その者について医師が支障がないと認めた業務に就かせることは、差し支えない。
3　使用者は、妊娠中の女性が請求した場合においては、他の軽易な業務に転換させなければならない。

演習課題の解答例

体験型・自主学習型以外の演習課題の解答例を提示します。
自分で考える際の参考にしましょう。

演習課題の解答例

3コマ目の解答例

●30ページ「自分で調べ、話し合ってみよう1」演習テーマ1
【母性神話】
母性とは母親としての特性を意味し、具体的には幼い子どもへの保護、養育行動などをさす。母親の子どもに対する愛情や母親らしい行動は先天的に備わったものであり、崇高で善な行動としてとらえられる場合、これを母性神話と呼ぶ。母性神話は、母親としてこのような行動をとることが当然のこととして要求されることになる。
【三歳児神話】
3歳までは母親が子育てに専念すべきだという考え方。内容としては①子どもの成長にとって3歳までが非常に大切という考え方②その大切な時期だからこそ、生来的に育児の適性を持った母親が養育に専念しなければならないという考え方③もし母親が働くなどの理由で、子どもが3歳まで、あるいは就学前ぐらいまでの時期を育児に専念しないと、子どもはとても寂しい思いをして、将来にわたって成長にゆがみをもたらすという考え方。
大日向雅美『母性愛神話の罠』日本評論社、2000年

18コマ目の解答例

●149ページ「布おむつと紙おむつの違いを考えてみよう」
布おむつはぬれたままだが、紙おむつはさらりとしているなど質感が異なる。

25コマ目の解答例

●200、201ページ「期別指導計画を見て考えよう1・2」
①の解答例
・A子よりT太の方が不安や甘えが強い。
・食事は2人とも好きで、T太はまだ離乳食を食べている。
・T太は腹ばいができ、A子は歩き始めである。
・A子は指先を使う遊びに興味が出てきている。
②の解答例
・1期は園生活に不安そうだが、4期は人と関わったり、自分の気持ちを表したりと園生活に慣れ楽しんでいる。
・1期は歩き始めであったが、4期は小走りができるほど歩行が安定した。
・1期では不安そうでも自分で遊びをみつけ出せた。4期では土手登りをする姿があった。A子は活発である。
③の解答例
・1期では保育所や保育者に慣れたり、関わったりすることが2人ともねらいとなっている。4期では、季節のねらいはA子にもT太にも入っているが、そのほかは個別のねらいである。
④の解答例
・1期では2人とも安定や安心をもってもらえるような援助や配慮である。4期では個々のねらいに合わせて援助や配慮も個別である。

26コマ目の解答例

● 207ページ「観察・記録及び自己評価について振り返ろう2」演習テーマ2

子どもの活動	保育者の援助・配慮	実習生の動き・気付き
○室内で遊ぶ ・おもちゃの電車で遊ぶ	・おもちゃの電車をゆったりと走らせられるよう、広く場所をとっている	・AとBは最初仲良く遊んでいたが、BがAのものを取り上げてしまった。Bは赤い車両が欲しかったようだ。
	・電車の取り合いなどのトラブルはていねいに個々の気持ちを受け止め「貸して」「いいよ」のやりとりの手助けをしている。	・保育者が「順番でしょ」と決めるのではなく、「貸して」「いいよ」と伝えていきたいのだ、とわかった。
・絵本を読む	・保育者が一緒に読み、落ち着いた雰囲気づくりをしていた。	・Cは保育者がいなくなっても一人でずっと絵本を見ていた。絵本が好きなようだ。
・ままごとで遊ぶ	・ぬいぐるみや皿など、遊びたくなるような環境をつくっていた。	・ぬいぐるみを赤ちゃんのように見立てて、寝かしつけたり、ミルクを飲ませようとしていて、よく知っているな、と思った。
		・保育者がそばにずっとついていなくてもじっくり遊んでいた。
・室内すべり台	・すべり台の昇り降りの際に保育者がそばについていた。 「ビューッ」「はやいね」「楽しいね」など言葉にし、共感していた。	・歩行がふらつく子が多いのでそばにいないと危険だということがわかった。 子どもの気持ちを言葉にすることで子どもが喜んで繰り返し楽しんでいるなと思った。

27コマ目の解答例

●213ページ「適切な環境づくり」
【0歳児】
引き車(歩行時に最適)、ぬいぐるみ(目鼻がはっきりしていて興味をもつ)、ボール(やわらかいものがよい)、ブロック(やわらかく、大きめのものなら可)、クレヨン(0歳後半なら興味をもつ子もいる。口に運ぶことがあるので注意が必要)

【5歳児】
ハサミ・クレヨン・セロテープ・けん玉・釣り遊び、ボール(室内ではビーチボールなどのやわらかいものが安全)、ブロック(細かいもので指先を使いじっくり楽しめる)

＊5歳児だから引き車や犬のぬいぐるみが絶対いらないということはない。懐かしく楽しめるものでもある。工夫して遊べる。

索引

欧文

S
SIDS……………………147, 229

和文

あ
愛情遮断症候群……………………80
愛着形成……………………………152
愛着行動……………33, 138, 165
赤沢鐘美……………………………24
遊び食べ……………………………171
後追い………………………………165
アトピー性皮膚炎…………………55
アナフィラキシー…………………55
アレルギー…………………………54

い
育児休業……………27, 102, 236
一語文………………37, 153, 164
一時預かり事業………………98, 99
一時保護……………………………123
溢乳…………………………………143

う
ウェルビーイング…………………76
ヴォーカルマーカー………………153
歌遊び………………………………214

え
絵本…………………177, 209, 234
M字型のカーブ……………………103
円錯画………………………………167
園便り…………………………113, 116
延長保育…………………………96, 126
園庭開放事業………………………99

お
応答的な関わり………………19, 49
おまる………………………………172
おむつ交換…………………………146
おもちゃ………………………210, 232

か
家庭的保育……………………8, 9, 89
家庭的保育事業……………………82
家庭的保育事業ガイドライン……83
家庭的保育事業等の設備及び
　運営に関する基準………………83
家庭的保育室の
　デイリープログラムの例………85
家庭的保育者…………9, 83, 86, 90
紙芝居………………………………209
かみつき…………………………168, 173
完結出生児数………………………105

き
着替え………146, 160, 173, 186
季節行事……………………………77
期別指導計画………………………197
虐待………………………………79, 98
協応動作……………………………138
共同注視……………………………154
共鳴動作……………………………135
居宅訪問型保育事業……89, 90, 91
キンダーガーテン…………………29

く
クーイング……………………33, 137
グライダーポーズ…………………151
クラス便り…………………………113

け
原始反射……………………………136

こ
高月齢児……………………………66
子育て相談事業……………………99
コットベッド………………………170
子ども・子育て支援新制度
　……………………………9, 58, 88
子どもの最善の利益………………16
個別指導計画………………………195
混合栄養……………………………143

さ
支え座り……………………………151
産休…………………………………50
三項関係……………………………154
3歳以上児…………………………46
3歳未満児………………8, 46, 98, 102

し
自我……………………35, 40, 53, 179
自我の芽生え…………………40, 165
事業所内保育事業………89, 90, 92
自己………………………………35, 40
自己肯定感情………………………40
自己主張……………………………40
自己認識………………………167, 168
自己評価……………………………204
自立欲求……………………………40
施設型給付…………………………10, 88
視線追従……………………………154

市町村保健センター…………96, 122
児童相談所…………………………123
児童の権利に関する条約…………16
児童福祉施設………………………58
児童福祉施設の設備及び運営に
　関する基準………………………21
児童福祉法……………………24, 58
死亡事故……………………………129
ジャーゴン…………………………153
社会的微笑…………………………138
生涯発達……………………………130
小規模保育………………………8, 9, 89
小規模保育室の
　デイリープログラム（例）……91
小食…………………………………185
象徴機能の発達……………………165
ショートステイ……………………74
嘱託医…………………………61, 122
食物アレルギー…………………50, 55
初語…………………………………153
自律授乳……………………………143
人工栄養……………………………143
新生児……………………………8, 134
新生児模倣…………………………135
身体的虐待…………………………79
心理的虐待…………………………79

す
随意運動……………………………138
健やかに伸び伸びと育つ……18, 43
スタッキングベッド………………170
ずりばい……………………………150

せ
制作…………………………………215
性的虐待……………………………79
生理的微笑…………………………136
前愛着………………………………33

そ
相互作用……………………………18
相互同期性…………………………135

た
対象的行為…………………………167
第二質問期…………………………179
高ばい………………………………153
多相性睡眠…………………………142
たて抱き……………………………36
短期指導計画………………………194
探索行動……………………………166

男女共同参画 …………………… 103
男女雇用機会均等法 …………… 102
担当保育士 ……………………… 62
担当養育制 ……………………… 79
■ち
地域型保育給付 ………… 10, 82, 88
中月齢児 ………………………… 66
注視 ……………………………… 135
■つ
つかまり立ち …………………… 153
■て
手遊び …………………………… 214
低月齢児 ………………………… 66
低体重児 ………………………… 134
デイリープログラム
　　………… 63, 66, 68, 77, 193
■と
トイレトレーニング ……… 171, 172
吐乳 ……………………………… 143
トレーニングパンツ …………… 185
■な
慣らし保育 ……………… 106, 229
喃語 ……………………………… 151
■に
二語文 …………………… 166, 177
日誌 ……………………………… 203
乳児 ………………………………… 8
乳児院 ………………………… 9, 74
乳児院における
　　デイリープログラムの一例 … 78
乳児院の職員の規定 …………… 75
乳児院養育指針 ………………… 76
乳児期 ……………………………… 8
乳児保育に関わる
　　ねらい及び内容 …………… 43
乳幼児突然死症候群 …………… 147
認定こども園 ……………… 58, 67
認定こども園の類型と特徴 …… 59
■ぬ
布絵本 ……………… 186, 187, 189
■ね
寝返り …………………………… 150
ネグレクト ………………… 75, 79
年間指導計画 …………………… 197
■の
野口幽香 ………………………… 25

■は
排泄 ………………… 145, 156, 171
晩婚化 …………………… 103, 105
晩産化 …………………… 103, 105
ハンドリガード ………………… 137
反復喃語 ………………………… 153
■ひ
PDCAサイクル ………………… 204
被虐待児症候群 ………………… 80
人見知り ………………… 33, 151
ピボットターン ………………… 151
描画 ……………………………… 215
表現遊び ………………………… 215
病児保育事業 …………………… 96
貧困家庭 ………………………… 97
■ふ
ファミリー・サポート・センター
　　………………………………… 9
プレジャーサイン ……………… 137
分離不安 ………………………… 165
■へ
ベビーシッター ……………… 9, 91
ベビーホテル …………………… 129
偏食 ……………………………… 185
■ほ
保育士の勤務体制 ……………… 61
保育所 …………………… 58, 66
保育所の設備運営基準 ………… 22
保育所保育指針
　　……… 8, 16, 25, 34, 85, 192
保育相談 ………………………… 112
保育担当制 ……………………… 62
保育ママ ………………… 9, 82
ボウルビィ ……………………… 32
母子世帯 ………………………… 102
母乳栄養 ………………………… 143
哺乳反射 ………………………… 157
■ま
マターナル・デプリベーション
　　……………………………… 32
■み
身近な人と気持ちが通じ合う … 43
身近なものと関わり
　　感性が育つ ………………… 43
未熟児 …………………………… 134
見立て …………………………… 176
3つの視点 ……………………… 18

■め
明確な愛着 ……………………… 33
免疫グロブリン ………………… 143
■も
目標修正的協調関係 …………… 34
ものの永続性の理解 …………… 152
もみじ手 ………………………… 138
■や
役割担当制 ……………………… 63
■ゆ
指先の機能 ……………………… 176
指差し行動 ……………………… 154
■よ
養育里親制度 …………………… 75
要保護児童 ……………………… 98
幼保連携型認定こども園 ……… 67
幼保連携型認定こども園の
　　デイリープログラムの例 …… 71
横抱き …………………………… 35
四つばい ………………………… 153
予防接種 ………………………… 51
■り
離乳完了期 ……………………… 157
離乳後期 ………………………… 157
離乳初期 ………………………… 157
離乳食 …………………………… 158
離乳中期 ………………………… 157
■れ
冷凍母乳 ………………………… 144
連絡帳 …………………………… 110

参考文献

阿部和子編　『演習乳児保育の基本』　萌文書林　2007年

石井クンツ昌子　『「育メン」現象の社会学―育児・子育て参加への希望を叶えるために』　ミネルヴァ書房　2013年

浦部晶夫・島田和幸・川合眞一編　『今日の治療薬2019―解説と便覧』　南江堂　2019年

全国小規模保育協議会　『小規模保育白書』　2015年

大熊輝雄　『睡眠の臨床』　医学書院　1977年

小野友紀　『授乳・離乳の支援ガイドにそった離乳食』　芽ばえ社　2008年

家庭的保育研究会編　『家庭的保育の基本と実践―家庭的保育基礎研修テキスト（第2版）』　福村出版　2015年

ぐるーぷ・エルソル編　『こどものことば―2歳から9歳まで』　晶文社　1987年

厚生労働省　「保育所保育指針」　2017年

厚生労働省　「保育所保育指針解説」　2018年

『児童福祉六法　平成31年度版』　中央法規出版　2018年

汐見稔幸・小西行郎・榊原洋一編著　『乳児保育の基本』　フレーベル館　2007年

志村聡子編著　『はじめて学ぶ　乳児保育』　同文書院　2009年

庄司順一・奥山眞紀子・久保田まり編著　『アタッチメント―子ども虐待・トラウマ・対象喪失・社会的養護をめぐって』　明石書店　2008年

庄司順一　『保育の周辺―子どもの発達と心理と環境をめぐる30章』　明石書店　2008年

ジョン・ガーウッド　アマンダ・ベネット　『小児科へ行く前に―子どもの症状の見分け方』　ジャパンマシニスト社　2000年

白川修一郎・野井真吾・川嵜克哲　「特集　ねないこだれだ〜？　子どもと眠り」『母の友2016年5月号（通号756号）』　福音館書店

全国乳児福祉協議会広報・研修委員会編　「改訂新版　乳児院養育指針」　全国社会福祉協議会、全国乳児福祉協議会　2015年

全国乳児福祉協議会編　『乳児院50年のあゆみ―全国乳児福祉協議会50年史』　全国社会福祉協議会、全国乳児福祉協議会　2000年

田中亜裕子　『やさしく学べる乳幼児の発達心理学―妊娠、出産から子育てまで』　創元社　2014年

筒井淳也　『仕事と家族―日本はなぜ働きづらく、産みにくいのか』　中央公論新社　2015年

筒井淳也　『結婚と家族のこれから―共働き社会の限界』　光文社　2016年

津守真・津守房江監修　婦人之友社編集部編　『子どもの生活　遊びのせかい―4歳までの成長と発達/親子でたのしく暮らす工夫（婦人之友社育児ライブラリー3）』　婦人之友社　1996年

徳安敦・堀科ほか編著　『生活事例からはじめる―保育内容―　言葉』　青踏社　2016年

内閣府・文部科学省・厚生労働省　「幼保連携型認定こども園教育・保育要領」　2017年

乳児保育研究会編　『資料でわかる乳児の保育新時代（改訂5版）』　ひとなる書房　2018年

帆足英一・庄司順一監修　『保育のための乳幼児養育指針』　企画室　2000年

保育行財政研究会編　『よくわかる子ども・子育て新制度1　小規模保育事業』　かもがわ出版　2014年

柳澤正義監修　母子衛生研究会編　『授乳・離乳の支援ガイド―実践の手引き』　母子保健事業団　2008年

巷野悟郎監修　全国保育サービス協会編　『在宅保育論―家庭訪問保育の理論と実際（第2版）』　中央法規出版　2013年

巷野悟郎監修　全国ベビーシッター協会編　『ベビーシッター―家庭での子育てを支える』　日本小児医事出版社　2000年

松本園子編著　『乳児の生活と保育（改訂版）』　ななみ書房　2018年

矢満田篤二・萬屋育子　『「赤ちゃん縁組」で虐待死をなくす―愛知方式がつないだ命』　光文社　2015年

監修者、執筆者紹介

●監修者

松本峰雄（まつもと　みねお）
元千葉敬愛短期大学現代子ども学科教授
『保育者のための子ども家庭福祉』（萌文書林）
『教育・保育・施設実習の手引』（編著・建帛社）
『はじめて学ぶ社会福祉』（共著・建帛社）

●執筆者（50音順）

池田りな（いけだ　りな）
4～12コマ目を執筆
大妻女子大学家政学部児童学科教授
『保育の基礎を培う保育原理』（共著・萌文書林）
『東日本大震災・放射能災害下の保育―福島の現実から保育の原点を考える』（共著・ミネルヴァ書房）
『育つ・育てる』（共著・建帛社）

才郷眞弓（さいごう　まゆみ）
25～30コマ目を執筆
元グローバルステップアカデミーインターナショナルスクール立川校副園長
『流れがわかる　幼稚園・保育所実習―発達年齢、季節や場所に合った指導案を考えよう』（共著・萌文書林）
『保育の計画と評価　演習ブック』（共著・ミネルヴァ書房）

土屋　由（つちや　ゆう）
1～3コマ目、13～16コマ目を執筆
十文字学園女子大学教育人文学部幼児教育学科専任講師
『保育原理』（共著・大学図書出版）
『保育原理―保育士と幼稚園教諭を志す人に』（共著・東信堂）
『基本保育シリーズ⑳　保育実習』（共著・中央法規出版）

堀　科（ほり　しな）
17～24コマ目を執筆
東京家政大学家政学部児童学科准教授
『生活事例からはじめる　―保育内容―　言葉』（編著・青踏社）
『流れがわかる　幼稚園・保育所実習―発達年齢、季節や場所に合った指導案を考えよう』（共著・萌文書林）
『保育者のたまごのための発達心理学』（共著・北樹出版）

編集協力：株式会社桂樹社グループ
表紙イラスト：植木美江
本文イラスト：阿久津毅、植木美江、寺平京子
装丁・デザイン：中田聡美

よくわかる！保育士エクササイズ⑤
乳児保育 演習ブック〔第2版〕

2016年10月10日	初版第1刷発行	〈検印省略〉
2018年 2月20日	初版第2刷発行	
2019年 4月30日	第2版第1刷発行	
2023年11月20日	第2版第7刷発行	

定価はカバーに表示しています

監修者	松本 峰雄
	池田 りつ子
著　者	才郷 眞弓
	土屋 由
	堀　　科
発行者	杉田 啓三
印刷者	藤森 英夫

発行所　株式会社　ミネルヴァ書房
607-8494　京都市山科区日ノ岡堤谷町1
電話代表　(075) 581-5191
振替口座　01020-0-8076

©松本・池田・才郷・土屋・堀, 2019　　亜細亜印刷

ISBN978-4-623-08642-9
Printed in Japan

よくわかる！保育士エクササイズ

B5判／美装カバー

① **保育の指導計画と実践 演習ブック**
門谷真希／山中早苗 編著　北村麻樹／辻柿光子／南 真由美／門谷有希 著　　本体2200円＋税

② **子どもの保健 演習ブック**
松本峰雄 監修　小林 玄／桜井ますみ／長谷川美貴子／堀田正央 著　　本体2200円＋税

③ **子どもの食と栄養 演習ブック**[第2版]
松本峰雄 監修　大江敏江／小林久美／土田幸恵／林 薫／廣瀬志保 著　　本体2500円＋税

④ **保育の心理学 演習ブック**[第2版]
松本峰雄 監修　大野雄子／小池庸生／小林 玄／前川洋子 著　　本体2200円＋税

⑤ **乳児保育 演習ブック**[第2版]
松本峰雄 監修　池田りな／才郷眞弓／土屋 由／堀 科 著　　本体2500円＋税

⑥ **保育の計画と評価 演習ブック**
松本峰雄 監修　浅川繭子／新井祥文／小山朝子／才郷眞弓／松田清美 著　　本体2200円＋税

⑦ **子どもの保健と安全 演習ブック**
松本峰雄 監修　小林 玄／桜井ますみ／長谷川美貴子／堀田正央 著　　本体2500円＋税

⑧ **子どもの理解と援助 演習ブック**
松本峰雄 監修　伊藤雄一郎／小山朝子／佐藤信雄／澁谷美枝子／増南太志／村松良太 著
　　本体2500円＋税

⑨ **障害児保育 演習ブック**
松本峰雄 監修　増南太志 編著　　本体2400円＋税

⑩ **子ども家庭支援の心理学 演習ブック**
松本峰雄 監修　池田りな／小林 玄／土屋 由／宮本桃英／渡辺千歳 著　　本体2500円＋税

⑪ **子どもの文化 演習ブック**
松本峰雄 監修
遠藤 純／大野雄子／岡崎裕美／尾山祥子／才郷眞弓／鈴木範之
髙橋小百合／髙橋 司／田中 幸／福澤惇也／藤田佳子／松本峰雄 著　　本体2500円＋税

⑫ **子ども家庭支援論 演習ブック**
松本峰雄 監修　大野地平／我謝美左子／小山朝子／遠田康人／野澤純子 著　　本体2500円＋税
＝以下続刊＝

☆別巻DVD☆
乳幼児を理解するための保育の観察と記録
学校法人西大和学園　白鳳短期大学 監修　　本体25000円＋税

――――ミネルヴァ書房――――
https://www.minervashobo.co.jp/